한국교회 목회의 새 방향

다음 시대를 준비하는
한국교회 목회의 새 방향

2024년 6월 21일 처음 펴냄

지은이   김신구 김영화 오경환 홍경희 홍승만
펴낸곳   도서출판 동연
등 록   제1-1383호(1992. 6. 12)
주 소   (03962) 서울시 마포구 월드컵로 163-3
전화/전송   (02)335-2630 / (02)335-2640
이메일   yh4321@gmail.com

ISBN 978-89-6447-009-1 93230

다음 시대를 준비하는

한국교회
목회의 새 방향

김신구 · 김영화 · 오경환 · 홍경희 · 홍승만 지음

동연

머 리 말

전 세계가 코로나19로 인해 많은 부분이 바뀌었습니다. 끊임없이 발전하는 과학 문명과 이로 인한 세계 정세, 현대 사회의 급변이 안겨 주는 높은 물살에 사람들의 소소한 일상에선 혼란스러움과 시름의 호소들이 계속 들려옵니다. 또한 초고령화와 인구절벽이라는 시대적 운명 앞에 선 한국 사회는 이 높은 산을 어떻게 넘어야 할지 많은 걱정과 대안 마련으로 몸부림치며 씨름하고 있습니다. 하지만 이뿐일까요? 포스트모던 사조 및 코로나 팬데믹과 더불어 제4차 산업혁명 시대를 눈앞에 두고 있는 현대 사회는 다각적 사고와 사회적 원자화로 개인의 가치관과 세계관, 기존의 전통적인 혈연 가족과 사회적 공동체성이 해체돼 새로운 관점과 해석이 요청되고 있으며, 혼란은 가중되고 있습니다. 더욱이 이런 상황에 한국교회는 탈종교화, 탈기독교화라는 시대적 상황으로 큰 어려움에 봉착해 있습니다. 모두가 새로운 부흥과 건강한 성장을 간절히 원하지만, 이런 바람은 너무나 요원해 보입니다.

그럼에도 많은 목회자와 신학자는 한국교회의 문제점을 비롯해 급변하는 세계와 사회 속에서 어떻게 건강하고 지속 가능한 목회와 교회 운동이 이뤄질 수 있는지 신학적 성찰과 연구, 현장 중심의 실제적 대안을 계속 제언하고 있습니다. 이것은 지금도 변함없이 이 땅을 품으시는 하나님의 신실한 사랑 때문이라고 확신합니다. 하지만 한국교회의 현실은 여전히 지속적인 침체에서 벗어나지 못하고 있고, 한국 사회보다 더 고령화 속도가 빠른 한국교회에는 다음 세대를 찾아보기가 매우 힘듭니다. 이런 까닭에 목회자이면서 신학자인 다섯 분의 집필진은 쓰러져 가는 한국교회를 가만히 보고만 있을 수 없어 한국교회 목회의 새로운 방향을 제언하기 위해 전공별로 총 다섯 편의 연구 글을 이곳에 실었습니다. 각 글을 간단히 소개하면 다음과 같습니다.

예배 분야를 맡은 김영화 박사는 지난 몇 년간, 아니면 그 이전일 수도 있는 교회의 위기 가운데 여전히 예배는 중요한 부분을 차지한다는 점에 주목합니다. 디지털 시대를 맞아 코로나 및 인구 감소, 새로운 세대들의 출현은 예배의 초점을 어디에 두어야 할지 막막한 상황에 직면하게 되었습니다. 따라서 이 시점에서 그리스도인은 다양한 측면에서 세상과의 소통의 방법을 요하며 또한 예배에서 어떻게 하나님과 예배자, 더 나아가 예배자와 예배자가 상호 간의 소통이 있는 예배를 드릴 수 있을지에 대한 성찰이 필요함을 주장합니다.

그리고 김 박사는 예배 인도자가 특히 이 시대의 가속화되는 디지털의 발달로 현재는 물론이고 가까운 미래에 더욱더 비대면 예배가 대세가 될 것에 대한 현실을 직시하며 어떻게 효율적으로 예배를 이끌어 갈 것인가를 강조합니다. 즉, 작금의 현실에서 대면은 물론, 대면을 초월한 비대면을 통해서도 소통이 가능한 예배가 드려지는 교회를 형성해야 한다고 주장합니다. 이에 김 박사는 본 소고를 통해서 예배자들의 영·혼·육의 회복에 조금이나마 기여할 수 있기를 기대하며, 봄의 싹틈과 같은 소통이 충만한 생명력 있는 예배로 예배자들을 인도하는 한국교회가 되기를 소망하면서 제언합니다.

설교 분야를 맡은 홍경희 박사는 설교의 패러다임, 즉 전통적 설교학과 이후에 등장한 새로운 설교학 그리고 후기자유주의 설교학을 그들의 주요한 주장과 전개 방식에 초점을 맞추어 소개합니다. 시대가 달라지면서 설교의 청중도 급격한 변화를 겪을 뿐 아니라 한국교회 상황은 북미의 교회와는 문화적으로 상이한 점이 많기 때문에 북미를 중심으로 발전해 온 새로운 설교학의 귀납적 전개나 내러티브 설교를 한국교회에 그대로 적용하는 것은 바람직하지 않다고 주장합니다. 그래서 한국교회의 특수한 예배적 · 설교적 상황을 고려하고 인간의 가변적인 요인과 불변적인 요인 등을 고려하여 한국교회는 각 설교 패러다임의 주장을 비판적으로 수용해야 하며, 그러한 수용 방안을 구체적으로 제안하였습니다.

목회와 교회 운동 분야를 맡은 김신구 박사는 한국교회의 신학적 · 신앙적 토양이 여전히 보수적인 복음주의 신학에 있음을 고려하면서, 최근 회자하는 선교적 교회와 교회 운동을 복음주의적 차원에서 풀어 나가는 것이 한국교회 상황에 적합함을 주장합니다. 그래서 김 박사는 교회 성장 운동과 선교적 교회 운동의 통합과 균형의 관점에서 조지 헌터의 '사도적'과 찰스 벤 엥겐의 '선교적'을 결합해 '사도적-선교적 교회'라는 좀 더 업그레이드된 교회 유형을 제시합니다. 아울러 팀 켈러의 리디머장로교회를 사도적-선교적 교회 유형으로 보고, 리디머교회의 목회를 소개하면서 사도적-선교적 교회를 향한 한국교회의 실제적 도전과 목회 방향을 여섯 가지로 제언합니다.

농촌 교회 목회 분야를 맡은 오경환 박사는 선교적 사명감으로 지역사회의 잃어버린 영혼을 구원하기 위해 고군분투하는 농촌 교회 목회자들에게 마을목회를 소개합니다. 물론 이미 마을목회를 통해 선교적 사명을 감당하는 교회도 있지만, 비교적 적은 데다가 현실적으로는 인적·물적 자원이 부족해 접근조차 어려운 농촌 교회들에 좀 더 현실적이면서 적용이 가능한 방안들을 제시합니다. 특히 교회의 본질을 고수하는 마을목회로서 실제적인 대안들을 제시해 오늘날 농촌 지역과 농촌 교회의 초고령, 인구절벽의 현실에서도 지속 가능한 현장 중심의 목회 방향을 제언합니다.

선교 분야를 맡은 홍승만 박사는 코로나19로 인해 한국교회 목회와 선교, 선교신학의 지형이 변화되었음을 인식하면서, 포스트코로나 시대로 인한 과거와 현재의 단절로 한국교회가 겪는 급격한 변화에도 지속 가능한 한국 선교를 위해 현재와 미래를 재연결하는 선교 사역이 필요하다고 주장합니다. 이를 위해 홍 박사는 타 문화권 선교, 다문화 이주민 선교, 청소년 세대 선교, 3040세대 선교가 처한 변화의 현실에 직면할 것을 주장하면서, 현재와 미래를 연결하는 선교 사역에 응답하는 한국교회의 새로운 선교 방향으로, 타 문화권 선교는 동반자적 협력 선교, 다문화 이주민 선교는 다양한 디아스포라 이주민들과 더불어 살아감과 존중과 배려의 선교, 청소년 세대 선교는 믿음을 이어받고 이어주는 '이음 세대'와 선교적 제자로 세우는 선교, 마지막으로 3040세대 선교는 3040세대를 신앙과 교회의 허리 세대로 건강하게 세우는 선교를 제언합니다.

바라기는 본서에 실린 다섯 편의 글이 다니엘의 믿음과 사도들의 신앙을 올바로 계승하기 위해 고군분투하는 한국교회와 신학에 크게 기여하기를 마음 깊이 소망합니다. 또한 귀한 옥고를 내주신 다섯 분의 신진학자분께 진심 어린 감사를 드리며, 이분들의 학문적·목회적 행보가 하나님 나라를 구현하는 방향으로 계속 이어지기를 소망합니다. 더불어 하나님의 선교와 교회를 위한 연구 활동이 더 장려되고 격려되어 한국교회의 건강한 회복과 부흥·성장이 다시금 이뤄지기를 간곡히 바랍니다.

2024년 5월

김신구

차 례

| 1장 |

한국교회 예배의 대안 모색, 소통을 말하다

_ 김영화

현시대는 지구상의 기후, 전쟁 등 각종 재난이 빈번하게 일어남으로 인해서 삶의 어려움에 직면해 있으며, 특히 세대의 기독교인은 지난 몇 년간 지속되었던 코로나 팬데믹(COVID-19)의 영향으로 예배의 삶에 변화가 일어나고 있다. 곧 예배자들이 이전보다도 교회 출석률의 저조(低調) 및 예배 스타일 변화의 경향을 보인다. 예배자들은 매일 또는 매주 드리는 예배 참석에 대한 인식이 예전보다 약화되었고, 교회에 나오지 않아도 디지털 기기를 이용한 예배 드림이 가능한 예배 문화가 형성되었다. 지난 2,000여 년간 교회의 유지와 예배자의 신앙은 무엇보다도 교회에 나와서 예배를 드림으로 존속되었다고 해도 과언이 아니다. 이는 신앙의 유지를 위해 목숨을 걸었던 믿음의 선진들이 이를 확인해 준다. 그러나 비대면 예배를 드리는 것이 지속되고, 교회 예배 출석에 대한 의식의 약화는 예배에서의 경직과 신앙의 하락을 가져다주었다. 이러한 영향은 오늘날 예배자의 예배 참석률이 감소되는 현상이 초래되고 있다. 물론 이것은 비단 코로나로 인한 비대면 예배의 문제만은 아닌 인구 감소 등의 여러 가지 다른 요인이 상존한다. 그렇다고 해도 오늘날 교회의 존속이 위협을 받을 만큼 교회가 쇠퇴해 가는 데에는 문제가 있다. 과거에 이런 예는 유럽을 비롯한 선진국에 속한 많은 교회에서 볼 수 있었다. 교회는 신자의 숫자가 적어진 교회를 유지하지 못하고 이슬람교 또는 상업적인 분야로 교회 건물을 빼앗기는 경우 또한 적지 않다. 한국교회 또한 이와 무관하지 않을 수도 있다는 예감을 하는 것은 지나친 기우(杞憂)일까?

이러한 맥락에서 한국교회는 예배 인도자의 역할이 그 어느 때보다도 중요하다. 이 시대는 X세대를 지나서 MZ세대, 알파(Alpha)세대 등 신세대의 등장으로 디지털 문화 등의 차이점이 발생한 시대이다. 이러한 세대의 출현에 예배 인도자의 역할이 어느 때보다도 중요하다. 예배 인도자는 예배를 드림에 있어서 디지털 미디어의 유익함과 한계점을 인지하고 거기에 알맞은 대책을 가지고 임해야 한다. 즉, 예배 인도자는 인간과 기계 사이의 존재론적 차이를 인식하고 여기에서 야기되는 문제들을 직시할 수 있어야 한다. 예배자가 서로서로 대면하지 않고 예배자 간의 원활한 교제가 일어날 수 있을까? 육신(肉身)의 공간성을 공유하지 않고 공간성이 없는 가상적 세계의 디지털 미디어에만 의지한 예배에서의 소통은 어떠한 유익함과 한계가 있을 것인지에 대해서 생각해야 한다.

이 시대를 아우르는 디지털 미디어는 편리함, 빠름, 정확함 등에서 정보를 전달하는 전달력을 가진다. 여기에서 놓치기 쉬운 사실은 하나님께서도 태초에 세상을 창조하시는 순간부터 미디어를 사용하셨다는 점이다. 물론 이것은 시각적인 영역인 자연의 현상에서 존재하는 미디어다. 그러나 영이신 하나님은 가시적인 것을 초월한 하나님의 '영'을 동시에 사용하셔서 예배자와 소통하신다. 이러한 관점에서 오늘날 디지털 미디어 예배를 드릴 때 간과하지 말아야 할 것은 예배는 '영과 진리'로 드려져야 한다는 것이다. '영과 진리'로 예배를 드릴 때 살아있는 예배를 드리게 된다. 즉, 예배자가 성령의 충만함을 입을 때 생명력이 넘치는 예배를 드릴 수 있다. 따라서 이러한 다양한 디지털 미디어 시대에는 더더욱이 예배를 드림에 있어서 생명력 있는 예배가 더욱더 절실하다. 이는 생명력 있는 예배를 통해서 진정으로 하나님과 소통하는 예배를 경험하게 되기 때문이다.

따라서 예배 인도자와 예배자는 하나님과 소통하는 생명력 있는 예배를 갈망해야 한다. 필자는 이 글에서 이 시대의 다면적인 상황에서 예배 가운데 디지털 미디어를 활용하면서도 어떻게 하나님과 예배자, 예배 인도자와 예배자, 예배자와 예배자가 소통하는 생명력 있는 예배를 드릴 것인지에 대한 대안을 함께 생각해 보고자 한다.

1. 들어가는 말

요즘 지구상에는 기후, 기근 등의 각종 재해와 전쟁이 끊임없이 일어나고 있다. 더불어 가끔씩 들려오는 삶의 본보기가 되지 못한 교회의 암울한 소식은 교회에 대한 부정적인 인식을 더하였다. 무엇보다도 지난 몇 년간 지속되었던 코로나 팬데믹(COVID-19)은 전 세계는 물론이려니와 한국교회 기독교인의 신앙생활 패턴의 변화를 야기시켰다. 이에 따라 코로나가 한창이던 시기의 한국교회는 예배 참석이 오프라인에서 점차로 미디어 온라인 예배로 대체되는 경향이 있었다. 기존 교회가 거의 절대적으로 직접적인 예배 참석이 기준이었던 것에서 코로나 이후로 온라인을 통한 교회 참석이 가능한 것으로 여겨지면서 예배자들로 하여금 예배 참석에 대해 새롭게 인식하는 계기가 된 것도 사실이다. 이는 곧 한국교회가 미디어 의존성 강화와 예배 의식의 결여로 이어졌고, 자연적으로 성도의 예배 출석률이 감소하는 결과를 가져왔다. 이러한 지구상의 각종 문제는 과거와 현재에도 시시각각으로 시간과 장소를 불문하고 일어났으며, 미래에도 계속해서 맞닥뜨리게 될 것이다. 따라서 이러한 현상은 앞으로도 한국교회의 신앙생활의 패턴을 변화시킬 가능성이 많이 내포되어 있다.

이와 같이 예배를 위협하는 많은 원인으로 인하여 한국은 물론 전 세계적으로 하나님을 향한 열정은 점점 약해지고, 예배자로서의 진실한 고백과 헌신보다는 형식적인 예배에 만족해 버리는 시대[1]에 직면해 있다. 이러한 상황에서 하나님과 예배자의 소통이 무엇보다도 우선이 되어야 한다. 소통의 대안으로 한국교회는 코로나를 계기로 디지털 미디어 예배가 많이 활성화한 현상이 일어났다. 이러한 현상은 한국교회의 예배를 예배의 하이테크(hightech) 경로로 인도한다. 급변하는 한국 사회, 특별히 디지털 사회로의 전이를 가장 선두적으로 행하고 있는 한국 사회에서 사이버 교회, 사이버 예배 공동체가 아직은 눈에 띄는 현상은 아니지만, 다양한 예배 공동체의 출현이 이루어지고 있는 한국교회의 현 상황에서도 새로운 대안으로 나타날 수 있다.[2]

그러나 예배자가 심리적 정서를 가진 인간이라는 점에서 그것이 과연 얼마나 소통에 있어서 질적으로 기여할지 여부는 속단하기 어려운 시점에 놓여 있다. 한국교회는 이러한 현실 상황 가운데에서 이것이 가져다 주는 영향과 의미를 뒤로 한 채 상황에 밀려 받아들일 수밖에 없는 현실에 직면한 것도 사실이다. 사회적인 시각에서 미디어는

---

1 조건회, 『예배, 하나님께 드리는 응답』 (서울: 다리놓는 사람들, 2011), 8.
2 테레사 베르거/안선희 옮김, 『예배, 디지털 세상을 만나다』 (서울: CLC, 2020), 2.

소통의 중요한 통로다. 그럼에도 우리가 생각해 보아야 할 점은 미디어를 통해서 목소리를 듣고 얼굴을 보는 것과 실제적으로 대면해서 피부를 접촉하여 악수하고, 먹고 마시고, 웃고 울고, 떠드는 방식 중 어느 것이 더 정감이 있는 소통에 근접해 나갈 수 있을 것인가에 대한 심사숙고를 거듭하는 일일 것이다. 그렇다면 종교적인 시각에서 디지털 미디어는 예배에서 소통의 통로로 얼마나, 어떻게 작용할까? 예배는 하나님과 그의 백성의 만남이라고 전제할 때, 예배 가운데에서 하나님과 예배자의 소통은 물론이고 예배자와 예배 인도자, 예배자와 예배자 간의 소통이 이루어져야 한다. 이에 대해 한국교회는 디지털 미디어의 소통의 기능과 작용에 대한 의문을 가지는 것과 동시에 예배의 소통의 대안으로서 심도 있고 균형 잡힌 예배의 디지털 미디어 사용을 고민해 보아야 하는 시점에 놓여 있다고 할 수 있다. 그러므로 이러한 시점에서 한국교회 예배의 대안으로서 소통이 있는 예배를 드리기 위해 한국교회의 예배자와 예배 인도자는 끊임없이 정진하여야 할 것이다.

2. 예배와 의식

1) 예배 의식과 하나님 인식

기독교 예배는 하나님과 예배자의 만남이 중요하다. 이에 대해 프랭클린 지글러(Franklin Segler)는 "예배는 그리스도 안에서 가지는 하나님과 사람의 교제"라고 설명하였다.[3] 그러나 개인주의, 제4차 산업혁명, 포스트모더니즘 등의 시대적 상황은 기독교적 관심을 약화시키는 데 영향을 줌으로써 하나님과 예배자의 만남을 점점 어려워지게 하는 현실에 놓이게 했다. 이러한 상황들은 변화하는 지구 문명의 성장 중심에 서 있으며 개인적인 자아를 촉진하게 한다. 그러나 이것은 예배 가운데에서 예배자의 하나님 만남은 '자아 내려놓음'의 통과의례를 거친 후에 가능하기 때문에 하나님을 만나는 데는 약간의 문제를 야기시킨다. 비록 하나님과 예배자의 만남은 하나님의 주도적인 역사하심에 달려 있는 것도 사실이지만, 인간적인 자아를 내려놓고 예배자의 신실함의 기초를 더할 때, 예배를 간절히 사모하고 하나님께 집중하는 것이 가능하도록 하나님과의 만남의 시너지 효과가 증대될 수 있다. 즉, 그 신실함에는 "모든 인간이 하나님 앞에서 자신의 모든 것을 버리고 동시에 모든 삶을 내어드리며, 그의 뜻을 따르며 섬겨야 할 존재라는 사실과 경배와 복종의 생활이 예배자들의 주요한 삶의 근본이 되어야 한다."[4] 이러한 자기 내려놓음의 토대 위에서 하나님과의 교제가 바탕이 될 때 비로소 하나님께 최고의 예배를 드릴 수 있다. 이러한 간절함과 신실함은 예배자로 하여금 하나님의 계시를 깨닫고 응답하는 것에 힘을 싣게 되는 것이다.

예배 의식(Worship Rite)은 하나님을 만나게 하기 위한 의식(rite) 행함이다. 이러한 예배 의식이 처음부터 구체적으로 행해진 것은 아니다. 하나님께서는 아담과 하와와 교제하셨으며(창 2:7-22), 시간과 장소와 이유에 구애받지 않고 하나님과 인간의 만남이 이루어졌고, 따라서 특별한 형식을 갖춘 예배 의식이 필요하지 않았다. 한마디로

---

3 이명희, "예배의 정의," 『복음주의 예배학』 (서울: 요단출판사, 2001), 19.
4 김충환, "예배: 하나님과 만남," 『예배란 무엇인가?』 (서울: 한국장로교출판사, 2005), 14.

때와 장소와 이유를 불문하고 인간은 하나님과의 교제가 가능했던 것이다.

그러나 인류 최초의 타락으로 말미암아 하나님과 인류와의 관계가 단절되자 이제는 상황이 달라지게 되었다. 인류가 죄로 인하여 하나님과의 관계가 끊어진 후 회복하는 방법은 예배를 드리는 것이었고, 그에 대한 절차로서 예배 의식이 필요하게 되었다. 하나님은 인류와 교제하기 위해 하나의 형식적 예배를 허락하셨다(창 4:3). 즉, 타락한 인간이 스스로 하나님을 예배할 수 없기 때문에 하나님은 인간과 다시 관계를 맺기 위해 형식화된 예배를 통해 인간을 만나기 원하셨던 것이다.5 이러한 하나님의 만남으로 이끄는 하나님의 계시를 인식하는 방법으로서 예배자는 예배 의식을 행한다. 이는 "왜 예배 의식을 행하여야 하는가?"라는 질문은 "왜 교회에 나가야 하는가?"라는 질문과 같은 맥락에서 다루어져야 할 만큼 매우 중요한 이슈다. 이 두 가지 질문에 대한 답으로서의 공통점은 기독교인으로서의 정체성과 지속성을 나타낸다는 데 있다. 이러한 의미의 표현으로서 기독교 예배 의식은 예수님께서 그 자신의 성육신에서 승천까지 이르는 그동안에 드리신 '메시아적인' 예배 의식에 그 근거를 두고 있다.6

따라서 기독교 예배는 예배 의식을 행한다. 예배 의식의 행함은 하나님이 어떤 분이신지를 알리는 '하나님의 자기소개서'를 예배를 행하는 예배자를 통하여 직간접적으로 나타내는 것과 같다. 이는 우리가 면접할 때 그 사람을 알기 위해 이력서를 보고 자기소개서를 통해 검증하는 것과 같은 행위인 것이다. 이에 대한 실행을 위해서는 예배 대

---

5 장세훈, 『구약의 예배』 (서울: 헤르메네이아 투데이, 2009), 63.
6 J. J. 폰 알멘/박근원 외 3인, 『예배학원론』 (서울: 대한기독교서회, 1979), 19.

상이신 하나님께 대한 올바른 인식이 필요하다. 그러나 우리가 예배 의식을 행하는 가운데에서 놓치기 쉬운 것이 또한 예배 대상의 인식이라고 할 수 있다. 예배자는 하나님을 자신의 완강함 속에서도 부드러움을 가진 분이시라고 느낀다. 또한 하나님은 자신을 인간에게 알리심과 동시에 그 알리심이 지나친 강요가 되지 않기 위해서 동시에 자신을 감추고 계신다.7 하나님은 다른 많은 정의 가운데에서도 창조주, 전지전능, 무소부재하신 분임과 함께 인격적인 분이시다. 진실로 최고의 가치를 지닌 분이시며, 최고의 예배를 받기에 합당한 분이시다. 그러므로 이러한 예배 의식은 하나님의 존재를 올바로 알게 하는 데에 중요한 자기소개서 역할을 한다.

예수 그리스도는 친히 완전한 예배를 드리심으로써 삼위일체 하나님을 독자들에게 명료하게 소개한다. 예수 그리스도는 자신이 예배를 받으실 분이면서 동시에 완전한 예배자의 역할에 서 계신다. 따라서 예수 그리스도는 기독교 예배의 중심이다. 이러한 점에서 란셀롯 앤드루즈(Lancelot Andrews, 1555~1626)는 "하늘과 땅에 있는 모든 것의 요약이 그리스도 안에 있으며 그리스도 안에 있는 모든 것의 요약이 성만찬 가운데 있다"고 하였다.8 이와 같이 하나님은 예수 그리스도를 통하여 자기소개서와 같은 예배 의식을 행함으로써 기독교 예배를 더욱더 명료화하신다. J. J. 폰 알멘(J. J. Von. Allmen)은 이와 같은 맥락으로 기독교 예배 의식의 의미를 다음과 같이 이야기한다. 첫째로 "구속의 역사를 요약하는 것이다. 그리스도교 예배 의식을 위한 가장 중요한 신약성서의 용어들은 '집회', '빵을 뗀다', '교회'라는 말이

---

7 노영상, 『예배와 인간행동』(서울: 성광문화사, 1998), 40.
8 J. J. 폰 알멘, 『예배학원론』, 28.

다."[9] 이는 말씀과 성례전 안에서 표현된다. 이러한 예배 의식은 예수 그리스도의 구속의 역사를 구체적으로 인식하게 한다. 둘째로 "교회의 자기표현으로서의 예배다." 여기에서는 예배 의식 안에서 하나님 사랑, 자기 사랑, 이웃 사랑, 이 세 가지를 지향한다. 셋째로 "이 세상의 종말과 미래를 지향하는 예배다."[10] 즉, 예배는 종말론적이다.

2) 예배 의식과 행동 양식

하나님과 인간의 만남이 가장 활발하고 자유롭게 이루어졌던 때가 아담과 하와의 시대라면, 아이러니하게도 하나님과 인간의 교제가 끊어진 때도 아담과 하와의 때다. 그렇다면 타락 이전의 에덴동산에서 아담과 하와의 예배 의식이 구체적으로 행해진 바는 알 수 없지만 이것을 유추해 본다면 무엇이라고 할 수 있을까? 그것은 바로 '선한 행동 그 자체'였다고 할 수 있을 것이다. 에덴동산에서는 순종과 선한 행실 그것이 예배였다. 욕심과 탐욕이 배제되어 있는 착한 행실이 예배 그 자체였다. 따라서 선한 행실이 배제된 예배는 죽은 예배다. 예배는 하나님과 인간과의 사이에서 계시와 응답을 주고받는 상호관계성 안에서 수행된다. 즉, 예배는 어느 한 부분의 일방적인 통행이 아니라 하나님의 행동(Act)과 인간의 행동(Act)이 상호 교환되는 과정이다. 하나님과 인간 행동의 접점은 피조물인 인간이 하나님의 선하심을 닮은 태도에서 비롯된다. 이것의 상호 교환은 하나님과의 생명력 있는 교제를 이어가게 하는 가교 역할을 한다. 하나님과 만남이 이루어지지

---

9 Ibid., 13.
10 Ibid., 29.

않은 예배는 생명이 없는 예배다. 그러므로 아담과 하와는 그러한 선한 행동의 바탕 가운데에서 하나님과 언제든지 이야기하고 싶으면 이야기를 나누는, 거리낌 없는 인격적인 교제가 이루어졌던 것이다. 이런 까닭에 아담과 하와는 특별히 하나님과의 만남에 있어서 어떠한 연결점이 특별히 필요하지 않았다. 기본 영성과 인성을 갖춘 아담과 하와는 그들이 거주하는 에덴동산에서 언제라도 하나님과 인격적인 교통과 교제가 가능했다. 즉, 순종과 선한 행실의 바탕 위에서 진실된 믿음과 신뢰를 가지고 하나님과 자유로운 대화와 나눔이 가능했다.

이것을 교훈으로 한국교회 예배에서는 무엇보다도 하나님과 예배자의 만남을 위한 예배 의식과 예배 행동으로서의 배려, 나눔 등의 통전적인 사랑의 선한 행함이 필요하다. 이는 하나님 사랑, 나 자신 사랑에서 그치지 않고 더하여 이웃 사랑이 예수 그리스도의 지상 강령이기 때문이다. 예배자가 하나님을 사랑하고, 나 자신을 사랑하고, 이웃을 내 몸과 같이 사랑하는 것이 마땅한 일이라면 예배 또한 하나님과 나 자신에게만 국한된 것이 아니라 하나님과 이웃, 나 자신과 이웃에게까지 영향을 끼친다. 이러한 통전적인 사랑은 상호적 만남과 교제를 더욱더 돈독히 하는 데 도움을 준다.

이렇듯 사랑의 실천은 소통의 기초를 다지는 것이다. 한국교회 예배에서 보완되어야 할 부분 중의 하나는 바로 '하나님과의 소통의 부재'를 극복하는 것이다. 소통의 부재는 성전 뜰만 밟고 성소에는 들어가 보지 않는 예배자와 다름이 없다. 소통하느냐, 소통하지 못하느냐가 중요한 이유는 단 위에서 설교하는 데에서 그치지 않고 단 밑에 내려와 삶 가운데에서도 설교하는 목회자 그리고 주일만의 그리스도인이 아닌 사회에 나가서 참된 그리스도인으로서의 본보기가 되는, 매일 실천하는 그리스도인의 삶을 사느냐, 못사느냐의 기로에 서기 때문이다. 따라서 예배 의식이 형식적인 의식에서 끝나서는 안 된다. 알멘이 말한 것처럼 "기독교 예배가 예배로서, 하나의 의식으로서 끝나는 것이 아닌 세상에 대한 위협으로서의 예배가 되어야 한다."[11] 그런데 그것은 세상 가운데에서 사랑의 실천의 행함으로 이루어진다.

오늘날 한국교회는 예배 가운데에서의 소통을 위한 예배 행동에 대해 반추해 볼 필요가 있는 현실에 직면해 있다. 근래의 한국교회는 그것을 실행할 힘이 많이 없어 보인다. 왜냐하면 언어는 사랑인데 행동하는 사랑의 실천으로 이어지는 예수 그리스도의 사랑의 향기가 드러나지 않는 경우가 더러 있다고 여겨지기 때문이다. 마르바 딘(Marva J. Dawn)은 "예배는 고귀한 낭비다"라고 말하였다.[12] 성경(막 14:3-9)에서 한 여자가 매우 값진 향유를 그의 머리에 부었을 때 많은 사람은 그것을 일종의 낭비로 생각하며 수군거렸다. 그러나 예수께서는 그것을 하도록 내버려 두셨으며 또한 그 여자의 일을 매우 칭찬하셨다. 그렇다면 그 여자와 그 여자를 향해 수군거렸던 사람들의 차이는 무엇일까? 그 여자는 예수님의 머리 위에 부어 드리는 향유를 단지 예수님을 경외하는 사랑의 시각으로 바라볼 뿐, 돈의 값어치로 계산하지 않았다. 반면에 수군거렸던 사람들은 예수를 사랑의 대상이 아닌 하나의 능력의 기준에서 생각하였던 자들이라고 할 수 있다. 그 여자는 이러한 희생을 통해서 참된 예배자로서 예수 그리스도를 경배하는 최고의 예배를 드림으로써 세상에 하나님을 인식하게 하는 역할을 한다. 즉, 그 여자는 거룩한 낭비를 통하여 무엇이 귀한 것인지를, 세상을

---

11 Ibid.

12 마르바 딘/김영국 · 전의우 공역, 『고귀한 시간낭비』 (서울: 이레서원. 2004).

향하여 알게 하는 거룩한 소통에 이르게 한다.

이러한 소통을 위한 예배 행동은 세상의 기준에서 보면 낭비로 보일 수 있다. 아니, 세상뿐만 아니라 때로는 교회 안에서도 마찬가지일 수 있다. 그러므로 한국교회의 기독교인에게는 더더욱이 디지털 시대를 맞이하여 이를 보완하기 위한 노력이 절실하다. 곧 하나님을 경외함과 나 자신을 사랑함은 물론이고 이웃 사랑하기를 내 몸 사랑하듯이 해야 하는 까닭이다. 곧 그리스도인은 예배 가운데에서의 거룩한 낭비는 물론이고 삶 가운데에서의 거룩한 낭비가 지속되어야 한다. 삶 가운데에서 행동으로 사랑을 실천하는 그리스도인의 삶으로 살아가는 것, 이 또한 삶 가운데에서 이어지는 소통이 있는 예배로 이어지게 하는 것이다. 이로 인해 예배 가운데에서 하나님과 예배자, 예배자와 예배자, 예배자와 세상과의 만남과 대화의 장을 여는 소통의 지름길이 될 것이다.

3. 예배와 미디어

1) 예전의 하이테크

예전은 신자들이 예배를 드리기 위해 함께 행하는 모든 '일'로서 신자들이 인사, 고백, 축하, 확증, 선포, 헌금, 축도 등을 행하는 방식이다. 예배자는 이러한 예배 의식을 행하는 가운데에서 예배자 자아의 죽음이 경험되어져야 한다. 왜냐하면 예수께서 죽음의 희생 제사를 통해 인류의 죄를 사하시고 영원한 생명으로 이끄셨듯이 예배자는 진정한 자아의 죽음의 제사를 통해서 하나님을 만나기 때문이다. 즉, 예배는 예배자의 자아의 죽음을 드리는 것이며, 이 가운데에서 성령의 역사가 일어나고 하나님과의 소통의 기회가 열린다. 그러므로 예배자가 예전(Liturgy)을 행하는 이유는 이러한 행위를 통해서 하나님과 교제하기 위함이다. 구약의 예배는 번제(레 1:1-17), 속죄제(레 4:1-5, 6:24-30), 속건제(레 6:1-7, 7:1-10), 화목제(레 3:1-17, 7:11-38) 등이다. 이 예배들의 공통점은 하나님께 짐승 제물을 불로 태워서 올려 드리는 것이었다. 그중에서도 번제(The Burnt Offering 혹은 Holocaust: 모조리 태워 죽임, 대학살)이다.[13]

이와 같이 짐승의 죽음을 통해서 예배가 이루어졌고, 이러한 예배를 통해서 인간의 죄를 대신하는 속죄가 이루어졌다. 구약의 예배는 자아, 욕망으로 빚어진 인간의 죄를 사함 받기 위한 대속으로서 짐승의 죽음을 올려드리는 작업이었다. 이것이 구약의 예전의 시작이었다. 신약에 들어와서 예수 그리스도는 성육신, 대속을 위한 십자가의 피 흘리심, 죽으심, 부활하심을 통하여 스스로 예전을 행하셨다. 그리고 승천하시면서 교회를 제정하심으로 예전을 이어 나가도록 인도하셨다.

예배자는 왜 예전을 수행해야 하는가? 이는 예배를 행하는 가운데에서 하나님을 만날 수 있기 때문이다. 성도들이 교회에 모이면 주로 예배를 드린다. 교회가 지상에 존재하는 이유는 하나님을 영화롭게 하기 위하여 그에게 경배드리는 데 있다.[14] 그리스도교 예배 의식을 위한 가장 중요한 신약성서의 용어들은 '집회', '빵을 뗀다', '교회'라는 말이다.[15] 또한 교회는 천사와 천사장과 모든 예배자와 함께 사도와

---

13 최종진, 『구약성서개론』 (서울: 도서출판 소망사, 2005), 211.
14 옥한흠, 『평신도를 깨운다』 (서울: 국제제자훈련원, 2010), 107.

예언자와 성도와 순교자와 더불어 하나님을 예배하는 역사와 역사를 초월하여 존재하는 공동체적인 영적인 실재이다.[16] 하나님이 세상에서 교회를 불러내신 것은 그 자신의 이름을 위하고 그의 이름에 합당한 영광을 돌리도록 하기 위한 일이었다(행 15:14). 그런 의미에서 예배 공동체인 교회는 하나님을 예배하기 위해 존속한다고 할 수 있다. 따라서 교회의 첫째 의무는 하나님을 예배하는 것이다.[17] 하나님의 백성이 가장 먼저 배워야 할 일은 자기들을 성별하신 하나님께 경배하는 것이며, 그들이 가장 먼저 초대받은 영광의 자리는 하나님을 예배하는 거룩한 존전이다. 그렇다면 교회는 어떠한 성격의 예배를 드려야 하는가? 그것은 하나님이 교회를 위해 행하신 사역, 즉 창조와 구속에 근거를 둔 예배라야 한다. 이를 대변하듯이 하늘 보좌의 장로들은 하나님의 창조하신 일을 가지고 영광과 존귀와 능력을 그에게 돌리고 있다(계 4:11). 또한 교회는 말씀과 성례전 예배 의식을 통해서 예수 그리스도의 구속 사역을 매 순간 표현할 장(場)을 가진다. 이러한 점에서 교회는 교회 안의 예배자와 교회 밖 세상 사람들이 소망을 가질 수 있는 중요한 장소가 된다.

이와 같은 맥락에서 교회는 그러한 역할을 지속적으로 수행할 수 있도록 모임을 형성하는 데 기여한다. 교회(Ekklesia)란 그리스도 안에서 부름 받은 하나님의 백성의 모임을 의미한다(고전 1:1-2; 엡 2:19). 교회라는 용어 안에는 실제로 회중이 모이는 과정과 한자리에 모여 있는 공동체를 다 포함하는 의미를 갖고 있다. 즉, 교회는 예수 그리스도

---

15 J. J. 폰 알멘, 『예배학원론』, 13.
16 사이몬 찬/김병오 옮김, 『영성신학』 (서울: IVP, 2002), 147.
17 옥한흠, 『평신도를 깨운다』, 105.

에 의한, 예수 그리스도를 위한, 성 삼위일체 하나님을 나타내는 거룩한 모임이자 장소이며, 하나님의 택함을 입은 사람들, 회중의 모임이다. 교회는 2,000여 년 이상을, 형태를 가진 건물로서 뿐만이 아니라 예수 그리스도의 몸 된 성전으로서, 예전의 본보기로서 면면히 이어져 왔다. 예수 그리스도의 몸 된 교회는 영적 실재를 이룸과 동시에 건물 형태를 가지고 예배자와 함께 존재한다. 이것은 오랫동안 계속해서 이루어진 교회의 예배 의식의 경험이 축적되어 온 것을 말해 주고 있다. 또한 교회는 적군이 언제라도 쳐들어올 때를 대비한 사이렌이 울리면 잠시 대피하는 영적 방공호와 같은 역할도 수행할 수 있어야 한다. 어떤 기술과 어떤 단체가 이 역할을 감당할 수 있겠는가? 이를 감당할 수 있는 곳은 교회밖에 없다. 이러한 높은 영적인 경지에 놓여 있다는 점에서 교회는 하이테크 예전 자체인 것이다.

기독교 예배는 예배 예전의 하이테크이다. 기독교적 하이테크의 정의와 구분점은 시간과 깊이, 영향력을 기준으로 본다. 본래 기술(technology)의 어원인 고대 헬라어 '테크네'(*techne*)는 '수사' 또는 '설득'의 이론에서 온 말이다.[18] 이 '테크네'의 어원은 물질적인 요소에서 그치지 않고 물질을 초월한 어떠한 심오함을 동시에 내포하고 있다. 세상적인 기준의 하이테크의 뜻을 가지고 있지만, 동시에 영육(靈肉)을 필요로 하는 활동인 기독교적 관점에서 하이테크를 바라볼 필요가 있는 것이다. 그래서 하이테크는 세상의 기준인 기술의 빠름, 전달력을 가져다주는 것과 동시에 그것이 가져다주는 물리적, 영적 깊이 등

---

18 Carl Mitcham, *Thinking through Technology: The Path between Engineering and Philosophy* (Chicago: University of Chicago Press, 996), 129; 퀸틴 슐츠/박성창 옮김, 『하이테크예배』 (서울: IVP, 2004), 57에서 재인용.

의 영향력을 고려해야 한다. 교회는 예배자들이 함께 모여 같은 마음을 가지고 예배를 드리는 예수 그리스도의 몸 된 거룩한 장소이다. 그리고 이 교회는 영적인 시각으로 볼 때 중요한 역할을 실행하고 있는데, 예배자들을 위한 이 땅 위에서의 대피소 역할을 잠시 수행하는 것이다.

예배자는 이 땅 위를 사는 동안 하늘나라를 향해 나아가는 수많은 정거장을 지나가야 한다. 시간과 장소와 환경이 각각의 정거장이라면 그 정거장을 수없이 지나가야 목적지에 도달하게 될 것이다. 그런데 그 정거장을 지날 때 주어지는 위기를 잘 넘어가야 한다. 정거장을 통과하다가 어느 순간에 교통수단이 전복될지 아무도 알 수 없다. 그리고 위험이 닥쳤을 때 잠시 안전한 장소에서 기다려야 할 때도 있다. 이러한 상황에서 이 땅에서의 동맹자인 예배자들은 교회에서 예배 가운데에서 과거와 현재의 하나님이 행하신 사역을 기억하면서 동시에 미래에 도래할 영원한 안전한 처소를 기린다. 즉, 교회는 세상을 구원하시기 위해서 빛으로 오신 예수 그리스도의 뜻을 본받고 실천해 나가야 할 사명을 가지고 이 땅 위의 절망을 예배 의식 행함을 통해 기억하고 회복하는, 소망으로 인도하는 안전한 정거장이자 대피소이다. 다시 말해서 교회는 하늘나라의 소망을 가지고 이 땅에서의 삶의 위험과 고단함을 극복하고 쉬어가게 하는 휴식을 제공하는 대피소이며, 물리적, 영적으로서 하늘나라의 집약이자 모형이며, 예배 예전의 하이테크다.

이러한 시대에 예배자는 교회의 공동체 안에서의 하나님을 만나는 교회적 경험이 중요하다고 본다. 요즘 코로나를 전후로 수많은 교회가 문을 닫았다는 안타까운 소식이 전해지곤 한다. 교회가 사라진다는 것은 하나님을 경험할 수 있는 경험의 장이 막히는 것을 뜻한다. 이것의 심각성은 바로 여기에 있다. 왜냐하면 진정한 신학은 예수 그리스도 안에서 하나님을 인격적으로 경험하는 것에서부터 나오고, 그러한 경험에 대한 성찰은 "하나님에 대한 더 깊은 경험적 지식"[19]으로 나아가는, 말하자면 예배를 드리는 가운데에서 일어나는 교회적 경험을 상실하게 되기 때문이다.

교회는 본질적으로 예수 그리스도의 몸 된 성전으로서 하나님의 영역에서 실행되는 인간의 순종이 빚어진 예배 예술의 공동체이다. 요즘의 교회는 위에서 언급한 예배 예술의 의미와는 결이 다른 세련된 예배 예술을 추구하는 시대에 직면해 있다. 이것은 하이테크적 요소들인 인터넷, SNS 등을 비롯해 멀티태스킹을 사용하는 가운데에서 실행된다. 그것이 요즘 시대의 교회에 적용이 되어 교회가 영상 매체기술을 많이 사용한다.[20] 그러나 이러한 하이테크적인 기술이 가져다주는 장점이 있지만, 반면에 인간의 마음과 정신으로 하여금 통제를 추구하고 인간적 욕구에 맞는 예배를 드리게 되는 단점 또한 갖게 된다.[21] 교회의 머리이시며 교회를 제정하신 예수 그리스도는 구약에서 매번 죄를 지을 때마다 짐승을 잡아야 했던 것에서 단번에 그 누구도 할 수 없는 하나님만이 하실 수 있는, 인간의 모든 죄를 영원히 사하는 십자가에 달리시고 피 흘리시는 희생 제사를 드리셨다. 예수 그리스도는 차원을 달리하는 예배를 드린 분이라는 부분에서, 평범을 초월하는 부분에서 완벽한 하이테크 예배를 드리셨다. 이것은 어떤 면에

---

19 사이몬 찬, 『영성신학』, 19.
20 퀸틴 슐츠, 『하이테크예배』, 49.
21 Ibid., 31.

서 이 세상의 화려한 세속적 기술로는 이해할 수 없는 상반된 모습으로서 매우 연약하고도 부끄러운 예배로 인식될 수 있다. 그러나 이러한 예전은 예수 그리스도께서 온 인류를 구원하시기 위해 친히 십자가에 못 박히는 실행을 통해서 나온 기독교 예전의 기초이며, 이것은 그 누구도 이러한 예전을 행할 수 없는 유일무이한 하이테크적 기독교 예배이며 예전 예술이다. 따라서 예전의 하이테크는 유형적인 몸 된 성전에서 시작되며, 예수 그리스도와 교회가 접목될 때 최상의 예전 하이테크가 된다.

2) 오감의 하이테크

예배는 예배 가운데에서 오감이 원활하게 이루어질 때 하나님과의 만남을 촉진시킨다. 즉, 미각, 시각, 청각, 촉각, 후각 등 오감으로 이루어진 예배가 드려질 때 잠자던 예배 세포들이 깨어나는 효과를 가져온다. 예배자가 미각, 시각, 청각, 후각 등을 통해 따뜻한 감정의 느낌을 가지고 있다 할지라도 접촉의 경험, 촉각을 경험하지 못했다면 진정한 만남과 감정의 완성이라고 보기 어렵다. 이와 같이 각 부분의 감각은 서로 연결되어 있으면서 모두 연합되어 있다. 우리가 하나의 정보만 가지고 꽤 많은 사실을 알 수 있는 것은 감각의 연합 덕분이다. 우리의 감각은 교류를 통해 정보를 해석하기 때문에 한 가지 감각의 정보만 제공하면 별다른 의미를 갖지 못하는 결과를 가져온다.[22] 이러한 맥락에서 감각은 뇌와 연결되어 있으며 뇌와 관련된 오감이

---

22 "어쩌다 어른" 제작팀, 『어쩌다 어른』(서울: 교보문고, 2021), 80.

살았을 때 활성화가 이루어진다. 이는 다리를 잘 쓰지 못하는 불구의 상태에 처한 사람이 그 부분과 관련된 뇌의 영역에 지속적으로 자극을 준 결과 회복한 어느 사례를 들 수 있다. 이것은 부분적인 감각보다 다양한 감각을 통해서 효과가 상승함을 보여 준다. 이와 같은 맥락으로 예배는 감각의 균형을 이룰 때 그 효과는 배가 된다.

인간은 시각, 촉각, 청각, 후각, 미각, 이 다섯 가지의 감각기관을 통해 세상으로부터 에너지를 받아들인다. 그 에너지를 감각과 지각이라고 한다. 그런데 감각과 지각이 우리에게 미치는 영향력은 엄청나다.[23] 이와 같이 오감각이 살아 있을 때 잘 움직이고, 잘 먹고, 잘 자고, 잘 소통하도록 서로 연결되어 작용한다. 따라서 예배에서 오감의 활성화가 중요하다.

사무엘 테리엔(Samuel Terrien)은 1978년에 『파악하기 어려운 임재』(*The Elusive Presence*)라는 책을 썼다.[24] 세실 로벡(Cecil M. Robeck)은 이 책으로 고대 이스라엘 백성들이 하나님을 만나는 방식에 대해 연구한 결과 그들의 만남에는 두 가지 일반적 유형이 발견됐는데, 그 것은 청각적 기능과 시각적 기능을 통한 만남이었다.[25] 이스라엘 백성이 애굽을 탈출한 후 가나안 여정에서 그들이 하나님을 만나는 방식은 주로 청각의 기능을 통한 것이었다. 예루살렘과 성전에서 멀리 떨어져 사는 사람들은 성경 말씀을 듣기 위해 가끔씩 다양한 장소와 신전에서 모였고, 주로 청각을 통해서 하나님을 만났다. 그들은 하나

---

23 Ibid., 69.
24 Cecil M. Robeck. JR, T*he Azusa st Mission & Revival*(Nashville: Thomas Nelson, 2006), 131.
25 Ibid.

님께서 시내산에서 그들에게 말씀하실 때 그분을 만났다(출 20:1-17). 그들은 토라의 말씀(신 6:4-9; 수 8:34)이 그들에게 낭독될 때 또는 예언자들이 말할 때 그 말씀을 통해 하나님을 듣기 위해 모였다. 하나님을 만나는 사람들의 이러한 반응은 그들이 들은 것을 실천하고 행하기 위한 것이었다.26 예루살렘과 성전에서 멀리 떨어진 곳에 사는 사람들은 성경 낭독을 듣기 위해 다양한 장소나 제단에 자주 모였다. 이와 같이 시내산에서 하나님이 말씀하실 때 그들은 하나님을 만났다(출 20:1-17).

한편 예루살렘 안이나 주변에 사는 사람들은 직접 눈으로 하나님을 만나기 위해 정기적으로 성전에 모였다.27 예루살렘이나 그 근처에 살면서 성전에 정기적으로 모인 사람들은 주로 눈으로 하나님을 만났다. 또한 예루살렘 성전 안에는 성가대, 관현악, 나팔, 소고, 제금이 있고, 노래하며 박수를 치고, 소리치고 춤추었다(시 30:4, 47:1-5, 81:1-5, 92:1-9, 95-96, 98-100, 134, 136). 성전의 예배는 결코 지루하지 않았다. 그것은 시각과 청각, 촉각과 후각을 포함했다.28 성전에서 드려지는 예배는 거의 오감을 이용한 예배였다. 여기에서 상기할 점은 성전이 잘 구비된 장소에서는 모든 감각을 활용할 수 있는 영역이 넓어진다는 점이다. 예배의 최상의 조건인 구약의 제사를 드릴 수 있는 예배 장소는 다양한 감각을 일깨우는 예배를 드릴 수 있는 준비된 장소였다. 예배 집기, 예배 수종자들인 스텝 등등이 잘 준비된 예배 장소인 성전은 이러한 감각적인 부분을 활용하여 하나님을 마음껏 예배하고

---

26 Ibid.

27 Ibid., 132.

28 Ibid.

예배자들과의 교제가 가능했다.

교파별로도 감각적인 방법을 사용하는 경우가 많이 있다. 대표적으로는 동방정교회이다. 전통적인 예배를 드리는 교파의 대표라고 할 수 있는 동방정교회에서는 예전에서 오감을 사용하도록 의도적으로 관심을 기울인다.[29] 동방정교회에서는 성도들에게서 최고로 충만한 감사와 찬양을 일으키기 위해 예배를 인간의 모든 감각에 맞춘다.[30] 특히 정교회에서 "보는 것은 듣는 것보다 좋은 것이며" 보는 것이 "모든 감각 중에서 가장 고상한 것"[31]으로 오감각 중에서도 시각을 중요시 여긴다. 진보적인 성향의 아주사 부흥운동의 오순절적 예배에서도 오감이 작동된다. 말씀이 청각적 기능으로 작용한다면 성만찬을 통해서 오감을 느낄 수 있다. 즉, 말씀의 예전은 귀로 듣는 것을 통해 메시지가 전달되고, 성례전은 눈으로 보고, 입으로 음미하고, 피부로 느끼는 것 등을 통해서 메시지의 전달을 강화한다. 오감각 가운데에서도 동방정교회의 예배의 복음은 주로 시각에 의해 들리고, 아주사 부흥운동의 오순절적 예배에서는 주로 청각에 의해서 복음이 들린다고 할 수 있다.

예수 그리스도는 오감을 이용한 예배와 헌신을 통해 성육신의 삶을 사셨다. 말씀하시고, 만지시고, 냄새를 맡으시고, 귀로 들으시고,

---

29 대니얼 B. 클린데닌/김도년 옮김, 『동방정교회 개론』 (서울: 은성출판사, 2014), 127.

30 Hugh Wybrew, The Orthodox Liturgy: The Development of the Eucharistic Liturgy in the Byzantine Rite (London: 네차, 1989), 5. 퀸틴 슐츠, 『하이테크예배』, 40에서 재인용.

31 Eugene Trubetskoi, Icons: Theology in Color (Crestwood, N.Y.: St. Vladimir's Seminary Press, 1971); Paul Evdokimov, The Art of the Icon: A Theology of Beauty (Torrance, Calif.:Oakwood, 1990). 대니얼 B. 클린데닌, 『동방정교회 개론』, 127에서 재인용.

맛보셨다. 병자들을 고치실 때 말씀도 하시지만 직접 만져서 치유하셨다(마 8:1-3; 막 1:30-31, 9:26-27; 요 9:6-7). 성육신하신 예수 그리스도가 오감을 통한 예배를 드리셨듯이 예배자는 감각적 거룩함을 필요로 한다. 오늘날 예배자가 하나님께 손과 발 그리고 얼굴을 포함한 육신의 오감각에서 자신을 구별하여 바치면서 육신과 영혼을 거룩하게 하면 성령께서 그런 예배자를 어떻게 사용하시겠는가? 하나님은 이러한 것을 통해 흐르는 순수한 통로와 그의 권능을 위해 거룩하게 된 길을 찾을 것이며, 믿음의 사람들은 구원받고, 거룩하게 되고, 치유되고, 성령과 불로 침례를 받을 것이다.32 즉, 이러한 감각적 거룩함이 최종 도달점에 도달하게 되는 중요한 매개체가 되는 것이다. 예수님은 자신의 거룩함을 주의 만찬을 통해 감각적으로 표현하셨다. 예수님은 죽음을 파괴하시고, 악의 결박을 깨뜨리시고, 지옥을 빠져나가시고, 시간을 고정시키시고, 자발적으로 고통을 당하시기 위해 배신당하셨을 때, 예수님은 빵을 취하시고, 하나님께 감사기도를 드리시고, 말씀하시면서 "취하라, 먹어라, 이것은 너희를 위해 부서질 내 몸이니라." 마찬가지로 잔을 취하시고 말씀하시면서, "이것은 너희를 위하여 흘릴 내 피니라. 너희가 이것을 행할 때마다 너는 나를 기억하라"33고 말씀하셨다. 여기에서 우리는 다양한 감각적 요소를 발견할 수 있다. 시각적으로 보이는 빵, 빵을 취했을 때의 촉각, 빵과 잔을 대했을 때의 후각, 빵과 포도주를 먹고 마셨을 때의 미각, 기도를 드릴 때의 청각,

---

32 Larry E. Martin. Compiled and Edited. "The words that Changed the World: Azusa Street Sermons, William J. Seymour," *Apostolic Faith Mission. The Complete Azusa Street Library* Volume 5 (Pensacola, Florida: Christian Life books, 2017), 112.

33 R. C. D. Jasper and G. J. Cuming, *Prayers of the Eucharist* (Collegeville, Minnesota: The Liturgical Press. 1990), 35.

이렇게 다섯 가지 감각이 형성된다. 이 감각들을 통해서 하나님의 거룩하심과 인류를 사랑하심과 구원하심을 인식하게 된다.

이러한 감각의 중요성에 대해서 단 샐리어스는 예배는 "존재를 지각하고, 듣고, 보고, 만지고, 움직이고, 냄새를 맡으며, 맛볼 수 있는 능력에 달려 있다. … 기독교 예배는 물질적으로, 사회적으로 그리고 문화적으로 실현된다"라고 주장한다. 또한 그는 예배가 인간의 모든 감각에 호소할 때, 즉 예배가 온전히 멀티미디어적일 때 교인들이 "경이와 기쁨과 진실과 희망"의 "본질적인 특징"을 경험할 가능성이 더 많다고 말한다.[34] 교회 역사가인 레베카 라이먼(Rebecca Lyman)은 "수도승들을 보든 성지(聖地)들을 보든 간에 제국 시대(4세기와 5세기)의 그리스도인의 경건은 굉장히 물질적이었다. 하나님은 인간 역사 속에서 행하셨기 때문에 인간의 감각은 영적 이해를 개발시키는 도구로 이해되었다"[35]고 말했다.

이처럼 감각적 영역은 세상의 기술이 가질 수 없는 하이테크적 요소다. 예배에 있어서 어떠한 디지털 매체에서의 한계를 이루는 것은 예배의 감각에 관한 영역에 대한 것이다. 과거, 현재에 있어서 디지털의 한계를 흔히 감정적, 감각적 영역이라고 말한다. 이러한 다양한 감각적 요소들이 겹칠 때마다 예배의 활성화가 이루어진다. 그러므로 다양한 요소로 이루어진 감각을 통한 예전을 무시할 수 없다. 미래에 기술적 하이테크가 이 부분까지도 극복될 것이라고 말하고 있지만,

---

34 Don E. Saliers, *Worship Come to Senses* (Nashville: Abingdon, 1996), 14. 퀸틴 슐츠, 『하이테크예배』, 40에서 재인용.

35 Rebecca Lyman, *Early Christian Traditions* (Cambridge, Mass.: Cowley, 1999), 101. 퀸틴 슐츠, 『하이테크예배』, 40에서 재인용.

그것이 현실화될지는 미지수이다. 이런 관점에서 오감은 어떤 디지털의 한계를 뛰어넘는 역설적으로 하이테크의 선두를 이루는 것이라고 할 수 있다. 그러므로 예배 행위에서 또는 예배에 오감을 깨우는 활동, 역할 수행은 무엇보다 필요하다.

3) 미디어의 하이테크

기독교의 공예배는 주로 예전에 기초하고 있다. 예전은 성도들이 예배를 드리기 위해 함께 행하는 모든 '일'이다. 성도들이 인사, 고백, 축하, 확증, 선포, 헌금, 축도 등을 행하는 방식이다.[36] 이러한 예전에 기초한 기독교 예배는 시초에서부터 메시지를 명확히 전달하기 위한 도구로 매개, 즉 미디어가 사용되었다. 위의 글에서 다루었던 것처럼 전통적 기독교 역사에서 미디어는 오늘날과 같은 기술적인 부분이 아니라 물질적이며 감각적이었다.[37] 따라서 매개는 오늘날 발달한 기술 발달에 의한 미디어를 통해서 기독교의 메시지가 주로 전달된다고 보는 견해는 수정될 필요가 있다. 기독교의 미디어 사용에 있어서 오늘날의 인위적인 미디어 기술들이 도래하여 보태진 그런 세계로만 이해해서는 안 된다.[38] 그럼에도 오늘날 미디어는 미디어를 사용함에 있어서 다양한 형식과 방법이 공존한다고 할 수 있으며, 이러한 다양성 가운데에서 미디어의 하이테크를 지향한다.

사전에서 미디어(media)라는 단어를 찾아보면 "매체(媒體), 수단,

---

36 퀀틴 슐츠, 『하이테크예배』, 21.
37 테레사 베르거, 『예배, 디지털 세상을 만나다』, 49.
38 Ibid.

특히 전달의 수단이 되는 문자나 영상 따위를 이르는 말" 정도로 검색된다. 미디어의 어원은 미디움(medium), 즉 중간자, 전달자라는 뜻에서 파생되어 나왔다고 할 수 있다. 따라서 미디어란 둘 이상의 사이에서 서로의 뜻을 이어주는 커뮤니케이션의 도구라는 뜻으로 해석할 수 있다. 이러한 미디어라는 단어는 일반적으로 메시지의 전달 수단을 의미하는데, 책, 신문, 잡지, TV, 라디오, 영화, 광고 전단, 메일, 스마트폰, 인터넷 등을 지칭한다.[39] 20세기의 저명한 미디어학자인 마샬 맥루한(Herbert Marshall McLuhan)은 구어나 문어뿐만 아니라 바퀴와 자전거, 영화, 라디오, 텔레비전과 무기 등까지도 포괄하여 다양한 종류의 미디어를 폭넓게 설명했다. 다시 말해 인간 사이의 정보를 매개하는 모든 것을 미디어로 규정한다.[40] 미디어는 인간이 서로 소통하기 위해 만든 모든 종류의 도구로서 인간이 다른 사람에게 자신의 의사를 전달하기 위해 사용한 것이라면 어떤 종류라도 미디어라 할 수 있다.

기독교 예배는 본래적으로 매개가 없었거나 혹은 매개 이전 상태이었다가 갑자기 인위적인 미디어 기술들이 도래하여 보태진 것이 아니다.[41] 오히려 기독교 예배는 항상 매개를 통한 실행들 안에 존재해 왔다.[42] 하나님은 우주 만물을 지으실 때 보이지 않으시는 하나님 그 자체이신, 형태가 없는 초월적인 방식으로 지으시지 않고, 왜 물질적

39 퀸틴 슐츠, 『하이테크예배』, 17.
40 정경순, "미디어교육프로그램 참여와 아동의 성격유형이 미디어 능력 향상에 미치는 연구: 부산시청자미디어센터의 미디어교육을 중심으로" (부경대학교 석사학위논문, 2011), 7.
41 테레사 베르거, 『예배, 디지털 세상을 만나다』, 49.
42 Ibid.

형상으로 창조물들을 나타내려 하셨을까? 여기에서 주목할 점은 공간의 의미와 유무에 있다. 이것은 아마도 공간을 형성하는 물질적 형태로 지어진 인간으로 하여금 하나님을 경배하게 하기 위함일 것이다. 보이지 않는 것으로만 할 수 없는, 보이는 것을 통해서 하나님을 찬양하는 예배의 가치를 배가시키는 효과를 가지기 위한 것이다. 이는 오늘날에 이르러 물질적이면서 감각을 공유하는 공간에서 벌어지는 일과 공간 초월적 사이버상에서 일어난 실행들과 맥을 같이한다.

그렇다면 이러한 공간과 공간 초월적인 예배 미디어의 차이점을 무엇이라고 설명할 수 있을까? 이 부분에서 미디어 하이테크는 아날로그적 미디어와 디지털적 미디어로 나뉜다. 여기에서 아날로그적 미디어는 로테크(Lowtech)라고 할 수 있으며, 디지털적 미디어는 하이테크라고 할 수 있다. 역사적으로 예배에 영향을 끼쳐 온 기술에는 생명공학, 정보 처리, 위생 시설, 시간 기록, 천문 기기, 운송 등이 있다. 예배 미디어 사용의 예 가운데에서 수도원 예배자들은 '성무'를 조정하는 수단으로 시계를 고안해 냈다.[43] 이것들은 물질과 공간을 수용하는 아날로그적 미디어에 적용된 수단들인 것이다. 아날로그적 미디어 디지털 예배의 궁극적 차이점은 예전을 위해 물질과 공간을 사용하는 방식과 그것의 사용 범위와 사용 유무에서 비롯된다. 즉, 물질적이며 감각적인 공간이 존재하느냐, 하지 않느냐에 따라서 최첨단 미디어적 하이테크냐, 로테크냐가 갈리는 것이다. 앞서 언급한 바와 같이 미디어는 초기 기독교에서부터 사용되었다. 그런데 그것은 물질적인 시각, 오감으로 느낄 수 있는 공간에서 벌어진 일이며, 사이버상에

---

43 Susan J. White, *Christian Worship and Technological Change* (Nashville: Abingdon, 1994), 64. 퀸틴 슐츠, 『하이테크예배』, 56에서 재인용.

서 일어난 일이 아니라는 점이다.

특히 코로나 이후 급속도로 디지털 미디어 시대를 예고하였다. 급변하는 한국 사회, 디지털 사회로의 전이를 가장 선두적으로 행하고 있는 우리 사회에서 아직은 사이버 교회, 사이버 예배 공동체가 눈에 띄는 현상은 아니지만, 다양한 예배 공동체의 출현이 이루어지고 있는 우리 사회에서도 새로운 대안으로 나타날 수 있다.[44] 디지털 미디어의 메카라고 할 수 있는 '메타버스'(Metaverse)는 '이후' 또는 '그 너머'를 의미하는 그리스어 'Meta'(μετα)와 '우주'를 의미하는 'Universe'의 합성어다. 닐 스티븐스의 소설 『스노우 크래시』(1992)에 처음으로 등장한 개념으로 현실의 우주를 넘어선 가상의 세계를 가리키는 말이다.[45] 팬데믹 상황에서 사람은 지금까지와 달리 사람들과 대면해서 즐기던 것들을 제한받게 된다. 그러면서 직접 얼굴을 맞대지 않고도 다양한 즐거움을 누릴 수 있는 가상 세계, '메타버스'가 폭발적인 관심을 받게 된다. 이러한 것과 맥락을 같이한 메타버스 속 아바타는 단순한 형상에 불과한 것이 아니라 각각의 개인을 대리하는 실체가 되어가고 있다. 아바타는 본래 '강림'(降臨)을 의미하는 산스크리트어 '아바따라'(avatara)에서 유래한 말로 "신이 다른 동물이나 인간, 물체의 형태로 지상 세계로 나타난 경우"를 가리키는 용어였다. 신이 직접 자신의 모습을 인간들에게 드러내기 어려우니 다른 개체의 몸을 빌려 강림한다는 것이다. 여기서 '몸을 빌린다'는 개념은 오늘날의 아바타, 즉 "자신을 대표하여 온라인 공간 속에서 활용하는 형상"의 뜻으로 확장되었다. 3차원 그래픽 기술의 발달은 온라인상의 아바타를 현실과

---

44 테레사 베르거, 『예배, 디지털 세상을 만나다』, 2.
45 서승완, 『나는 메타버스에 살기로 했다』 (서울: 애드앤미디어, 2021), 27.

유사한 피부색, 표정, 의복을 가질 수 있도록 만들었다.[46]

　　그러나 이러한 디지털 영역의 발전은 우리 인간에게 기대와 우려를 동시에 갖게 한다. 아렌트(Arendt)는 "인간은 기계와 기계를 조작하는 방법적 지식의 무기력한 노예가 될 것이다. 즉, 기술에 의해 만들어진 부품에 좌우되는, 사유하지 못하는 피조물이 될 것이다. 이 기술은 자신이 얼마나 살인적인가에 대해서는 상관하지 않는다"[47]라고 말했다. 그러나 이러한 염려에도 불구하고 디지털 미디어적인 가상 세계는 현재의 영역을 차지하는 비율이 높아지고 있고, 앞으로 더욱더 빠른 속도로 확장될 전망이다. 이러한 상황에서 예배를 드리다가 새로운 방법을 이용하는 경우가 많이 발생하게 된다. 그 결과는 매우 오래된 예배 실행들과 전혀 새로운 예배 실행들, 두 가지 모두가 번창하고 있는 실정이다. 이 실행들은 인터넷을 통한 예배 중계, 가상의 제단들, 온라인 예배당들, 사이버 묵주기도들, 실시간 중계 영상 및 이미지 갤러리가 포함된 기도 애플리케이션들, 추모 사이트들, 온라인 순례들, 디지털로 끝내는 끝 기도, 매개되는 성체 조배와 9일 기도로부터 '톰플릿'(twomplet, 트위터상의 일과를 끝내는 끝 기도), 대림절과 사순절의 디지털 교회력 등 새로운 자원들에 이르기까지 널리 퍼져 있다.[48] 따라서 미래의 번성할 것들을 예측하는 기술자나 경영자들은 "앞으로 인공지능을 지배하는 자가 세계를 지배할 것"이라고 선동하면서 인공지능 기술에 투자할 것을 종용한다.[49]

---

46 Ibid., 30.
47 백욱인, 『인공지능시대 인간의 조건』 (서울: 휴머니스트, 2023), 448.
48 테레사 베르거, 『예배, 디지털 세상을 만나다』, 36.
49 백욱인, 『인공지능시대 인간의 조건』, 449.

이러한 상황에서 디지털 형식의 미디어에 물질을 포함하는 감각적 미디어를 적절하게 섞어서 사용할 필요가 있다. 물론 최첨단 디지털 예배 미디어가 교회를 성장시키는 데 절대적인 것만은 아니다. 고급 기술이 상대적으로 제한되어 있는 라틴 아메리카와 아프리카와 같은 지역에서 교회가 급성장하고 있다는 사실에서 이를 알 수 있다. 하이테크적이든 하이터치적이든 간에 예배가 특정 문화의 기술적 편향을 반영해야 한다고 가정하는 것은 전혀 다른 문제다.[50] 따라서 디지털 형식의 미디어에 감각적 미디어를 적절하게 섞어서 사용할 필요가 있다.

또한 현대 교회들은 그러한 친밀한 상황 속에서 이루어지는 오래된 예전적 관행들을 무시하지 않아야 한다.[51] 오늘날의 하이테크 환경에서 우리가 직면하는 문제들은 사실 매우 오랜 역사를 지니고 있다. 지금은 오히려 아날로그 형식을 쓴 것과는 비교할 수 없는 상상 초월의 발달 상황인데도 오히려 비판 없이 수용하려는 현상을 가진 듯하다. 이는 현대 사회에서 하이테크적 요소가 매우 빠르게 진행되고 있기 때문에 미처 이를 컨트롤할 수 있는 겨를이 교회에 없기 때문이다. 그러므로 이러한 단점을 극복하기 위해서 어떤 종류의 예전적 관행들이 이 시대의 예배에 가장 적합한지와 언제, 어디서, 어떻게, 누구를 위해, 누가, 왜 해야 하는지에 관한 질문들과 답을 할 수 있어야 한다. 그러기 위해 우리는 무엇보다도 디지털 미디어와 예배의 의미를 이해해야 한다.

현시대의 예배자는 미디어적 하이테크를 선택의 권한보다 겸허한

---

50 퀸틴 슐츠, 『하이테크 예배』, 23.
51 Ibid., 24.

수용을 해야 하는 상황에 직면해 있다. 예수 그리스도는 '성육신'이라는 방법으로 우리 인간에게 다가오셨다. 피 흘리심, 살 찢기심, 고통의 숨결, 외침 등이다. 그 자체가 우리에게는 살아 있는 미디어이다. 동시에 이것은 초월적인 디지털적 미디어만으로는 해결될 수 없음을 간접적으로 시사하는 것이다. 그러므로 예배자는 새로운 미디어를 찾기 전에 메시지 자체에 대해 명확히 할 필요가 있다.[52] 하나님이신 예수 그리스도는 우리 인간과 같이 생활하시면서 자신을 통한 구원의 계획을 나타내시고 펼치셨다. 이것은 무엇을 의미하는가? 이것은 인간을 구원하기 위해서 영적인 존재이면서 동시에 물질적 존재로서의 시공간에 인류와 함께 거함으로서만이 가질 수 있는, 인류를 위한 가장 효율적인 복음으로서 적합한 방법을 시도하는 것이었을 것이다. 그럼에도 불구하고 시대 문화적 적합성과 소통을 위해 현시대의 예배자는 미디어적 하이테크를 이용해야 한다.

그런데 사람들은 '메타버스'(Metaverse)라는 가상 공간에서 만나서 교류한다 할지라도 여전히 실제의 모습을 보고 활동하고 직접적인 만남을 통한 대화를 나누고 싶어 한다는 데 주의를 기울일 필요가 있다. 대부분의 사람은 스마트폰으로 실컷 통화하지만 결국은 "언젠가 한번 만나서 밥 한번 먹자"로 끝을 맺는다. 이것은 무엇을 이야기하는가? 우리는 가상의 미디어를 통해서 교류를 맘껏 하면서도 한편으로는 실제적인 감각의 경험을 필요로 한다는 것을 의미한다. 즉, 예배자는 시각과 청각에서 끝나지 않는, 촉각 등을 포함한 오감을 동원한 감각적이고 현실적인 교제를 필요로 하는 인성을 가지고 있는 것이다.

---

52 James F. White, *New Forms of Worship* (Nashville: Abingdon Press, Tennessee, 1971), 39.

그러나 현시대가 이러한 매개를 통해 교제할 수밖에 없는 환경에 놓여 있다면 우리는 그러한 가운데에서 어떻게 미디어를 통해서 좀 더 나은 만남을 이룰 것인가를 고찰해야 한다. 중요한 것은 미디어 하이테크의 화려한 기술로 인해 얼마나 많은 예배자가 예배 참석이 가능했느냐가 아니라 얼마나 예배자가 하나님과 소통이 이루어졌느냐에 있는 것이다. 그러므로 미디어 하이테크적인 테두리 안에서 해결책을 모색해야 한다. 그러한 방안으로 전통, 즉 성경과 교회사에 나타나 있는 과거 예배의 원리들을 상기하면서 동시에 적극적인 미디어 하이테크를 수용할 수 있어야 한다.

4. 예배와 소통

1) 하나님과 예배자의 소통 입문

(1) 하나님과 대화 물꼬 트기

하나님과 소통을 위해 예배자와 하나님의 대화는 중요하다. 더욱이 예배자의 다양한 감각의 과정이 생략되기 쉬운 미디어 시대에서 대화는 매우 중요하다. 기독교인이 하나님과 대화하는 방식은 예배 의식 행함을 통해서 주로 이루어진다. 브라이언 채플(Bryan Chapell)은 이러한 대화와 관련하여 예배 의식의 행함에 대해서 "예배는 복음을 진술하는 것이다"라고 이야기한다.[53] 이와 같이 기독교 예배는 복음을 진술하는 의식 행함의 구조를 가지고 있다. 그 구조가 어떠한 형식으로 이루어져 있는가는 교파별로 다양하지만, 중요한 것은 그 구조를 통해서 복음이 전달된다는 점이다. 이 복음의 전달은 하나님을 아는 지식에 이르게 하는 중요한 역할을 한다. 이 전달하는 과정인, 즉 예배의식 행함은 대화에 시동을 거는 것이다. 또한 이처럼 대화를 시도하는 것은 어느 한 대상을 알아가기 위한 사귐의 초입 단계라고 할 수 있으며, 이는 대화의 물꼬를 트는 것과 같다. 이와 같이 대화의 물꼬를 트는 것은 메마른 영혼에 단비를 뿌리는 것과 같다고 할 수 있다.

한국에서는 해마다 봄이 되면 모내기 철을 맞이한다. 반듯하게 정렬되어 있는 논들은 간간이 오는 봄비로 인하여 대부분 모내기하기에 충분한 물을 머금고 있다. 그런데 간혹 윗 언덕에 있는, 논이라고 하기에는 밭과 같은 느낌을 주는 2% 부족한 논들에 있어 간간이 내린 봄비로는 논의 기본 역할을 감당하기에 물은 턱없이 부족하다. 이것은 이스라엘의 추수를 위해 이른 비와 늦은 비, 그 어느 것도 없어서는 안 되는 농작물 경작의 경우와 같은 것이다. 그래서 그러한 논을 가진 농부들은 애타는 마음으로 소낙비가 쏟아지기를 갈망한다. 모내기는 한 해 동안 농부와 그의 가족의 양식을 책임지는 중요한 작업이다. 무엇보다도 물의 양은 식량 증감량 법칙의 필수 요건으로 생명을 유지하느냐, 하지 못하느냐의 기로에 서는 중요한 작업이다. 즉, 이 양식을 확보하는 작업인 모내기에서 물이 부족하다는 것은 모내기라는 '생명 이식 작업'의 실패를 의미한다. 이와 같은 맥락으로 대화의 성사는 모내기의 물꼬 트임과 같으며, 반대로 대화의 결렬은 모내기의 물꼬 막힘이 되는 것이다.

---

53 브라이언 채플/윤석인 옮김,『그리스도 중심적 예배』(서울: 부흥과개혁사, 2009), 219.

대화 결렬의 폐해는 대표적으로 아담과 하와의 경우에서 발견할 수 있다. 아담과 하와는 하나님께서 창조하신 최초의 인류로서 처음에는 친밀감이 있었다. 그들은 때를 불문하고 하나님과 대화를 나누고 부모와 한집에서 기거하는 자녀와 같이 그렇게 가깝게 살았던 것으로 보인다. 그런데 그들은 자신의 생각에 몰두하면서 하나님과 대화를 소홀히 하였다. 그 이후에 아담과 하와는 하나님이 아닌 다른 존재, 즉 뱀의 말에 귀를 기울이면서 하나님께서 먹지 말라고 금지하신 선악과 취함의 죄를 범하게 된다(창 3:6). 그 결과 아담과 하와의 영(靈)은 죽고 육(肉)만 산다. 그런데 이것의 폐해는 하나님은 영이시기 때문에 하나님과 아담과 하와의 교제가 불가능하게 되었다는 점이다. 이러한 이유로 하나님께서는 다른 창조물과는 다르게 인간에게만 유일하게 하나님의 영, 생기를 코에 불어넣으셨다. 그러한 인간이 하나님께로 부음 받은 생기, 영을 잃고 존재의 변화에 이르게 된 것이다. 즉, 영이신 하나님과 예배자 사이에 코드 변화가 생기면서 하나님과 대화의 물꼬가 막히게 된 것이다.

　　예배자는 이러한 물꼬 트기를 위해서 예배 가운데에서 대화의 대상이신 하나님을 아는 것이 중요하다. "적을 알고 나를 알면 백전백승"이라는 한국 속담이 있듯이 예배자가 하나님을 알고 드리는 예배가 성공하는 예배의 지름길이다. 아벨과 가인의 예배에서도 볼 수 있듯이 가인은 하나님의 뜻과 성품을 간과하고 일방적으로 예배를 드림으로써 하나님께 거절을 당하였다(창 4:3-5). 또한 하나님을 아는 것이 중요한 이유는 그것은 하나님의 형상 닮음을 새롭게 인식하게 하는 우리 정체성의 거울이 되기 때문이다(창 1:26-27). 따라서 예배의 구조를 가지고 예배 예전 행함을 통해서 복음의 진술을 듣는 것이 중요하다.[54]

왜냐하면 그것은 대화의 대상을 이해하는 데에 도움을 주기 때문이다. 만약 대화를 나눌 대상을 제대로 이해하지 못한다면 대화는 계속 이어지지 못한다. 말하자면 이러한 예배 의식을 통해서 하나님을 인식할 수 있다는 말이다. 따라서 하나님을 더욱 인식하기 위해 최대한 예배 의식을 자주 행하는 것이 좋다. 물론 잦은 예배 의식 행함이 하나님의 존재를 온전히 인식했다고 장담할 수는 없다. 의식 행함에서 행해지는 과정 가운데에서 하나님 이해는 개별적 문제로서 차이가 발생하기 때문이다. 이는 선생님이 학생에게 많은 것을 설명한다고 해서 다 이해하고 성적이 올라가는 것이 아니듯이 예배자 스스로의 깨달음이 도달하여 온전히 자기 것이 되기 전까지는 그것을 모두 이해한 것이 아니다. 그러나 도달의 과정으로서 예배 의식은 중요하며 나날이 행해져야 한다. 대상을 제대로 이해하고 대화할 수 있을 때 그 관계는 발전할 수 있다. 대화가 이루어지지 않고 일방적인 통행이 될 때는 하나님과의 관계 단절로 이어지는 것을 볼 수 있다. 그러므로 하나님과 대화 물꼬 트기 작업은 계속되어야 한다.

(2) 예배 인도자와 예배자의 대화 물꼬 트기

기독교는 관계를 중요시한다. 특히 하나님과 사람과의 관계, 사람과 사람과의 관계에 있어서 인격성은 중요시된다. 일방적인 관계가 아닌 상호적인 관계에서 인격적이고 친밀한 교제를 추구하는 것이 기독교의 특징이라는 말이다.55 더욱이 앞서 언급한 바와 같이 요즘 시

---

54 브라이언 채플, 『그리스도 중심적 예배』, 219.
55 조건회, 『예배, 하나님께 드리는 응답』, 43.

대는 디지털 미디어가 발달하는 혁명적 시대인 만큼 예배에도 디지털 미디어의 영향이 전반적으로 미치고 있다. 곧 한국 기독교의 예배는 현시대 흐름에 대처해야 하는 상황에 놓여 있다. 이러한 예배의 시대적 상황을 이해하고 대처하기 위해서는 무엇보다 하나님과 예배자, 예배 인도자와 예배자, 예배자와 예배자의 상호 역할이 중요하다.

특히 예배 인도자가 예배에서 수행해야 할 역할의 비중은 크다. 더욱이 현시대는 기하급수적인 변화 가운데에서 예배를 드리는 데 있어 보이지 않는 치열한 '예배 전쟁'이 벌어진다. '예배 전쟁'이라는 용어는 1990년대 중반 퍼시픽 루터교 신학대학원의 테드 피터스(Ted Peters)와 캘리포니아주 버클리 신학대학원 연합 신학자들의 저술과 사역 실천에서 표면화되기 시작했다.[56] 욕(Terry W. York)은 이에 대해서 다음과 같이 이야기한다. "예배에 있어서 가장 에너지가 넘치는 최전선에 선 참전 용사는 예배 지도자이다. '예배 지도자'라는 이 용어를 지성소에 들어가는 첫 번째 사람을 의미하는 것으로 해석했을 때 예배 전쟁이 일어난다."[57] 이는 예배 인도자의 중요성을 단편적으로 설명하는 말이라고 할 수 있다. 즉, 예배 인도자의 중요성으로서 예배 인도자가 어떤 마음과 태도로 예배를 인도해야 하는지를 예측 가능하게 한다. 또한 예배 인도자의 현시대를 바라보는 균형 잡힌 시각이 예배의 깊이와 성격을 좌우할 수 있다는 것을 말해 준다. 이러한 관점에서 예배에 대한 다각적인 시각을 가지고 포용과 경각심을 가진 예배 인도자

---

56 Ronald Allen & Gordon Borror, *Worship* (Portland, Oregon, Multnomah Press, 1982), 33.

57 Terry W. York, *America's Worship Wars* (Peabody, Massachusetts: Hendrickson Publishers, 2003), 44.

가 절실히 요구된다. 먼저 예배 의식에 정통할 뿐만 아니라 하나님과 교제에 하나님과의 교제가 훈련되고 원활한 인도자가 필요하다. 이는 예배에서 하나님과 교제는 개인적으로 시작하지만, 여기에서 더 나아가 예배의 공동체적 분위기에서 하나님과 교제를 이끌어 내는 데는 예배 인도자의 역할이 매우 중요하기 때문이다.

예배는 하나님께 대한 최고의 사랑을 나타내는 일로서 하나님의 계시에 대해 응답하는 것이다. 우리가 응답하지 않는다면 아마도 예배가 이루어지지 않을 것이다.[58] 그러나 근본적으로 예배는 하나님의 주도권에 의해 일어나며, 하나님께서 시작하시는 대화로서 일방적이지 않은 상호교환으로서의 응답이 요구되는 대화이다. 따라서 예배 가운데에서 하나님과의 대화가 이루어져야 한다. 이러한 상호작용은 곧 하나님과 예배 인도자, 예배 인도자와 예배자의 대화의 물꼬를 트는 것이다. 이는 예배 지도자의 책임이 주어지게 되는데, 곧 거기에 대한 응답을 촉진하도록 요청받게 된다.[59] 따라서 예배 인도자는 예배 가운데에서 상호교환적 대화로 이끌어 내기 위해서 마음과 생각, 영과 진리로 예배드릴 수 있도록 예배자들과 협력함과 동시에 예배의 적극적 참여를 이끌어 내야 한다.

그러므로 예배 중 하나님과 대화하기를 위해서는 무엇보다 예배자의 예배 이해가 우선되어야 한다. 우리가 예배하는 이유는 하나님이 행하신 것과 행하시는 것 그리고 계속해서 행하실 것임을 예전 행위 중 인지하게 되기 때문이다. 곧 예배를 이해하는 출발점은 예배를

---

58 Ronald Allen & Gordon Borror, *Worship* (Portland, Oregon: Multnomah Press, 1982), 39.
59 Ibid., 44.

구속사에서 하나님이 행하신 것과 지금도 행하고 계신 것에 대한 감사로 인식하는 것이다.[60] 곧 예배는 창조주, 구속자, 위로자이신 하나님에 대한 자연스러운 찬양의 반응이다. 따라서 예배는 집중하면서 겸손한 마음을 통해 특별한 방법으로 하나님의 임재를 인정하는 것이다. 이러한 하나님의 임재에 의해 하나님이 주도하신 이러한 대화는 예배자를 변화시킨다.[61] 그러므로 예배 이해를 위해서 우리가 하나님의 말씀을 잘 들을 수 있는 귀가 열려야 한다. 예배자가 귀로는 듣는 것 같으나 그 귀에 의미 있는 언어로 붙잡는 말씀이 얼마나 되는가? 얼마나 많은 말씀과 순간들이 장마에 쓸려가는 숱한 부유물의 한 부분처럼 흘러가는가? 따라서 영적인 귀와 눈이 열려서 그 들려지고 보여진 말씀이 가슴속에 아로새겨져야 한다.

이러한 관점에서 예배자의 예배 이해를 위해서 예전이 필요하다. 예전은 하나님과 예배자의 관계 안에서 대화의 촉진제로 이끈다. 즉, 예전은 예배자와 하나님과 대화의 세계로 인도하며, 예배자로 하여금 하나님께서 예배자들과 맺은 언약을 듣고 찬양과 감사로 응답하도록 도와준다. 이와 같이 예전 행함은 우리 안에 감사하는 마음을 가득 채워주며 거룩한 대화로 인도한다. 또한 자칫 오늘날과 같이 미디어의 발달로 인한 기술력에 의지함으로써 야기될 수 있는 하나님의 능력과 장엄함 그리고 그분의 영광과 관련해서 보지 못할 것들에 대한 질서를 바로잡아 주는 역할을 한다. 즉, 예전의 이해는 하나님의 은혜로 겸손해지도록 예배자를 인도함과 동시에 하나님과 대화 물꼬 트기의 시작점이다.

---

60 퀸틴 슐츠, 『하이테크예배』, 34.
61 Terry W. York, *America's Worship Wars*, 45.

이처럼 예배자는 하나님과 대화의 물꼬가 트여야 한다. 이 물꼬는 전후좌우 온몸의 혈액 흐름과 같이 머리부터 발끝까지 원활한 순환이 일어나는 것과 같다. 혈액이 막히면 질병이 발생하고 정도가 심할 때는 생명의 지장을 줄 수도 있다. 혈액의 펌프질을 지속하는 역할은 예배 인도자가 감당해야 할 몫이다. 이러한 교제로서 예배를 이끌어가는 예배 인도자의 역할이 잘 이루기 위해서는 먼저 예배 인도자가 예전에 정통하여야 한다. 동시에 하나님과 대화의 협상 테이블에 예배자들을 앉힐 수 있는 능력이 구비되어야 한다. 예배의 최전방에서 리드하기 위해서는 전반적인 예배 예전의 지식과 실전을 능숙하게 담당하고, 예배자들과 하나님과 대화의 물꼬를 이어주고, 여타 다른 부분의 예배 리더자들과도 좋은 관계를 유지하도록 대화 창구의 역할을 감당할 수 있어야 한다. 요즘 예배 인도자의 역할이 대세이지만, 예배 인도자가 디지털 미디어에 능통한 것에서 그쳐서는 그 대안이 될 수 없다. 예배 인도자는 단지 디지털 미디어적 예배 리더자에서 그쳐서는 안 되고, 예배 중 하나님과 모든 예배자의 지속적인 교제가 이뤄지도록 물꼬 트는 자로서의 역할을 유지할 수 있어야 한다. 따라서 한국교회는 이러한 예배 인도자의 역할이 지속될 때 그에 따르는 교회 공동체의 물꼬 트기가 그 뒤를 따를 것이다.

(3) 예배자와 예배자의 대화 물꼬 트기

하나님과 예배자, 예배 인도자와 예배자 간의 물꼬 트기가 일어나면 어떻게 될까? 앞서 언급한 바와 같이 모내기는 농부들에게는 한 해 동안의 목숨이 걸린 중요한 작업이다. 무엇보다도 촉촉이 내린 봄비는 턱없이 부족한 물로 인하여 모내기하기에 곤란한 지경에 이르렀을 때 막힌 구석이 없이 생명의 물꼬가 터지는 것과 같은 효과를 가져다 준다. 봄비를 통하여 논에 물이 채워질 때 구석구석 물들이 흘러들어가 온 전체가 위아래로 그 물꼬는 기하급수적으로 터진다. 이는 마치 인간의 몸 전체인 머리끝에서 발끝까지 혈액 공급이 원활하게 흐르는 것과 같다. 이와 같이 물꼬 트기는 예배에 생명을 불어넣는 초석과 같다.

이러한 맥락에서 예배는 예배를 통해 하나님과 예배자, 예배 인도자와 예배자 간의 대화 물꼬가 트이면 다음으로 예배자와 예배자 간의 물꼬 트기가 중요하다. 사실 예배자들 간의 관계가 중요하다는 것을 알면서도 세밀하게 살피지 않고 지나친 감이 없지 않다. 왜냐하면 한 공동체에 소속되어 있다는 이유로 서로는 크게 영향을 미치지 않은 평범한 존재로 여겨지기 때문일 것이다. 그렇다면 이들 간 대화 물꼬가 터지는 것이 왜 중요한지에 대해 질문할 수 있을 것이다. 대화의 물꼬가 트인다는 것은 서로의 가치를 인정한다는 뜻이다. 가치 없는 것은 버리고도 아쉬움이 없지만, 가치 있는 것은 버리지 않고 어떻게 해서든 고쳐서 다시 쓰게 되는 것과 같다. 예배자는 고귀한 하나님의 형상을 따라 지음 받은 존재이기 때문에 하나님께서는 예배자를 쉽게 버리거나 포기하지 않으시고, 언제든지 회개하는 자를 고치시고 회복케 하시며 주의 나라를 위해 다시 써주시는 은혜로운 하나님이시다.[62] 교회에서는 인도자의 위치에 있는 예배자보다 평범한 직분에 서 있는 예배자가 다수를 차지한다. 예배자와 예배자는 그들이 차지하는 숫자

---

62 조건희, 『예배, 하나님께 드리는 응답』, 116.

만큼이나 서로 많은 교류를 하면서 지낼 수밖에 없다. 그러므로 많은 분량의 시간과 장소를 공유한 예배자와 예배자 간의 물꼬 트임이 이뤄져야 한다. 예배자와 예배자 간의 대화의 대화 물꼬가 잘 이뤄져야 한다.

사회에서도 대화의 단절은 상호관계의 심각한 현상을 초래한다. 사회 일원 간에도 대화의 이어짐을 통해 서로의 간격을 좁힌다. 때때로 세계 곳곳의 교회에서 갈등을 빚고 분열하는 경우를 본다. 한국교회 내에서도 분열이 일어나는 경우를 종종 보게 된다. 한 교회 내에서 두 명의 담임 목회자가 동시에 예배드리는 경우도 있다. 또한 교회 지도자와 지도자, 교회 지도자와 예배자, 예배자와 예배자가 양편으로 갈라져 서로 적으로 대치하기도 한다. 교회의 분열이 교회 지도자가 갖는 역할의 영향력 안에서 이루어지는 것은 사실이지만, 또한 예배자와 예배자 간의 대화 단절이 이러한 분열을 가속화시킨다. 교회 내의 적으로 인식하는 대치 상황은 생각보다 심각한 영적인 피폐함을 가져다 준다. 즉, 이러한 물꼬 막힘 가운데 예배드리는 교회에 생명력을 상실한다. 따라서 예배자 상호 간 교제의 물꼬가 트이는 것은 소통이 일어나는 것 못지않게 중요한 사안이다. 성경에도 형제와 다툰 뒤 예배하는 것보다 화해한 뒤 예배하라고 말씀한다(마5: 23-24). 그러므로 교회는 예배드리기 전 예배자와 예배자 간의 대화의 물꼬가 트이는 우호적인 관계 형성에 집중해야 한다.

그러므로 대화의 성사는 모내기의 물꼬가 트이는 것과 같고, 반대로 대화의 결렬은 모내기의 물꼬가 막히는 것과 같다. 따라서 예배에서 물꼬가 터지면 대화가 성사되며, 예배자와 예배자 간 발끝에서 머리끝까지 화합이 이루어진다. 여기에서 하나님, 예배 인도자, 예배자는 함께하면서도 각각의 역할이 주어진다. 논에서의 역할로서 하나님은 물이요 예배 인도자는 논물을 고르는 작업자요 예배자는 빗물로 채워진 논물을 함께 나누는 자다. 예배의 정의 가운데에서 "예배는 하나님의 계시에 대한 예배자의 응답이다"라고 하는 것처럼 예배는 하나님과 예배자가 함께하는 작업이다. 마치 봄의 향연처럼 예배는 하나님과 예배자가 함께 누리는 기쁨의 잔치이다. 즉, 예배의 물꼬 트기는 한 해의 생명뿐만 아니라 영원한 생명의 물꼬 트기가 되며, 상호 간의 물꼬 트기는 생명의 수확을 얻게 한다. 또한 예배자 간 대화의 물꼬 트임은 균형 잡힌 관계로서 교회 내 공동체성을 건강하게 유지하게 한다.

2) 하나님과 예배자의 소통 이끌기

(1) 예배 인도를 통한 하나님과 예배자의 소통

예배는 하나님과 예배자의 대화 물꼬 트기의 장이다. 예배에서 하나님과 예배자의 대화 물꼬 트기는 죽음에 처한 상태에서 생명의 장(場)으로 이끌어 주며 서로의 관계를 형성하는 중요한 포인트가 된다. 이러한 물꼬 트기를 통해서 예배자의 눈높이 맞춤이 형성되며 지속적인 관계 유지의 길이 열린다. 이 관계의 지속성은 '소통'으로 연결된다. 즉, 심겨진 모가 익은 벼로 자랄 때까지 오랜 시간을 요하는 상황에서도 잘 자랄 수 있도록 유지시킬 수 있는 장치가 필요하다는 말이다. 또한 이를 위한 여분의 물을 비축할 저장소와 이 물을 지속적으로 관리할 관리자가 필요하다. 여기에서 물 저장소는 '소통'을 뜻하며, 관리자는 '예배 인도자'를 뜻한다. 따라서 이에 대해 다음과 같이 요약할 수 있을 것이다.

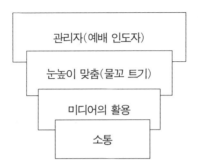

● 관리자(예배 인도자)　　● 눈높이 맞춤(물꼬 트기)
◉ 미디어의 활용　　　　　● 지속적 관계 가능성(소통)

관계를 지속하기 위해서는 여러 번의 만남이 필요하다. 한 번의 만남으로 관계를 지속하겠다는 것은 어불성설이다. 관계를 이어가기 위해서는 첫 번째 만남 이후에도 지속적인 교류와 대화가 이뤄져야 한다. 또한 관계의 지속은 서로를 향한 긍정적인 마음을 주는 긍정의 마음이 있을 때 가능하다. 관계의 지속은 대화의 물꼬 트기를 뛰어넘어 그 대화의 물꼬가 제 기능을 발휘하도록 저장소가 있을 때 가능하다. 생명을 이어줄 수 있는 물이 필요한데, 이때 생명을 잇게 하는 물 저장소가 필요한 것이다. 대화의 물꼬 트기에서 물 저장소는 '소통'이며 또한 대화 물꼬 트기에서 자원인 물이 물꼬를 통해 지속적으로 흐르게 하는 것이 '소통'이다. 즉, 물꼬 트기가 대화의 시작점에 위치한다면 소통은 시작 단계의 대화가 점점 깊어지면서 지속하게 하는 '지속 가능성'에 초점이 있다.

이 소통은 마태복음 13장 3-8절에 기록된 밭에 뿌려진 씨에 비유할 수 있다. 이 비유에서 씨앗은 어떤 성질의 땅에 뿌려졌느냐에 따라서 씨앗의 결실을 맺기 위한 결실 가능성이 결정된다. 여기에서 포인

트는 씨앗의 생명이 잘 자라게 하기 위해 주어진 토양에 있는데, 토양은 씨앗을 잘 자라게 할 만한 소양뿐만이 아니라 움이 돋는 농작물이 계속해서 잘 성장하도록 지속하는 생명의 원천과도 같다. 이러한 지속 능력에 대한 것은 인간의 결혼과 관련하여 생각해 볼 수 있다. 결혼제도는 인간이 결혼생활을 오래도록 실현하는 데에 의미가 크다고 할 수 있다. 사랑을 전제로 결혼한 두 남녀가 결혼생활을 지속적으로 유지할 수 있는 여러 요소 가운데에서 가장 중요한 요소는 대화가 통하느냐, 통하지 않느냐에 달려 있다. 즉, 결혼생활이 유지될 수 있는 가능성의 주요소는 상호 간의 '소통'에 달려 있다. 각자가 자신의 일을 하면서도 관계를 이어갈 수 있는 지속성은 자신의 삶의 방식을 상대에게 맞추면서 동시에 서로를 이해할 수 있는 소통 가능성과 연결된다. 따라서 소통은 옥토 밭에 뿌려진 씨앗의 지속적인 성장을 기약한 보증서와 같다.

이와 같은 맥락에서 예배 안에서 소통의 가치는 지속가능성을 실현하는 데에 있다. 또 이러한 소통을 유지하기 위해서는 지속적인 돌봄이 필요하다. 물이 많고 모가 심겨져 있다고 모든 것이 끝난 게 아니다. 이는 단순히 미디어가 전달되었다고 해서 소통이 되었다고 볼 수 없다는 말과 같다. 로마 가톨릭의 사제가 성단 위에서 성찬 의식을 알아들을 수 없는 라틴어로 설명하였다고 해도 그것이 미디어로서 작용하지만 소통으로 이어졌다고 할 수 없다. 빔 벤더스(Wim Wenders) 감독의 영화 〈베를린 천사의 시〉(1987)에서는 이러한 디지털 미디어의 한계를 인류에게 전한다. 천사는 하늘 아래로 내려가야 사랑할 수 있고, 그것이 아니면 짐승이 땅 위로 올라와 인간의 모습으로 변신해야 사랑의 지평이 열린다.[63] 또한 영화 〈블레이드 러너〉의 복제인간 리플리컨트(Replicant)는 자신을 제조한 오너와 사랑할 수 없고, 인간인 오너도 마찬가지로 복제인간을 사랑할 수 없다. 즉, 인간은 기계를 사랑할 수 없고 기계도 인간을 사랑할 수 없다.[64] 이는 소통할 수 있는 조건에 들어 있지 않기 때문에 미디어가 정보를 전달하는 데 사용되지만 반드시 소통이 이루어졌다고 볼 수 없다는 사실을 말해 준다. 왜냐하면 소통에는 관계 형성과 지속성이 필요한데, 소통의 한계점인 관계의 지속성이 떨어졌기 때문이다. 이와 같이 교회의 머리 되시고 신랑 되신 예수 그리스도와 영적인 결혼 관계에 있는 교회의 예배자들은 이러한 관계 형성을 위한 지속적인 소통을 이뤄야 한다.

　마찬가지로 이것은 예배 의식 가운데에서 이루어져야 한다. 그러므로 예배는 다른 어떤 것을 얻기 위한 도구가 되어서는 안 된다. 곧 돈을 벌기 위해서 예배하거나 청중을 사로잡기 위해서 예배하거나 문제 해결을 위해서 예배하거나 어떤 프로젝트를 달성하기 위해서 할 수 없다는 것이다.[65] 그런데 수많은 교회에서 예배 의식을 행하는데 이러한 것들을 배제하고 진정한 하나님과 대화와 소통을 이루고 추구하는 예배를 드리고 있는 교회, 예배자가 얼마나 될까?

　인간의 삶 가운데에서 각자에게 주어진 많은 유형·무형적 요소가 그 가치를 계속해서 유지하고 소통하기 위해서는 관리가 필요한데, 이것은 예배에서도 적용된다. 예배에서의 소통은 그 가치를 계속해서 유지 보완하고 리드하기 위한 장치로서 이러한 소통을 위한 관리자인 예배 인도자의 '예배 인도'가 필요하다. 예배 인도자는 이러한 관계의

---

63 백욱인, 『인공지능시대 인간의 조건』, 178.
64 Ibid., 178.
65 조건희, 『예배, 하나님께 드리는 응답』, 41.

지속성을 위해 중요한 소통이 끊임없이 이어질 수 있도록 관리하여야 한다. 어떤 면에서는 자유로운, 개인적인 시대에 반하여 예배에서의 상호 간 소통을 이루기 위해서 예배 인도자가 오히려 소 끌듯 예배자들을 강권적으로 끌고 가야 하는 반전의 시대에 직면한 것인지도 모른다. 예배 인도자가 어떠한 철학과 마인드를 가지고 예배를 인도하느냐에 따라 그 예배의 임팩트가 달라진다. 소통을 중시하는 예배 인도자의 예배 인도는 하나님과 예배자의 소통이 지속적으로 이루어지도록 조력하는 역할을 한다. 이러한 예배 인도는 하나님과 예배자, 즉 교회 공동체적 회중의 조화로 이어지게 한다.

예배 인도는 예배 가운데에서 하나님과 회중의 관계와 예배 진행을 연결하는 기능의 관점에서 중요한 예배 요소이다. 오순절적 예배에서는 예배 요소로서의 예배 인도를 이야기한다. 이는 예배 인도의 중요성을 단적으로 말해 주는 대목이다.[66] 이처럼 예배 인도는 하나님과 회중의 접촉적 기능뿐만 아니라 예배가 매끄럽게 진행되게 하는 역할과 순서를 이끌어가는 연결 기능적 역할을 한다. 즉, 예배 인도는 하나님과 사람의 매개체 역할과 예배 진행의 윤활유적 중재자로서의 역할을 한다. 그러므로 예배 인도는 예배자가 개인에서 공동체로 나아갈 때 예배 공동체를 이끌어가는 리더의 역할과 함께 중재자의 역할을 수행한다고 할 수 있다. 이 역할을 수행하기 위한 예배 인도의 조건은 개인적으로 하나님을 경험한 것에 기초한다. 무엇보다도 예배 인도는 인도자 자신이 예배 공동체를 리드하기에 앞서 참된 예배자가 되어야 한다. 먼저 예배 인도자 스스로가 예배자가 되어야 하며, 이것

---

66 김영화, "오순절적 예배연구: 아주사부흥운동을 중심으로" (서울신학대학교 박사학위논문, 2022), 260.

은 개인적으로 경험한 은혜의 깊이에 따라 달라진다. 헨리 채드윅(Henry Chadwick)은 "인간이 개인주의적 자아를 잊어버리고자 하는 의지는 항상 개인의 은혜의 경험의 깊이에 비례한다고 말한다. 그리고 교회 구성원의 믿음의 연약함은 교회의 영적 지도력의 부족에 기인한다"[67]고 말한다.

그렇다면 한국교회는 하나님과 예배자의 소통이 잘 이루어지고 있는가? 소통이 잘 이루어지고 있다고 진단할 수도 있고, 그렇지 못하다고 진단할 수도 있을 것이다. 만약에 예배 안에서의 소통이 원활하지 않다면 그것은 무엇 때문에, 어디에서 기인한 것일까를 생각해 보아야 한다. 또한 예배 인도자의 예배 의식과 영성 그리고 기획의 문제를 생각해 볼 수 있을 것이다. 예배 인도자는 예배 의식에 정통하여야 할 필요가 있으며 예배의 기초, 즉 예전의 실행에 밝아야 한다. 무엇보다도 예배 인도자 자신이 예배를 인도하기 전에 먼저 하나님과의 참된 소통이 이루어져야 한다. 결과적으로 이러한 소통이 있는 예배를 인도하기 위해서 예배 인도자가 갖춰야 할 것은 다음과 같다. 첫째, 기도의 사람이어야 한다. 둘째, 사랑을 실천하는 사람이어야 한다. 셋째, 예배자들로부터 신뢰를 받는 사람이어야 한다. 넷째, 미디어에 밝은 사람이어야 한다. 다섯째, 성령이 충만한 사람이어야 한다.

하나님과의 참된 소통이 있는 예배 인도자는 예배 안에서 소통이 있는 예배로 이끈다. 예배 인도자가 하나님과의 소통의 의미를 깨달을 때 참된 예배로 이끄는 예배 인도가 가능하게 된다. 곧 예배 인도자 자신이 하나님과 소통이 있을 때 예배자들에게 소통으로 이끄는 것이

---

67 Henry Chadwick, *Early Chrisitian Thought And The Classical Tradition* (Oxford: Clarendon Press, 1966), 91.

가능하게 되는 것이다. 또한 예배 인도자는 디지털 미디어만 너무 의존할 것이 아니라 복음의 전달에 충실한 예배 인도자, 즉 예배의 기본에 충실하면서 디지털을 효율적으로 사용하는 인도자여야 한다. 그러므로 예배 인도자가 트렌드에 맞게 디지털 미디어를 활용한 예배를 기획하고 실행할 때는 무엇보다 참된 예배를 위한 소통의 중요성을 올바로 숙지하는 것이 선행되어야 한다.

(2) 예배 인도를 통한 통합 세대 소통

현대 시대에는 디지털 미디어의 발달로 인하여 그 어느 시대보다도 복잡다단하며 상호 간에 다양한 차이가 발생한다. 곧 디지털 미디어의 사용 능력에 따라 세대를 초월하는 듯한 현상을 야기시킨다. 통상적으로 세대별 차이는 물리적인 나이 차이에 근거한다. 그러나 현대 사회는 문명의 이기(利器), 즉 디지털 미디어의 사용 범주와 능력에 따라 그 차이마저 좁힐 수 있는 시대에 다다랐다. 그만큼 현대 사회의 디지털 미디어의 발달은 기하급수적으로 발달하고 현대인들은 그 영향하에 놓여 있다. 그럼에도 불구하고 세대별로 문명 이기의 친숙함과 보편적인 사용 능력이 어느 정도 정해져 있다고 할 수 있으며, 그에 따라 나이를 기초로 한 세대별 구분의 분석 또한 필요하다. 왜냐하면 시대별로 디지털 미디어 발달의 정도가 각기 다르게 나타나기 때문이다.

현대의 세대 분석 주요 요소는 디지털 미디어의 이해와 깊은 연관이 있다. 앞에서 언급한 바와 같이 현시대가 디지털 미디어의 기하급수적 발달과 영향하에 있고, 그것이 어느 정도의 범위에서 사용되느냐에 따라 세대가 달라지기 때문이다. 그렇다면 이러한 상황에서 각 세대 간 소통은 어떻게 이룰 수 있을까? 이와 관련하여 김성회는 세대 분석 조건에 대해서 다음과 같이 말한다. "각 세대가 통과해 온 삶과 자취를 이해하는 것부터 시작해야 한다. 각각의 세대는 어떤 사건을 경험했고 또 어떤 조건 아래에서 살아왔는지 그 세대의 삶에 대한 이야기를 아는 것이 중요하다. 즉, 세대 이해는 시대별 삶의 역사에 대한 이해에서부터 비롯된다."[68]

이처럼 각 세대는 크게 베이비붐세대, X세대, MZ세대로 나뉜다. 기성세대의 축이라고 말할 수 있는 베이비붐세대는 1950년대 중반~1965년 출생자, X세대는 1965~1970년대 중후반, 밀레니얼세대는 1970년대 후반~1990년대 중반 그리고 신세대라 할 수 있는 Z세대는 그 이후에 태어난 사람들이라는 정의가 일반적이다.[69] (단, 세대 간 나이 구분은 기관이나 연구자마다 약간씩 다른 경우가 있다.)

대한민국과 미국의 세대 구분 및 특징[70]

		베이비붐 세대	X세대	밀레니얼(M) 세대	Z세대
시 기	한국	1955~1969년	1970~1983년	1984~1996년	1997~2010년
	미국	1946~1964년	1965~1980년	1981~1996년	1997~2012년
특 징		아날로그 중심, 세계 경제 호황, 고도 경제성장	경제적인 풍요를 경험한 첫 세대, 자유롭고 개방적임	미 제너레이션, 학력 인플레, 저 성장	디지털 네이티브, 현실 중시

---

68 김성회, 『센 세대, 낀 세대, 신세대 3세대 전쟁과 평화』 (서울: 쌤앤파커스, 2020), 233.
69 Ibid., 22.
70 정동훈, 『미디어, 너때는 말이야』, 81.

또 앞의 표에서 언급하지는 않았지만, 새롭게 부상하는 신세대인 알파(Alpha)세대가 도래하고 있다. 이는 추후에 언급하기로 한다.

조직 직급과 관련해서 살피면, 임원 이상에 베이비붐세대, 중간관리자에 X세대, 일선 직원에 밀레니얼세대, Z세대가 포진한다. 조직 문화에 막강한 영향력을 미치는 베이비붐세대와 조직 문화의 허리를 형성하는 X세대는 선배 세대를 대변한다. 조직의 기층 문화를 형성하는 밀레니얼세대, Z세대는 뼛속부터 다른 신세대다. 이들을 통칭하여 센 세대(베이비붐세대), 긴 세대(X세대), 신세대(MZ세대)라고 부르며, 이들은 한 사회 안에서 부대끼며 살아가고 있다.[71] 여기에서 세대는 제너레이션(geneneration)을 말한다. 네트워크의 기호인 'G'는 제너레이션의 약자다. 1G, 2G, 3G, 4G에서 각 숫자의 크기는 무선 네트워크의 기능과 속도에 관련되어 있는데, 지금은 5G 시대다. 그래서 현대 사회에서 중요 이슈인 제4차 산업혁명은 빅데이터와 인공지능과 같은 혁신 기술이 곳곳에 적용된 정보화 사회를 넘는 새로운 세계로서 5G 네트워크와 관련이 깊다.[72]

제너레이션 세대를 잠시 살피면, 무선 네트워크 1G 통신은 1980년대 나온 기술로 아날로그 방식의 음성 통화 위주의 통신 기술이다. 3G 무선 네트워크까지는 1GB 동영상 한편을 다운로드하기 위해서는 2~7일을 기다려야 하는 인내력이 필요했다. 최고 전송 속도가 12.4Kbps[73] 정도의 속도에 그쳐서 1GB 동영상 한 편을 다운로드하

---

71 김성회, 『센 세대, 긴 세대, 신세대 3세대 전쟁과 평화』, 22.

72 정동훈, 『미디어, 너때는 말이야』, 176.

73 12.4Kbps는 전송 속도의 단위이다. 전자 통신 분야에서 전송 속도란 어떤 네트워크 또는 시스템의 한 지점에서 다른 지점으로 데이터가 이동하는 속도를 말한다. 1,024 bytes=1 Kilobyte(KB):바이트를 1,024로 나누어서 킬로바이트로 변환하거나 킬로바이트에

는 것이 불가능할 정도였다. 베이비붐세대와 X세대가 무선 네트워크 1G에 속한다고 할 수 있다.[74]

시대별 산업과 미디어의 발달[75]

산업혁명	세대	제너레이션(G)	대표적인 미디어
1차 산업혁명 (1760-1830)			신문
2차 산업혁명 (1820-1970)	베이비붐 세대	1G, 2G	아날로그 미디어(무선 네트워크 1G 통신은 1980년대 나온 기술로 아날로그 방식의 음성 통화 위주)
3차 산업혁명 (1970-2010)	X세대 M세대	3G, 4G	영상, 디지털 미디어
4차 산업혁명 (2010-현재)	M세대 Z세대	4G, 5G	뉴미디어, 다채널 시대로 진입한 2000년대, 디지털 미디어, 인공지능, 빅데이터
	Alpha 세대	5G	유년 시절에 코로나19 위기 경험, 출생 직후 인공지능과 상호작용, AR에 익숙, 제4차 산업혁명 시대의 대변혁기 수용 및 리더

현재 우리가 일반적으로 사용하고 있는 기술인 LTE라고 부르는 4G는 이러한 3G 기술의 한계를 극복한다. 이때부터 속도의 혁신이 이루어져 1GB 동영상 한편을 다운로드하기 위해서 빠르면 10초, 늦

1,024를 곱해서 바이트로 만든다. 1,024 Kilobytes=1 Megabyte(MB): 킬로바이트를 1,024로 나누어서 메가바이트로 변환하거나 메가바이트에 1,024를 곱해서 킬로바이트로 변환한다. 1,024 Megabytes=1 Gigabyte(GB): 메가바이트를 1,024로 나누어서 기가바이트로 변환할 수 있으며, 기가바이트에 1,024를 곱하면 메가바이트로 변환할 수 있다 (『위키백과』).

74 Ibid., 56.
75 Ibid., 191.

어도 1분만 기다리면 된다. 그리고 드디어 2019년 4월 3일 23시에 우리나라는 세계 최초로 5G를 상용화한 국가가 되었다.[76] 1970년대 후반~1990년대 중반 세대인 밀레니얼세대(M)도 일부 4G 세대에 속하는 경우도 있지만 1990년대 중반 이후 신세대인 'Z'세대는 이러한 최첨단의 기능과 속도에 익숙한 세대에 속한다.

이러한 세대별 특징을 살펴보면 다음과 같다. 베이비붐세대는 "피할 수 없으면 즐겨라." X세대는 "피할 수 없으면 견뎌라." MZ세대는 "즐길 수 없으면 피하라"이다. 특히 MZ세대에겐 '더 높이', '더 오래'가 통하지 않는다. 이들의 명제는 '더 빨리'다. 이들에게 '주인의식'은 주인을 의식하는 노예 의식이다. MZ세대는 자신들의 이직과 빠른 퇴사, 짧은 근무 기간을 현명한 선택이라고 생각한다.[77]

문명 이기의 발달은 예배와 무관하지 않다. 교회는 예배를 드림에 있어서 깊고 넓은 이해와 시각을 가지고 예배 대상을 이끌어가야 할 상황에 놓여 있다. 세대별 특성 이해에 근거하여 X세대는 어떠한 매개성이 아닌 직접적인 것을 선호하며, 디지털 활용보다 대면해서 일 처리하는 것을 선호한다. 반면에 MZ세대는 직접성이 아닌 매개성을 선호한다. 즉, X세대는 직접 만나서 대접을 해 주는 것에 감사를 표한다면, MZ세대는 카톡으로 선물을 보내는 것을 선호한다.

따라서 예배 인도자는 예배 인도에서 상호 간의 소통을 위한 세대별 차이를 이해하고 주목할 필요가 있다. 앞서 언급한 것처럼 예배 인도는 각 세대의 이해에서 비롯하기 때문이다. 예배 인도자는 각 세대의 한 부분에 속하지만, 각 세대를 통합적으로 이해하는 능력을 구비

---

76 Ibid., 56.
77 김성회, 『센 세대, 긴 세대, 신세대 3세대 전쟁과 평화』, 26.

해야 한다. 이를 위해서는 앞에서 언급한 바와 같이 예배 인도자 자신
이 하나님께 신령과 진정으로 예배드리는 자여야 하며 하나님과의 개
인적인 소통이 먼저 이루어져야 한다. 이때 예배 인도자는 각 세대의
예배자들을 하나님과 소통케 하는 통합 세대 예배의 소통 창구 역할
을 감당해 낼 수 있다.

따라서 그 어느 때보다도 예배 인도자의 예배 인도가 중요하다고
할 수 있다. 이것은 곧 복잡하고 다양한 현재의 한국교회, 더 나아가
세계 교회의 예배를 인도하는 예배 인도자의 역할이 예배의 영성과
흐름을 좌우할 매우 중요한 자리를 차지할 것임을 의미한다. 이는 교
회의 한 공간에서 예배를 드리게 될 때 준비된 소통의 리더쉽을 통해
서 세대 차이를 극복하는 통합 세대로 이끌 수 있을 것이기 때문이다.
이러한 예배 인도자의 전반적인 예배자들에 대한 상황 인식은 예배
실행 가운데 직면할 수 있는 시행착오를 최대한 줄일 수 있게 할 것이
며 예배에 필요한 적절한 적용과 함께 하나님과 예배자, 예배 인도자
와 예배자, 예배자와 예배자 간의 소통이 있는 예배로 인도할 수 있을
것이다.

(3) 예배 인도를 통한 MZ세대 소통

인간은 생각하고 느끼고 행동하는 동물이다. 따라서 어떠한 미디
어를 통해서 전달되는 메시지를 접할 때도 생각과 느낌과 행동에 영
향을 받게 된다. 그중에서 '정서'(emotion)와 '감정'(affect)은 이러한 영
향을 끼치는 기초가 된다. '정서'와 '감정'은 어떤 대상에 대한 인지적
평가(cognitive evaluation)들이 합해져 요약된 형태로 전체성을 지니

며 인간의 생존과 적응에 관련된 행동을 유발하는 준비성(readiness)
에 해당한다.[78] 따라서 그것들은 상호 간의 교감으로서 그 힘이 강력
하게 작용한다. 소통은 이러한 부분에서 정서와 감정에 매우 가깝게
작용하는 교감의 통행로다. 소통은 이러한 정서와 감정을 공유하면서
자신과 타인의 상호 간의 교감을 이루게 한다. 이렇게 상호 간의 공유
하는 부분이 있을 때 소통이 이루어진 것이라고 할 수 있다.[79]

앞서 언급한 바와 같이 세대별 소통의 방법이 조금씩 다르다. 인류
는 어느 세대를 불문하고 미디어를 상용화해 왔다. 이는 미디어가 상
호 소통의 연결 도구였기 때문이다. 좀 더 구체적으로 정의하면, 미디
어란 "개체와 개체의 연결을 도와 의미 공유(커뮤니케이션)를 촉진시키
는 장치"라고 할 수 있다.[80] 이 커뮤니케이션이 연결고리와 동시에 오
감을 자극할 때 그 가치가 있다고 할 수 있다. 만약에 각 세대가 노트
북을 한 대씩 산다고 가정할 때, 일반적으로 고르는 가치 기준이 다를
것이다. 베이비붐세대, X세대, MZ세대 중에서 실용성을 가장 중요시
하는 세대는 어떤 세대일까? 또는 이 각각의 세대 중에서 디자인을
중점적으로 보는 세대는 어떤 세대일까? MZ세대는 그 가운데에서도
오감을 중요시한다. 매클루언(Herbert Marshall Mcluhan)은 미디어에
대해서 "미디어를 이해해야 세상을 이해할 수 있다"고 말한다. 이제까
지 나온 미디어도 그랬지만 미래에 나올 새로운 미디어는 모두 인간
의 확장을 기초로 한다. 즉, 우리의 '오감을 확장'하는데 불편하고 사
용하기 어렵다면 그 미디어는 성공하기 힘들 것이다.[81] 그러한 영향

78 나은영, 『미디어 심리학』(서울: 한나래출판사: 2010), 19.
79 Ibid., 20.
80 Ibid., 33.

으로 MZ세대들은 그 어느 세대보다도 노트북을 고를 때 디자인과 멋스러움을 추구한다. 곧 MZ세대의 선택의 특징은 개개인의 정서와 관계된 커뮤니케이션(communication)을 중요시 여긴다는 것이다. MZ세대는 단편적이지 않고 매우 멀티적이며 미디어적이다. 비대면 선호 경향으로 인공지능과 같은 존재처럼 보일 수 있으나 실상은 매우 정서적 공감을 추구하는 세대이다. MZ세대는 공정성에 대한 감수성이 민감하다. 이들에게 공정성은 개인의 삶을 지켜내기 위한 합리적 실용주의다. '나중에'란 말보다 즉각 보상, 즉각 시정을 요구한다. MZ세대는 미래를 위한 현재의 희생, 전체를 위한 개인의 양보에 동의하지 않는다. 아무리 목적과 의도, 명분이 좋아도 "과정이 옳지 않다면", "내 삶에 불이익이 생긴다면" 단호히 거부한다.[82]

선배 세대와 MZ세대의 소통 방식

사고 유형 및 실천	선배 세대	MZ세대
소통 방식	오프라인(대면 방식), 획일적, 티칭	온라인(비대면 방식), 프리스타일, 코칭, 디지털 네이티브
통신 사용의 정도	프린트, 직접 움직임	키오스크, 직접 움직임 대신 네트워크 활용
협업	같이 모여서 한자리에서 함께 일하기	각자 맡은 일을 레고처럼 조립, 온라인 소통.
가치판단	청각적, 직접적 만남 소통, 자격증에 투자, 혼자 있는 것은 고립	텍스트적 소통(논술과 토론), 습관에 투자, 혼자 있는 것은 자립
친구 개념	모든 이와 친구	자기와 잘 맞는 이와 잘 지내

---

81 정동훈, 『미디어, 너때는 말이야』, 35.
82 김성회, 『센 세대, 낀 세대, 신세대 3세대 전쟁과 평화』, 34.

		는 것, 혼자이지만 함께, 함께 있지만 혼자 있는 것이 가능. 고독과 독립에 내성이 강함
직장 개념	평생직장	한시적 직장, 제2의 직업 병행 추구

이와 같은 면들에서 볼 수 있듯이 MZ세대는 디지털 미디어와 그 어느 세대보다도 접촉 빈도수가 높다. 즉, MZ세대는 디지털적이다. 디지털적이라는 것은 무언가를 할 때 자연적으로 스마트폰을 생각하고 인터넷을 찾아보는 인식과 태도, 행동 등을 말한다. 태어날 때부터 디지털 환경에 둘러싸였던 MZ세대는 디지털과 문화와는 떼려야 뗄 수 없는 존재다. 이러한 경향으로 MZ세대는 디지털 네이티브(Digital Native)라고 부른다.[83] 즉, 디지털 원주민이다. 물론 이러한 디지털 미디어의 중요성이 비단 MZ세대에게만 국한된 것은 아니다. 다른 세대들에게도 스마트폰의 고장과 분실은 자아의 상실이라고 할 만큼 모든 것을 다 잃는 것에 버금가는 일이다. 그러므로 더더욱이 디지털 미디어 세대인 MZ세대에게 디지털 기기는 더할 나위 없다. 군 복무 중인 MZ세대 군인에게 스마트폰을 허용할 수밖에 없는 이유가 디지털 문화 세대라는 이유도 있지만, MZ세대의 심리적 안정을 위해 중요하기 때문이다. 이것은 의식주와 같은 비중의 필수 요건으로서 MZ세대의 특성을 한 마디로 설명할 수 있는 단면이라고 할 수 있다. MZ세대는 이러한 빠른 움직임에 민감하게 반응한다. 그래서 느린 곡을 참아낼 수 없다. 또한 미래에 자신의 직업이 오래도록 지속될 것이라고 믿지 않는다. 그래서 제2의 직업을 창출하기 위한 노력을 게을리하지 않는

---

83 정동훈, 『미디어, 너때는 말이야』, 95.

다. 국민연금의 수혜가 자신이 사는 시대에 지속되지 못할 수도 있다고 믿는다.

이처럼 각 세대는 시대가 낳는다. 시대는 역사의 흐름에 의해서 나타나고 발전한다. 시대는 이러한 흐름 가운데에서 각종 문물과 사상의 출현과 변화를 거듭하면서 하나의 독특한 세대를 야기시킨다. 각 세대의 라이프 스타일을 분석해 보면 고유한 어떤 특징을 발견할 수 있다. 세대 분석은 이렇게 중요한 데이터를 제공해 준다. 그리고 이러한 데이터 분석을 통해서 정교한 개인과 서비스가 가능하다. 이러한 맥락으로 현대 시대의 디지털 미디어는 점점 발달하고 거기에 맞게 새로운 세대가 탄생된다. 예를 들어 MZ세대의 디지털 네이티브가 바로 그것이다. 디지털 네이티브라는 용어는 한국 사람이 한국말을 너무나 자연스럽게 하는 것처럼 태어날 때부터 컴퓨터와 게임, 인터넷을 너무나 자연스럽게 사용한다고 해서 붙인 이름이다. 이들에게 디지털은 기술이 아니라 생활이다.[84] 그러므로 MZ세대는 이러한 발달 과정에서 자랐기에 앞서가는 미디어 세대다.

이와 같이 세계는 물론이려니와 한국의 현대 사회에서 디지털 미디어가 각 개인은 물론이려니와 MZ세대의 삶 가운데에서 얼마나 중요한지를 단편적으로 설명한다. 그러므로 예배 인도자는 MZ세대의 디지털 문화에 대한 이해가 필요하다. 또한 예배 인도자 자신이 MZ세대에 속할 수도 있다. 이럴 경우 MZ세대를 잘 이끌 수 있겠으나 그러할수록 통합적인 시대별 세대를 이해하고 고려하는 예배 인도자가 될 수 있어야 한다. 각 세대를 이해하고 디지털 시대를 이해하면서, 특히

---

84 Ibid.

미래 세대인 MZ세대의 독특한 문화 방식을 이해해야 한다.

그러나 예배 인도자가 이러한 디지털 문화를 적용하며 인도하는 능력이 뛰어나다고 할지라도 소통 가운데로 인도하는 데는 한계에 부딪히게 된다. 그러므로 한국교회는 이러한 한계를 극복하기 위해서 하나님의 능력을 간구해야 한다. MZ세대 또는 다른 세대를 하나님과 소통하는 예배로 온전히 이끌기 위해서는 하나님의 인도하심과 도우심, 즉 성령의 역사를 그 어느 세대, 시대보다도 더 많이 의지해야 한다. 이러한 필요성에 대해서 성경은 "만군의 야훼께서 말씀하시되 이는 힘으로 능으로 되지 아니하며 오직 나의 영으로 되느니라"(슥 4:6)라고 말씀한다. 이는 온전한 소통은 성령의 능력으로 가능해지기 때문이다. 따라서 우리가 무엇을 계획할지라도 그 발걸음을 인도하시고 역사하시는 하나님의 능력, 즉 성령의 역사하심을 갈망함이 절실한 까닭이 여기에 있다고 할 것이다.

(4) 예배 인도를 통한 알파세대 소통

앞서 짧게 언급한 바 있는 알파세대는 새롭게 부상하는 세대이다. 알파세대는 21세기에 출생한 사람들로만 이루어지는 첫 세대이며 태어나면서부터 디지털 세상이 주어진 세대라는 점에서 기존의 세대들과는 다른 주목받는 새로운 세대이다.[85] 알파세대라는 용어는 호주의 사회학자 마크 맥크린들(Mark McCrindle)이 운영하는 연구소의 2008년도 리서치에서 최초로 창안되었다.[86] 알파세대의 가장 큰 특징은

---

85 김정희 "알파세대의 영성훈련을 위한 제언," 「제91회 한국실천신학회 정기학술대회 발표자료집」 (2024), 135.

디지털 온리(Digital- Only)이다.[87] 사회학자 마크 맥크린들은 2010년 대부터 2024년에 출생하는 이 세대를 알파세대(Generation Alpha)라고 명명했다.[88]

이 세대는 글자를 배우기도 전에 터치스크린을 통하여서 화면을 넘기고 유튜브 알고리즘에 따라서 영상을 본다. 아날로그 방식을 경험한 적이 없는, 태어나면서부터 디지털 공간과 함께 자라나는, 이전까지 없었던 사고방식과 삶의 패턴을 가진 세대이다. 그렇다면 MZ세대도 신세대인데 MZ세대와 알파세대가 다른 점은 무엇일까? 스마트폰과 디지털에 익숙해서 디지털 원주민이라고 불리는 이전 MZ세대와의 알파세대의 차이점은 바로 AI스피커다. 대표적인 AI스피커 서비스인 애플사의 시리(Shiri)는 2011년, 아마존의 알렉사(Alexa)는 2014년, 구글의 구글 어시스턴트(Goole Assistant)는 2016년 시장에 출시되었다.[89] 이 서비스들은 알파세대의 출현과 그 궤도를 같이하고 있다. 코로나19 코로나 팬데믹 상황을 경험하면서 학교 수업, 친구 관계, 쇼핑을 포함하는 대부분이 디지털의 범주 안에서 이루어지는 것을 경험하는 세대이다. 실제로 상대방과 얼굴을 보며 뛰어노는 것보다 더 많은 시간을 온라인을 통해서 사람을 만나고 대화하고 함께 온라인 게임을 하는 것이 알파세대에게는 자연스러운 일이 된 것이다. 동네 친구들과 온라인상에서만 만나는 친구의 구분이 없는 것이다.

---

86 최은영, 『알파 세대가 학교에 온다』 (서울: 지식프레임, 2021), 36.
87 문진형, "알파 세대의 특성과 기독교교육적 소통에 관한 연구: 요한복음 4장을 중심으로," 「제91회 한국실천신학회 정기학술대회 발표자료집」 (2024), 93.
88 Ibid., 92.
89 Ibid., 93.

이러한 온라인 혹은 가상현실 기반의 인간관계 형성은 전 세계 어디서나 접속 가능한 글로벌 메타버스 서비스들과 만나 기존의 어떠한 세대보다 훨씬 더 많은 세계와 연결을 할 수 있는 초연결성의 세대를 만들어 낸다.[90]

알파세대는 어떤 다른 세대보다도 비대면 관계에 익숙하다. 어려서부터 코로나19 팬데믹의 시대를 경험하였기 때문에 각자의 집에서 온라인으로 만나고, 휴대폰이나 태블릿으로 게임을 하고, 인스타그램 DM과 같은 인스턴트 메시지로 대화하는 것이 더욱 편하고 익숙하다. 어쩌면 이들에게 있어서 사람과 사람이 만나고 그들의 표정과 목소리, 행동을 통해서 소통하는 것은 편안하지 않은 경험이 될 수도 있다.[91] 종합적으로 알파세대의 부정적 특성은 대면 관계에 대한 어려움과 사고와 감정이 자기중심적으로 될 가능성을 가지고 있다는 점이다.

따라서 예배의 관점에서 볼 때 알파세대는 이전까지의 어떤 세대보다 공동체적 모임의 예배에서 예배를 인도하기가 어려운 세대일 수 있다. 더더욱이 어려운 점은 인도해야 하는 기존의 세대와 인도함을 받는 알파세대가 공통점을 가지고 소통과 연대를 이루어 나가기가 쉽지 않다는 것이다. 이런 난점이 있음에도 맥크린들은 코로나19로 인해서 디지털 연결의 편리함을 인정하기는 하지만 "인간 경험의 핵심인 물리적 상호작용을 영구적으로 대체 할 수 없다는 것을 다시 한번 경험했다"라고 강조한다.[92] 이것이 의미하는 것은 코로나19를 겪은

---

90 Ibid., 94.

91 Ibid., 97.

92 Mark McCrindle, *Generation Alpha* (Hachette Australia: Headline Home, 2021),

알파세대이기는 하나 가상 세계의 경험을 이른 나이에 깊이 경험한 만큼이나 물리적 세계에서의 상호작용에 대한 갈망과 소중함에 대해서도 절실히 느끼게 된 세대라는 것을 의미한다.93

그러므로 예배 공동체의 모임을 통한 물리적인 경험을 늘려가야 한다. 알파세대의 예배 인도자는 가상 세계의 예배에서 더 나아가 현실 세계와 연결하는 예배를 의도적으로 좀 더 행하는 것이 필요하다. 물론 여기에는 예배 인도에 있어서 다른 세대들인 예배 인도자가 그들의 사고와 그들의 방법을 익혀서 적용하는 데에는 한계가 있을 것이다. 그럼에도 불구하고 그들에게 예배를 참여케 하고 복음이 들려지게 하기 위해서는 예배 인도자가 그들의 사고를 이해하고 인정하면서 인내와 신뢰감 형성을 가지고 다가가야 할 것이다. 그들의 방식을 인정해 주면서 현실 세계의 적용을 동시에 펼치는 인도가 필요하다. 알파세대는 디지털 온리 세대인 만큼이나 역설적으로 상호작용에 대한 갈망이 큰 세대라고 볼 수 있다. 그러므로 예배 인도자는 그들의 세계를 이해하고 환대하는 인도가 그 어느 시대보다도 필요하다고 할 수 있다. 예배 인도자는 먼저 이러한 부분을 염두에 두고 그들과 소통할 수 있어야 한다. 예배 인도자는 다층적 세대 이해를 바탕으로 세대 구분을 통해 그들의 니즈(Needs)를 충족하는 예배 인도가 되어야 한다.

28, Kindle. 김정희 "알파세대의 영성훈련을 위한 제언," 「제91회 한국실천신학회 정기학술대회 발표자료집」 (2024), 125에서 재인용.

93 문진형, "알파 세대의 특성과 기독교교육적 소통에 관한 연구: 요한복음 4장을 중심으로," 125.

3) 한국교회 예배의 실천적 대안 모색으로서의 소통

한국교회는 하나님과 예배자의 소통이 잘 이루어지고 있는가에 대한 질문은 매일 해도 지나치지 않다. 예배 안에서의 소통이 원활하지 않다면 예배드리는 자는 물론이고 예배 인도자, 예배자 등은 물론이고 교회의 예배 의식과 영성까지도 부정적인 영향을 미칠 것이기 때문이다. 위에서 세대별 특징을 살펴보면서 예배의 소통의 방법을 모색하는 계기를 삼았다. 시시각각 변화하는 시대를 맞이하여 예배의 소통을 위한 실천의 방법은 이후로도 연구가 지속되어야 한다. 필자는 이러한 현실을 직시하면서 앞에서 세대별 특징을 언급한 바를 토대로 한국 예배 소통의 실천적 대안을 다음과 같이 모색하고자 한다.

(1) 소통을 위한 세대별 이해 우선시

예배 대안 모색을 위한 실천의 방법은 일단 세대별 이해가 우선시되어야 한다. 4차 혁명 시대를 동일하게 살아가면서도 시대별로 다른 삶의 방식과 패턴을 가진 각 세대의 상이한 경험으로 인해 각 세대에게 맞는 옷을 입혀주어야 한다. 현시대가 최첨단 기기를 사용하고 소통하지만 반면에 개인적인 사유에 따라 사용 범위가 다를 수 있는 점을 인지하고, 어떠한 방식의 예배를 선호하는지를 묻고 시행하는 것이다.

예배 인도자가 그들의 문화와 생활 양식을 이해할 때 효율적이며, 소통이 있는 예배를 인도할 수 있다. 각 세대가 무엇을 선호하고, 어떠한 미래 지향점을 가지고 삶을 사는지에 대한 지식을 아는 것이 필요하다. 먼저 그들이 선호하는 부분을 수용하는 예배를 드리도록 하는 것이다. 신세대에 속하는 MZ, 알파세대가 지향하는 디지털 미디어 등의 과학기술을 십분 이용한 예배를 도입한다. 예를 들면 어느 한 주일에는 교회 출석 시 개인의 디지털 기기를 이용해 그들이 원하는 기기를 선택해서 '디지털 설교'를 듣는 타임 갖기, '디지털 기기를 활용한 침묵으로 예배드리기' 등으로 교회 내에서 디지털 기기 사용을 금지하기보다 디지털 기기를 활용해서 예배를 활성화시킨다. 또한 디지털 기기를 사용하지 않고 예배에 관심을 끌 수 있는 장르도 지속적으로 연구한다. 예를 들면 '찬양 콘서트로 하나님을 찬양하기', '시편 작곡 찬양하기', '예수님 사랑의 실천으로서의 세족식 예배' 등의 예배 기획을 통해 하나님 사랑 인식과 예배자 간의 사랑 나눔의 기회를 가진다. 예배 시간에 이루어지는 예배에 대한 이러한 허용이 이루어질 때, 동시에 예배에 대한 제한도 가능해진다. 즉, 필요조건인 제한은 가능한 충분조건적인 허용이 된다. 그럼으로써 절제가 이루어지는 허용의 범위를 갖게 된다. 그러므로 각 세대의 문화 양식을 이해하는 범위 안에서 다양한 예배 기획은 예배 소통으로서의 대안이 될 수 있다.

(2) 각 세대에 맞는 예배 환경 조성

교회의 예배에서 한시적으로 개인의 디지털 기기를 허용하지만, 개인이 소장한 것을 교회에서 콘트롤할 수 있어야 한다. 경우에 따라서 공동체적 디지털 기기가 교회 안에 구비되고 설치되어야 한다. 예를 들면 이어폰 등을 구입하고 그것을 재정비 관리하여야 한다. 이것은 열악한 개척교회 등에서는 실행하기 힘든 부분이기도 하다. 이것은 재정 확충이 충족되었을 때 가능한 부분이며, 중·대형 교회에서 실천이 가능할 것이다. 다른 방법으로는 앞으로 중·대형 교회의 선교적 차원에서 열악한 교회에 지원하는 방법이 있다. 디지털 기기(機器), 예배 및 교회 장소를 지원하는 것이다. 이것의 장점은 교회와 교회 간의 소통이 이루어지고 예배 장소와 의미의 확장에 기여한다는 데에 있다. 한편 여기에서 간과하지 말아야 할 것은 교회는 자신의 예전 행위들의 의미를 이해하고 이 방법을 시도해야 한다. 이때 예배 인도자는 예배의 특정한 형태와 내용, 양식 등 예전 전통에 밝아야 한다.94

코로나19 팬데믹을 지나오면서 비대면 예배가 활성화되어 체질이 되어버린 예배자들도 있을 것이다. 그렇다면 거기에 따른 비대면 방식을 더욱 발전시켜 실행할 수 있는 방안을 강구해야 할 것이다. 또한 예배자들이 어쩔 수 없는 상황에서 비대면 예배를 드리지만, 서로가 얼굴을 맞대고 성도의 교제를 나눌 수 있는 시간을 정기적으로 마련한다. 즉, 비대면 예배자들에게 특별한 의식 행함을 기획해서 대면을 통한 예배에서만이 느낄 수 있는 정서를 제공한다. 이러한 직접적인 대면을 통한 예배는 예배자들의 관계 회복과 또 하나의 새로운 소통의 장이 될 것이다.

또한 예배 인도자는 대면 예배를 선호하는 아날로그적 세대 예배자들에게도 비대면 예배의 디지털 세대의 이해를 구하고, 반대로 디지털 세대들에게도 이와 같은 이해를 구하면서 디지털과 감성의 조화가 있는 예배로 인도한다. 각 세대 간 이해를 촉진하면서 이러한 각 세대 간 예배의 '소통의 장'으로 이끌 수 있는 접점을 계속해서 기도하고 연구한다.

---

94 퀸틴 슐츠, 『하이테크 예배』, 101.

(3) 대면 방식을 초월한 모이기에 힘쓰는 교회

알파세대는 디지털 온리 세대인 만큼이나 역설적으로 상호작용에 대한 갈망이 큰 세대라고 볼 수 있다. 오히려 디지털적 비대면보다 대면을 통한 예배에 동참할 수 있는 세대가 될 수도 있다. 그러므로 예배 인도자는 그들의 세계를 이해하고 환대하는 인도가 그 어느 시대보다도 필요하다고 할 수 있다. 예배 인도자는 먼저 이러한 부분을 염두에 두고 그들과 소통할 수 있어야 한다. 예배 인도자는 다층적 세대 이해를 바탕으로 세대 구분을 통해 그들의 니즈(Needs)를 충족하는 예배 인도자가 되어야 한다.

오감적이고 디지털 미디어와 같은 과학기술이 환영받는 시대를 살고 있지만, 이 기술적인 부분의 발달을 의지하는 데서 모든 해결이 이루어지지 않는다. 이 모든 문명의 이기는 하나님과 소통하는 데 일말의 가능성을 제공하는 면이 있지만, 소통을 저해하는 요소들도 다분히 존재한다. 이것은 조화로운 예배를 상실케 할 수 있는 부정적인 요소가 자리한다. 조화로운 예배는 하나님과 예배자의 진정한 예배를 통해 이루어진 소통으로 만들어진다. 우리가 은혜로운 대화 가운데에서 하나님과 소통하고 예배자 간 친밀성을 갈망한다면, 디지털 기술의 발달과 사용만을 의지해서는 안 된다. 오히려 디지털 기술이 하나님과 예배자의 소통을 위한 부수적인 기능으로 사용될 때 가치 있는, 조화로운 예배로 이끌 수 있다.

이 세대는 문명의 발달만큼이나 빠른 세대, MZ세대, 알파세대이다. 이러한 빠름에 맞추는 것도 중요하지만, 과연 그 빠름에 맞추는 것만이 대안일까? 비대면이 '빠름의 미학'이라면, 대면은 그것과 비교할 때 '느림의 미학'을 이루는 것이다. 기성세대 역시 이들 세대보다는 못하지만, 현시대가 빠르게 발달하는 것에 어느 정도 맞출 수 있게 되었다. 그러나 여전히 예전 시대의 아날로그적 사고는 여전히 존재한다. 이것은 소위 '빠름의 미학' 가운데 존재하는 기다림의 미학이자 '느림의 미학'이라고 할 수 있다. 성경에서 이 기다림과 느림의 미학의 대표적인 예는 '노아의 방주' 이야기일 것이다. 노아는 방주를 만들기까지 120년 동안을 기다림과 느림을 견뎌냈다(창 6:3-7:30). 하나님은 그 세월을 견뎌낸 자에게만 '멸망, 죽음'이 아닌 '구원, 생명'이라는 상상 초월의 경험을 허락하셨다.

현시대의 사람들은 빠름의 희열 속에 역설적으로 존재의 매몰감을 느낀다. 즉, 자신이 마치 어느덧 기계의 한 부분에 지나지 않는 것 같은 암울함을 갖는다. 이런 위기는 그리스도인도 예외는 아니다. 이때 필요한 것은 빠름의 문화와 함께 느림 가운데 충만한 그 무엇을 만끽하여야 한다. 이를 위해 교회 공동체 가운데 예배드리는 가운데 일어나는 느림의 미학을 경험하는 것이다. 이 기다림과 느림의 미학의 진정한 가치는 함께 모이는 데에 있다. 모이기 위해 시간을 들여서 기다리고, 기다림으로 인해 느리게 진행되는 것들을 수용하여야 한다. 그러나 이것은 현시대의 예배자들에게 불편함을 가져다주는 일이 될 수 있다. 그럼에도 불구하고 왜 모여야 하는가? 예수 그리스도는 모이기에 힘쓸 것을 예배자들에게 강조하셨기 때문이다. 그리고 모임의 궁극적인 목적은 성령을 받고 예수님의 증인이 되게 하는 데 있으며 (행 1:8), 이 모임을 통해서 하나님과 예배자의 소통을 경험하게 할 수 있기 때문이었다. 그러므로 예배자들이 이러한 소통을 위해 기다림과 느림의 실천의 일환(一環)으로서 교회에 모여야 한다. 이에 대해 예수님은 부활하신 후 40일 동안 이 땅 위에 계시면서 다음과 같이 말씀하셨다(행 1:4-5). "사도와 함께 모이사 그들에게 분부하여 이르시되 예루살렘을 떠나지 말고 내게서 들은 바 아버지께서 약속하신 것을 기다리라 요한은 물로 세례를 베풀었으나 너희는 몇 날이 못 되어 성령으로 세례를 받으리라 하셨느니라." 그러므로 이 시대의 예배자는 기다림과 느림 가운데 주어지는 예배의 자리에 모여야 한다.

따라서 예배 인도자는 기다림과 느림 가운데에도 소통이 이루어지도록 예배 모임을 인도하여야 하며, 예배자는 모이는 예배를 추구해야 한다. 그러나 이 모임과 소통이 있는 예배를 드리는 것은 예배자의 힘과 능력으로 한계가 있다. 그러므로 성령의 능력이 예배자들에게 임해야 한다. 디지털 기기를 지나치게 의존하는 것을 경계하면서 항상 성령의 능력을 의지해야 한다. 이를 위해 예배자는 비대면의 예배에서도 성령 충만한, 하나님과 소통이 있는, 성령을 갈망하는 예배자 되기를 날마다 꿈꾸어야 한다. 그리고 예배 인도자는 하나님과 소통하는 예배로 예배자들을 이끌기 위해서 더욱더 성령의 능력을 갈망하며 의지해야 한다.

이와 같은 맥락으로 교회 공동체가 함께 예배를 드리는 이유는 하나님을 만나기 위해서이다. 하나님과의 만남은 예배자의 삶에 서광이 비치고 진정한 구원을 맛보게 된다. 즉, 궁극적으로는 하나님과 예배자의 소통이다. 이러한 사안의 중요성을 깊이 인지하면서, 예배 인도자는 이 시대의 가속화되는 디지털의 발달로 현재는 물론이고 가까운 미래에 더욱더 비대면으로 드려지는 예배가 대세가 되어갈 것에 대한 현실을 직시함이 필요하다. 그러므로 예배 인도자는 비대면 방식을 외면하기보다 대면 방식을 접목한 비대면 방식을 적용해서 어떻게 효율적으로 예배를 이끌어 갈 것인가를 강구해야 한다. 즉, 비대면과 대면 예배를 적절히 배분하는 모임으로 예배자들에게 새로움을 안겨주어야 한다. 따라서 작금(昨今)의 현실에서 비대면을 통해서도 소통이 가능한 교회를 만들어야 한다. 즉, 대면 방식을 초월해서 모이기에 힘쓰는 교회가 되어야 한다. 이를 실행하는 것은 생각대로 이루어지기가 쉽지 않을 것이다. 여기에 예배 인도자의 사명이 크다고 할 수 있으며, 그럴지라도 예배 인도자는 적절한 비율의 대면과 비대면의 방식을 적용하는 예배 모임의 기회를 자주 갖도록 해야 한다. 또한 예배자는 이러한 두 가지 방식을 적절하게 적용하여 예수께서 약속하신 성령의 능력을 경험할 수 있도록 함께 모여서 예배드리는 자리에 나아와야 한다. 이 성령의 역사는 예배자로 하여금 하나님을 인지하게 하고 동시에 만남의 자리로 인도함으로써 하나님과 예배자의 진정한 소통의 결정체를 이루게 하기 때문이다.

5. 나가는 말

현시대는 예배를 드리는 데 있어서 예배를 위협하는 많은 요인이 도사리고 있다. 이로 인하여 한국은 물론 전 세계적으로 하나님을 향한 열정은 점점 약해지고, 예배자로서의 진실한 고백과 헌신보다는 형식적인 예배에서 그치는 시대에 직면해 있다. 이러한 이유로 예배에서의 소통은 더욱더 묘연해질 수밖에 없는 실정이다. 이러한 현실에 대해서 일각에서는 미디어가 새로운 예배 소통 방법으로서의 대안이 될 수 있다고 목소리를 높인다. 물론 전자 기기들이 세상에 영향을 끼친 것처럼 우리의 문장과 예술품, 소설, 영화는 세상을 뒤흔들 수 있다. 말뿐만 아니라 시각적, 언어적 상징들은 좋은 방향으로 든 나쁜 방향으로 든 예배를 바꿀 수 있다.[95] 예배를 드림에 있어서 디지털 미디어는 빠르게 발달하는 현시대의 문명의 이기와 위기 상황에 대응하는 데에 유익함이 있는 것도 사실이다.

그러나 현시대의 예배 책임자는 디지털 미디어의 한계점에 대해 논해야 한다. 인간과 기계 사이의 존재론적 단절의 선이 걷어지지 않을 때, 다시 말해서 감성적이고 이성적인 부분에서 동등한 존재론적 코드 변환이 일어나지 않을 때 야기되는 문제들을 직시하여야 한다. 인간이 서로서로 대면하지 않고 인류의 원활한 교제가 일어날 수 있을까? 만약에 목회자의 역할이 없어진다면 소명 받은 목회자는 무엇을 할 수 있는지 그리고 디지털 미디어의 사용은 하나님과 소통함에 있어서 어느 정도까지 가능한지에 대해서 고민해야 한다. 육신의 공간성을 공유하지 않고 공간성이 없는 가상적 세계의 디지털 미디어에만 의지한 소통은, 양적인 소통은 가능할 수 있을지라도 질적인 소통에는 한계가 있을 것이다. 아무 때나 예배자의 시간에 맞춰서 예배를 드릴 때 발생하는 문제는 인간의 주도하에 드리는 예배 기획만으로 예배를 드리게 될 수 있기 때문이다. 이때 예배는 생명력을 잃어버리는 위험성에 빠질 수 있다. 이러한 한계에도 불구하고 복합적인 시대를 맞이하여 수용해 갈 것은 수용하고, 질적 소통의 방법을 연구하고 실천해야 한다.

따라서 예배 인도자의 자질과 능력은 그 어느 때보다도 중요한 시

---

95 퀀틴 슐츠, 『하이테크예배』, 57.

기임에 틀림없다. 그러므로 이 시대의 가파른 변화로 인해 발생한 각 세대의 특징을 파악하는 것이 필요하다. 통합적인 시대별 세대와 떠오르는 세대인 MZ세대, 급부상하는 미래 세대인 알파세대를 이해하고 접근할 때 더 효율적인 소통의 길로 들어설 수 있을 것이다.

한편 역사적인 예배를 통해서 알 수 있듯이 하나님께서도 미디어를 쓰셨다. 시각적으로 보이는 자연적인 현상 등에서 미디어의 존재를 깨닫는다. 그러나 하나님께선 가시적인 것만 사용하지 않으셨다. 가시적인 것을 초월한 하나님의 '영'을 동시에 사용하셨다. 이러한 관점에서 오늘날 디지털 미디어 예배를 드릴 때 간과하지 말아야 할 것은, 예배는 '영과 진리'로 드려져야 한다는 것이다. 어떠한 가시적인 미디어가 중요하고, 시대가 그렇다고 해도 그 안에서 끊임없이 하나님의 영을 간구하고, 추구하고, 성령의 능력 안에서 해결하려는 노력이 끊임없이 이루어져야 한다. 하나님이 의도하신 각 생명에 부어 넣으신 하나님의 영을 잊지 말아야 할 것이다.

이를 통해 예상이 가능하듯이 하나님은 예배자가 성령의 충만함을 입기를 원하신다. 우리가 왜 성령의 충만함을 입어야 하는지에 대한 대답은 바로 예배의 생명력을 상실하게 되기 때문이다. 따라서 이러한 다양한 디지털 미디어 시대에는 예배를 드림에 있어서 성령의 경험이 더욱더 절실하다. 예배가 복음의 진술이고 구조화되어야 한다면, 예배 중에 임재하신 성령의 역사는 이것을 배가시키게 한다. 그러므로 무엇보다 모든 예배자는 성령의 도우심을 간구해야 한다. 우리의 예전에서 성령을 제한하는 것은 "계산과 통제"에 초점을 맞추고 "은혜와 순복을 제외하는 것"이다.[96] 예전 행위들은 성령의 능력이 입혀져 회중을 그리스도께 연합시켜야 한다. 그 결과 생기는 감사의 마음이 진정한 예배인지 가늠하게 하는 척도일 것이다. 하나님께 감사하고 그분께 찬양을 드리는 것은 성령 안에서 드리는 진정한 예배의 기초이다. 예배 인도자가 예배를 인도하는 데 누군가가 뒤에서 밀어주는 그 어떤 힘, 이것이 성령 하나님의 도우심이다. 이것은 마치 배우가 연극 무대에서 똑같은 대사를 전달할 때, 어떤 이의 연기는 관객의 심금을 울릴 것이고, 어떤 이는 그저 그런 느낌에서 그치게 하는 것과 비교할 수 있다. 만약에 예배 인도자가 인도의 한계를 느낀다면, 성령의 기름 부음을 간절히 사모하고 구해야 한다. 그리할 때 미디어를 활용한 예배와 접목해서 시대와 세대를 초월한 진정한 소통의 예배로 이끌게 될 것이다.

---

96 Marva J. Dawn, A Royal 'Waste' of Time: The Splendor of Worshiping God and Being Church for the World (Grand Rapids: Eerdmans, 1999), 233. 퀸틴 슐츠, 『하이테크 예배』, 83에서 재인용.

2장

설교 패러다임의 변화와 한국교회가 나아갈 방향

_ 홍경희

현대 설교는 근대 이후 급격한 변화를 겪으며 오늘에 이르렀다. 연역적 전개 방식의 전통적인 설교는 변화하는 청중에게 더 이상 설득력을 갖지 못했기 때문에 북미를 중심으로 새로운 설교학 운동이 전개되기 시작하면서 귀납적인 전개 방식과 내러티브 설교가 새로운 패러다임으로 등장하였다. 전통적 설교학이 외면했던 성서의 이야기성을 회복하고 청중을 설교의 파트너로 새롭게 인식함으로써 설교의 코페르니쿠스적인 혁명과도 같은 변화를 이끌었다. 그러나 새로운 설교학은 설교의 신학적인 영역을 무시하였다는 후기자유주의 설교학자들의 비판을 받게 되었다. 내러티브가 아닌 성서의 중심인 예수 그리스도의 정체성을 드러냄으로써 교회 공동체를 세워야 한다는 것이다.

설교 패러다임은 시대의 변화에 따라 유행을 타는 가변적인 속성이 있다. 그러므로 어느 한 패러다임만을 고정적이고 불변하는 것으로 간주하는 것은 불가능하다. 이후에 다른 패러다임이 등장하면 기존의 패러다임은 여러 면에서 도전받기 때문이다. 그러나 설교 패러다임의 변화가 이전 패러다임의 주장을 전면적으로 부인하는 배타적인 자세를 취하면서 자기주장의 정당성만을 주장하였는데, 이것은 바람직하지 않다. 더욱이 설교 패러다임의 변화가 서구 사회, 특히 북미를 중심으로 일어난 주장이기 때문에 한국교회에서 비판 없이 그대로 수용하는 것은 한국교회의 특수한 목회적인 상황을 고려해 볼 때 불가능한 일이다.

이런 견지에서 필자는 먼저 설교 패러다임의 변화, 다시 말해서 전통적 설교학, 새로운 설교학 그리고 후기자유주의 설교학의 주장과 전개 방식을 중점적으로 살펴볼 것이다. 이후에 한국교회가 처한 예배적 특성과 설교적 특성은 어떤 것인지를 면밀히 고찰해 볼 것이다. 더불어 인간에게는 가변적인 요인과 동시에 불변적인 요인이 있음을 면밀히 분석하면서 한국교회 고유의 설교학적인 전략을 수립하고자 한다. 이 모든 맥락을 토대로 결론적으로 한국교회는 어느 한 설교 패러다임의 주장을 전적으로 수용할 것이 아니라 각 설교 패러다임이 가진 특징과 장점을 한국교회 상황에 적합하도록 비판적으로 수용해야 할 것을 주장하였다. 그리고 그러한 수용 방안을 구체적으로 제시하면서 한국교회 강단의 새로운 변화를 모색하고자 한다.

1. 들어가는 말

기독교 설교는 본질적으로 성육신(成肉身, incarnation)적이다. 그리스도는 하늘의 모든 영광을 버리고 인간의 몸으로 이 땅에 오셔서 인간의 언어로 구원의 복음을 전하셨다. 그러므로 기독교의 설교는 하나님의 말씀을 이 땅에 구현하는 상황화(contextualization)의 특성을 갖는다. 그렇다면 현재 우리가 직면한 시대적인 상황은 어떠한가? 구약학자로서 설교학에 깊은 통찰을 가진 월터 브르그만(Walter

Brueggemann)은 "교회가 절대적인 것으로 생각하는 과거의 형식들이 이제는 더 이상 신뢰받지 못하면서, 오늘날 우리의 설교가 행해질 상황은 완전히 다른(changed) 상황이 되었다"[1]고 진단하였다. 하나님의 진리를 전하는 이전의 방식들이 신뢰받지 못할 뿐만 아니라 완전히 변화된 상황 속에서 더욱 무기력해지고 있다. 아울러 복음 전도자인 찰스 콜슨(Charles Colson)은 "오늘의 시대정신은 우리가 인식하는 것보다 급속하게 변하고 있을 뿐 아니라 현대의 사고는 기독교 복음에 저항적이다"라고[2] 주장한다. 이처럼 급격한 시대 변화의 소용돌이 속에서 설교자의 고민은 깊어질 수밖에 없다.

한국교회는 전통적으로 연역적 대지 설교가 주를 이루었지만 1980년대 이후 북미를 중심으로 발흥한 새로운 설교학이 소개되면서 귀납적 설교 혹은 내러티브 설교에 관심을 갖게 되었다. 전통적인 설교가 대지(point)를 따라 논리적으로 전달하는 교리적이고 명제적인 설교인 데 비해서 귀납적 설교는 청중에 대해 관심을 가지며 플롯(plot)을 따라 전개되는 설교다. 그러나 한국교회는 여전히 강단의 위기를 벗어나지 못하였고, 사회에 선한 영향력을 발휘하는 본래적인 선교적 공동체로서의 사명을 감당하지 못하였다. 설상가상으로 누구도 경험하지 못했던 코로나19 팬데믹 상황을 겪으면서 역사상 교세가 최단기간에 급감함에 따라 교회는 존폐(存廢) 위기를 겪는다 해도 과언이 아니다.

한국 사회는 팬데믹을 지나 엔데믹(endemic) 시대를 맞이하였고,

---

1 Walter Brueggemann, "Preaching as Reimagination," *Theology Today* 52(1995), 313.
2 Charles Colson, "Reaching the Pagan Mind," *Christianity Today* 9(1992), 112.

그야말로 사회의 각 영역에서 다차원적인 변화를 겪는 뉴 노멀(new normal) 시대가 도래하였다. 한국교회 강단도 새로운 변화를 모색해야 함은 당연하다. 이러한 시점에서 이 글은 설교를 고민하는 목회자들과 한국교회 강단에 미력하나마 도움이 되고자 한다. 서구 사회를 중심으로 변천해 온 설교학적인 패러다임의 변화에 대해 살펴보면서 오늘날 한국교회가 처한 시대적이고 목회적인 위기를 극복할 대안을 제안하고자 한다. 설교의 패러다임은 대략적으로 연역적인 대지 설교를 바탕으로 한 전통적인 설교학과 귀납적이고 내러티브 전개 방식을 따르는 새로운 설교학 그리고 새로운 설교학에 반기를 든 후기자유주의 설교학으로 구분할 수 있다. 먼저 각 설교 패러다임의 주장과 전개 방식을 살펴보고, 한국교회의 고유한 목회적인 특성을 살펴볼 것이다. 그리고 한국교회가 처한 상황 속에서 각 설교 패러다임의 특징과 장점을 비판적으로 수용해야 하는데, 그러한 방안을 구체적으로 제시할 것이다.

2. 설교 패러다임 변화에 대한 이해

효과적인 설교 전달을 위해 형식은 내용만큼이나 중요한 요소임에도 불구하고 오랫동안 주목받지 못했다. 설교 내용은 형식에 의해서 구형(求刑)되고, 설교 자료들은 설교 구조를 통해 계획적으로 조직된다. 다시 말해서 설교 형식이란 설교의 내용을 일정한 구조를 가지고 조직적으로 계획하는 작업이고, 그 구조를 통해 하나의 외형적인 틀(frame)을 갖게 되며, 전체적인 흐름과 방향이 결정된다고 할 수 있다.

그러므로 설교 형식은 설교를 담아내는 그릇이며, 형식이라는 수레를 통해 운반된다. 이런 까닭에 설교의 내용과 형식은 불가분리의 관계에 있고, 같은 내용이어도 어떤 형식을 취하느냐에 따라 전달의 효과는 달라진다. 설교 형식이 신학적인 문제는 아니더라도 그것이 가진 조형미는 설교 전달에 커다란 영향을 끼친다. 사실상 설교 변천 과정은 설교 형식의 변화 과정이라고 해도 과언이 아닐 만큼 형식은 시대 변화와 그 시대에 따라 변하는 청중에 의해 지속적인 변화의 과정을 거듭해 왔다.

1) 전통적 설교학

전통적 설교학의 기원은 어거스틴(Augustine)까지 거슬러 올라가는데, 그의 저서 『기독교 교리』(*On Christian Doctrine*)에서 거의 1,500년 동안 지배적인 틀로 사용된 논리적인 설교 형식을 제시하였다. 그는 고전적인 수사학과 구분을 짓는 독특한 형식을 제시하면서 설교학에 최초로 수사학을 도입하였다. 이후로 전통적인 설교는 설교의 내용은 물론이고 수사학적인 형태에도 관심을 기울이면서 발전하였다. 전통적인 설교학은 스콜라주의의 영향으로 명료한 해석과 적용을 중시하며, 본문을 신학적이고 주석적으로 분석하여 적용하는 데 초점을 맞추었다. 19세기 이후에 인간 이성을 바탕으로 한 역사 비평학의 발전으로 성서의 내용에 대한 당혹감을 느끼게 되었고, 신학적인 해석은 설교의 주제와 관련된 명제를 찾는 데 주력하였으며, 적용은 대지들로 확장되었다.

전통적 설교는 주로 연역적이고 명제적인 전개 방식으로 개념을 전달하고, 대지를 만들어 정보를 전달하는 형태로 '교육적이며 교리적인 설교'와 동일시된다. 이런 형식은 이성을 가치판단의 기준으로 삼았던 계몽주의 이후 형성된 모더니즘(modernism) 세계 속에서 대표적인 설교 형식으로 자리 잡게 되었다. 말하자면 전통적 설교의 특징은 '명료한 이해와 명료한 해석 그리고 명료한 적용'을 중시하는데, 성경 본문에 대한 깊이 있는 주석적 이해와 신학적 해석을 통해 구체적으로 적용하는 형태다. 이 설교 형식은 본문의 핵심인 대지를 명료하게 전달하기에 적합한 방식이기 때문에 오랫동안 설교자들에게 유용한 방식으로 사용되었다.

전통적인 설교는 서구 설교학에서 지난 300년 동안 사용되어 온 방식이고, 한국교회는 북미 선교사들에 의해 전해져 지난 100년 동안 널리 사용된 방식이라고 할 수 있다. 일반적으로 3~4개의 대지를 통해서 본문의 핵심적인 주제를 연역적으로 풀어 설명하는 형태를 취한다. 그렇기 때문에 기독교 교리를 논리적인 방식으로 설득하고 본문을 신학적으로 해석하여 가르치는 데 효과적이다. 일반적으로 설교의 핵심 주제를 설명하기 위해 삼 대지(three points)가 세워지고, 각 대지를 뒷받침하기 위해서 소 대지들(subpoints)이 병렬적으로 구성되어 하나의 통일성을 갖게 된다. 따라서 각 대지는 핵심 주제를 뒷받침하기 위한 내용으로 통일성이 있어야 하고, 각각의 대지는 길이와 중요성도 같아야 하며, 순서의 배열도 일정해야 한다. 앞의 대지를 바탕으로 다음 대지가 만들어지기에 마치 사닥다리처럼 하나의 대지에서 다음 대지로 옮겨가게 된다. 이런 이유로 치밀한 논리적 구성을 바탕으로 설득력을 갖는다.

그렇다면 전통적 설교의 전개 방식은 어떠할까? 전통적 설교는 연역법적인(deductive) 형식을 따른다. 연역법과 귀납법은 헬라의 수사학에서 널리 사용된 방법이었다. '연역법'이라는 라틴어 어원은 '무엇으로부터 이끌어 내는 것'(deducere; lead from)이라는 의미가 있다. 이 방식은 이성을 판단의 기준으로 삼았던 계몽주의와 금속 활자 발명의 영향을 받아 형성된 문자 시대 커뮤니케이션의 특징을 그대로 담고 있다고 볼 수 있다. 근대 이후 지성과 이성적인 사고가 중시되면서 보다 더 설득력 있는 방법으로 받아들여졌다.

연역법은 전달하고자 하는 주제나 개념을 서두에 먼저 제시하고 그것을 분석하면서 예증해 나가는 방식이다. 즉, 일반적인 진리로부터 시작해서 구체적인 적용이나 경험으로 이동해 간다. 설교학적으로 연역적인 전개 방식은 설교의 핵심 주제를 서두에서 밝히고 그 주제를 소주제나 하부 주제들로 나누어 핵심 주제를 뒷받침하면서 설득해 가는 방식이다. 마치 법정에서 변호사가 자기 의뢰인을 변호하기 위해 다양한 증거를 가지고 무죄를 규명하는 과정과 유사하다. 무죄가 증명되기 위해서는 다양한 증거들이 일목요연하게 배치되고 논리적으로 설득되어야 함은 당연하다. 그래서 어느 것 하나 중요하지 않은 요소는 없을 것이다.

이런 이유로 연역적 설교는 짜임새 있고 메시지를 선명하게 전달할 수 있다는 장점이 있다. 주승중 교수는 "설교가 하나의 주제를 중심으로 조직적으로 배열되기 때문에 성경적이고 신학적인 내용을 분명하게 전달할 수 있으며, 청중의 입장에서도 메시지를 분명하게 들을 수 있다"고 평가한다.[3] 그러므로 연역적 설교는 청중의 입장에서 설교

---

3 주승중, 『성경적 설교의 원리와 실제』 (서울: 예배와 설교 아카데미, 2006), 170.

를 이해하는 데 어려움이 없고, 추론 능력도 크게 요구하지 않는다. 핵심 주제를 뒷받침하는 소 대지를 중심으로 논리적으로 전개하기 때문에 메시지의 내용과 방향성이 명확하다. 또한 소 대지를 통해서 핵심 주제를 계속해서 드러내는 방식이기에 혹시 청중이 첫 번째 대지를 놓치더라도 두 번째나 세 번째 대지를 통해서 내용을 따라갈 수 있다는 장점도 있다. 이것은 청중의 입장에서 설교를 이해하는 데 용이한 점이라 할 수 있다.

그러나 여러 장점에도 불구하고 전통적 설교는 분명한 한계를 갖는다. 우선적으로 설교자 권위의 문제이다. 설교자는 자신의 결론을 청중의 삶에 적용하도록 하고, 청중은 그것을 수동적으로 받아들이는 존재가 된다. 따라서 주제를 논리적으로 펼쳐 나감에 있어서 설교자의 신학적인 사상이 메시지에 커다란 영향을 미칠 수 있다. 설교자가 가진 권위적인 자세가 설교의 내용에서도 우월한 위치를 차지하기 때문이다. 다시 말해서 청중은 설교자가 연역적인 방법으로 제시한 결론을 수동적으로 경청하고 수용하게 되는데, 이때 설교자의 권위는 설교의 메시지만큼이나 강력한 권위를 갖게 된다.

이뿐만 아니라 설교의 내용에 있어서 권고적이고 명령적이라는 특징이 있다. 설교자는 권위적인 표현으로 '그래야만 한다'라고 하면서 설교의 결론으로 청중을 끌어들이고 강요하게 된다. 결과적으로 공허하리만큼 무미건조한 일방적인 지식 전달식 설교가 되기에 청중의 흥미를 끌지 못한다는 한계가 있다. 보다 결정적으로 크래독(Craddock)은 "청중의 입장에서 3개의 대지는 장벽(gulf)처럼 느껴지는데, 마치 세 봉우리에 올랐다가 다시 내려가는 여행처럼 세 편의 작은 설교를 접착제로 엉성하게 붙여 놓은 것과 같아 처음부터 끝까지 연결된 움직

임을 갖지 못한다"고 지적한다.[4]

위에서 살펴본 것처럼 연역적인 전통적 설교는 설교의 핵심 주제를 논리적으로 명확하게 설득할 수 있다는 장점도 있지만, 권위적이고 지식과 정보 전달에 머무르는 단점이 있다. 또한 설교의 진행에서도 연속적인 움직임을 갖지 않으며, 청중의 삶에 구체적인 적용을 하기에는 거리감이 있는 설교가 될 수 있다. 게다가 소통 측면으로 보아도 쌍방향이 아닌 일방적인 커뮤니케이션 방식이므로 청중의 관심을 끌기에는 여러 가지로 한계가 있음을 알 수 있다.

2) 새로운 설교학

근대 산업사회를 지나 포스트모던 사회로 진입하면서 전통적 설교학은 청중에게 외면받게 되었다. 급격한 시대 변화와 맞물려 성서 해석학의 변화와 성서의 이야기성을 새롭게 발견하면서 북미를 중심으로 '새로운 설교학 운동'(The New Homiletics Movement)[5]이 일어났다. 새로운 설교학이 태동하게 된 배경은 포스트모던 시대로의 전환, 정보화 시대 커뮤니케이션의 다양화, 성서 해석학의 변화, 이야기에 대한 새로운 인식, 교회 상황의 변화와 설교 위기[6]를 들 수 있다. 강단

---

4 Fred B. Craddock, *As One Without Authority* 4th ed. (St Louis: Chalice Press, 2001), 47.

5 새로운 설교학 운동은 한국에서 '새로운 설교학 운동' 혹은 '신설교학'이라고 알려져 있으나 본 글에서는 '새로운 설교학'이라고 칭한다.

6 새로운 설교학 운동의 태동의 동인(動因)에 대해서는 홍경희의 논문을 참고하라. "설교 패러다임의 변화에 대한 한국교회의 비판적 수용에 관한 연구," (서울신학대학교 박사학위 논문, 2022), 37-58.

의 위기에 대한 자각으로 설교의 다양한 형식에 관심을 두게 되었고, 청중에게 들려지기 위한 설교를 모색하기 시작하였다.

새로운 설교학의 발전 단계는 크게 다음의 4단계로 구분할 수 있다. 1단계는 1970년대 이전으로 데이비스의 책『설교의 디자인』(*Design for Preaching*)이 출판되면서 시작되었다. 설교를 하나의 살아 있는 유기체(a living organism)로 이해하면서 설교 형식과 내용은 분리될 수 없는 것으로 보고 형식의 중요성을 강조하였다. 2단계는 1970년대로 새로운 설교학이 활짝 꽃을 피운 시기로 볼 수 있다. 대표적인 학자는 찰스 라이스(Charles Rice)와 프래드 크래독(Fred Craddock)을 들 수 있다. 특히 크래독의 기념비적인 책『권위 없는 자처럼』(*As One without Authority*)에서 그는 귀납적 설교 형식(inductive preaching)과 청중의 역할에 대해 강조하였다. 3단계는 발전기로 유진 라우리(Eugene Lowry)를 비롯한 많은 학자의 관심으로 내러티브 설교가 본격적으로 발전하고 성과를 거두기 시작했다. 라우리는 플롯(plot)을 따라 전개되는 내러티브(narrative) 형식을 제안하였다. 그는 "설교가 논리적인 조립이 아니라 설교자와 청중 간의 상호작용이며, 논리를 따라 시간 안에서 일어나는 사건(event-in-time)"으로 이해한다.[7] 설교는 언제나 갈등과 모순의 제시로부터 시작되고 그것을 심화시키는 단계로 진행하다가 급격한 반전을 경험하면서 복음을 통해 해결의 단계로 점진적으로 움직인다. 4단계는 1990년대 이후로 다양하고 광범위한 발전을 이루게 된다. 루시 로즈(Lucy Rose)의 "대화적 설교", 존 맥클루어(John McClure)의 "협력적 설교", 폴 스캇 윌슨(Paul Scott Wilson)의 "네 장면

---

7 Eugene L. Lowry, *The Homiletical Plot: The Sermon as Narrative Art Form, Expanded Edition* (Louisville: Westminster John Knox Press, 2001), 8.

설교"등으로 설교의 형태가 확장되었다.

새로운 설교학이 일으킨 변화는 몇 가지로 요약할 수 있다. 설교 방법론에서 연역적이 아닌 귀납적 전개 방식으로의 전환이다. 크래독은 연역적인 전개 방식에 신랄한 비판을 가하며 청중을 설교의 파트너로 인식하면서 아하 포인트(aha-point)를 향해 귀납적으로 구성해야 함을 주장하였다. 연역적인 전개가 명제적 선언으로 출발해 복음의 진리를 전제로 그 타당성을 증명하는 방식이라면, 귀납적 전개는 청중이 있는 곳에서 청중의 참여적 요소인 이야기, 대화, 질문, 비유, 구체적인 경험으로 시작하여 일반적인 결론에 도달하는 형태이다. 청중을 설교적 여정(homiletical journey)에 능동적으로 참여하도록 하고, 설교의 주제를 전략적으로 지연시킴으로써 단순한 청취가 아닌 설교의 파트너로 끌어들여 스스로 결론에 도달하게 한다는 특징이 있다.

그리고 새로운 설교학은 이야기식 설교 형태에 강조점을 둔다. 라우리는 『이야기식 설교 구성』(*Homiletical Plot*)에서 플롯을 5단계로 설명하였다. 1단계(Oops): 평형을 뒤집는 단계로 모순점을 제시하여 평형감각을 뒤집는 단계, 2단계(Ugh): 모순을 분석하는 단계로 앞에서 제시한 모순을 계속 확장하는 단계, 3단계(Aha): 해결의 실마리를 드러내는 단계로 모순에 대한 해답을 복음에서 제시하여 반전이 일어나는 단계, 4단계(Whee): 복음을 경험하는 단계로 성경적 해답이 제시되는 단계, 5단계(Yeah): 미래를 향한 결단으로 이어지는 단계로 설명하였다.[8] 라우리가 새로운 설교학에 끼친 영향은 지대하다. 크래독

---

8 Ibid., 22-87. 라우리는 이 책의 대부분을 자신의 5단계를 설명하는 데 사용했다. 특히 Plot Forms(22)와 Section Two(28-87)를 주의 깊게 읽어 보라. 최근에는 3, 4단계를 동시적으로 일어나는 사건으로 이해하여 4단계로 수정하였다. 1) 갈등, 2) 갈등의 심화,

이 밑그림을 제시했다고 한다면, 라우리는 그것을 바탕으로 독특한 형상으로 구체화했다고 할 수 있다.

새로운 설교학이 가져온 변화 가운데 한 가지는 청중의 역할에 대한 재해석이다. 진정한 설교는 설교자뿐 아니라 청중이 함께 참여해야 하고 그들 스스로 결론에 이르게 해야 한다고 보았다. 설교가 더 이상 일방적인 선포가 되어서는 안 되고, 설교자와 청중은 시간과 공간을 함께하는 파트너로서 공동의 목적을 갖게 된다. 이야기식 설교도 일방적인 선포가 아닌 결론을 전략적으로 연기(strategic delay)한 채 집약적으로 움직이기 때문에 청중은 그 이야기 속으로 들어가 간접적인 경험을 하게 하는 청중 중심의 커뮤니케이션 방식이다.

마지막으로 개인의 복음 체험에 대한 강조를 들 수 있다. 크래독의 귀납적 설교와 라우리의 이야기식 설교는 모두 청중이 복음을 경험하도록 하는 데 목적이 있다. 여기서 경험은 지적, 심미적, 감정적 차원을 포괄하는 인간의 의식적인 작용으로 성서의 사건을 나의 사건으로 경험하는 것이다. 라우리는 복음이 효과적으로 전달된다는 것은 곧 행동의 변화, 즉 경험을 불러일으킨다고 보았다. 설교하는 목적이 지적인 동의를 얻거나 지식의 지평을 넓히기 위한 것이 아니라 청중이 복음을 경험하고 그 결과로 행동의 변화를 일으키도록 하는 것이다. 이처럼 새로운 설교학은 전통적 설교의 한계를 비판하면서 그 한계를 극복하기 위한 새로운 패러다임으로 자리매김하였다.

---

3) 반전, 4) 결론의 4단계인데 기본적인 골격은 같다.

3) 후기자유주의 설교학

위에서 살펴본 대로 크래독의 귀납적인 전개와 라우리의 내러티브 방식의 설교에 대한 학자들의 관심이 쏟아졌고, 이 외에도 다양한 형태의 설교와 효과적인 전달을 위한 커뮤니케이션 방법에 관한 연구가 활발해졌다. 그러나 1991년 로널드 알렌(Ronald Allen)은 "설교학에 있어서 신학적인 반성이 있어야 한다"고 주장하였다.9 찰스 캠벨(Charles Campbell)은 한스 프라이(Hans Frei)의 후기자유주의 신학과 스탠리 하우워스(Stanley Hauerwas)의 공공신학을 바탕으로 "후기자유주의 설교학"(Post-liberal Preaching)을 주장하였다. 새로운 설교학이 설교의 형식적인 문제에 초점을 맞추지만, 프라이는 플롯이 아닌 "등장인물(character)과 기독론(Christology)"에 관심을 갖는다.10 캠벨은 새로운 설교학이 인간의 경험에 바탕을 둔 자유주의적인 접근이라고 비판하면서11 성경의 중심인 예수 그리스도의 정체성이 드러나야 하고 교회 공동체를 세우는 역할을 해야 한다고 주장하였다. 그러므로 캠벨의 강조점은 개인적인 서사가 아닌 복음서 전체의 서사로 궁극적으로 예수 그리스도를 드러내야 한다고 하였다.

프라이는 성서의 의미와 전체 서사를 통해서 발견되는 것은 예수의 정체성이라고 보았다. 예수의 정체성은 그가 행한 사건들, 특히 고

---

9 Ronald J. Allen, "Agenda in Homiletics," *Papers of the Annual Meeting of the Academy of Homiletics* (Fuller Theological Seminary, December 5-7, 1991), 35

10 Charles L. Campbell, *Preaching Jesus: The New Directions for Homiletics in Hans Frei's Postliberal Theology* (Eugene, Oregon: Wipf and Stock Publishers, 1997), 171.

11 Ibid., 156.

난과 부활과 같은 사건을 통해서 명확하게 파악되는 것으로 교회의 공동체성을 회복하기 위해서는 성서의 문자적 의미가 우선해야 하고 예수의 정체성이 드러나야 한다고 보았다. 캠벨은 프라이 신학의 영향을 받았고 새로운 설교학이 주장하는 개인의 주관적인 체험과 인간의 보편적인 정서를 중시하는 이야기 방식을 극복하고자 하였다. 즉, 성서의 서사성은 결국 신앙 공동체를 형성하고 성서의 이야기를 바탕으로 우리의 삶과 실존에 대해 성찰할 수 있어야 한다고 보았다. 그러므로 설교의 중심은 설교자 개인이나 청중의 삶과 상황을 넘어서 성서의 중심인 예수 그리스도가 되어야 하고, 이렇게 함으로써 신앙 공동체는 저절로 세워진다고 하였다. 다시 말해서 예수 그리스도의 서사야말로 교회 공동체를 세우는 정초가 된다고 보고 예수 그리스도의 임재와 정체성이 교회를 통해서 세상 가운데 밝히 드러나도록 해야 한다고 주장하였다.

나아가 캠벨은 설교의 예언자적인 기능을 강조한다. 설교는 하나님의 뜻을 세상 가운데 선포하는 공적인 일이기 때문에 기존의 권력과 사회 구조에 대해 저항하고 폭로하는 특성을 갖는다. 캠벨은 설교가 "세상의 모든 권세와의 극적인 대결"이며, 설교의 가장 중심적인 목적은 "영적 전쟁"이라고 보았다.[12] 또한 예수님은 자신의 생애와 설교 그리고 십자가와 부활을 통해 세상 권세와 정사(政事)가 지배하는 이 세상에서 구속적 설교(redemptive preaching)를 이어 가셨다. 예수님은 당시의 지배 세력에 대해서 폭력이 아닌 말씀 선포를 통한 비폭력적인 저항의 방법으로 생명의 길을 제시하셨다. 그러므로 설교는

---

12 찰스 캠벨/김운용 옮김, 『실천과 저항의 설교학』 (서울: WPA, 2014), 77-78.

하나님의 뜻을 세상 가운데 선포하는 것이고, 기존의 권력과 사회 구조에 대해 저항하고 폭로하는 특성을 가지며, 흔들어 깨우는 '비판'의 기능을 수행할 수밖에 없다. 또한 캠벨은 설교에서 실천적 윤리를 강조하며 세상 권세에 대해 비폭력적인 저항을 하는 설교로 발전시켜 가고 있다.

3. 한국교회의 수용을 위해 고려할 맥락

영국의 복음주의 신학자인 존 스토트(John Stott)는 설교를 "두 시대의 다리 놓기"로 보는데, 오래전에 기록된 하나님의 말씀을 오늘의 청중과 연결해야 한다는 의미이다. 따라서 설교는 언제나 '그때 그 시대'의 이야기를 '오늘 여기에서' 살아가는 청중에게 적합한 방식으로 이루어져야 한다. 그렇다면 오늘 한국교회의 설교는 한국교회의 특수한 상황에 적합한 방식인가? 설교가 한국교회 청중의 특성을 고려한 설교이고, 그들에게 적합한 커뮤니케이션 방식인가 하는 문제이다.

여기서 주목해야 할 것이 있다. 그것은 설교 패러다임의 변화, 다시 말해서 전통적 설교학을 비판하고 출현한 새로운 설교학 그리고 그것의 한계를 비판하면서 나온 후기자유주의 설교학이라는 패러다임의 변천이 서구 사회의 변화 속에서 발생했다는 점이다. 설교는 시대 적합성과 장소 적합성을 가져야 하는데, 설교 패러다임의 변화가 서구 사회를 중심으로 진행되었으므로 한국교회에 비판 없이 적용하는 데 상당한 어려움이 있다. 아울러 인간에 대한 이해와 한국교회의 특수한 목회적인 상황을 종합적으로 고찰해 봄으로써 설교 패러다임을 한국교회에 수용하기 위한 근거를 살펴보고자 한다.

1) 한국교회의 예배적 특성

한국교회는 단기간에 괄목할 만한 성장을 하였고, 세계가 주목할 만한 초대형 교회들도 있다. 한국인의 근면함과 성실함이 목회 사역을 통해서도 여실히 드러난다. 더욱이 서구의 교회에 비해서 예배와 설교의 빈도수가 높기도 하지만 그에 못지않게 예배의 성격도 다양하다. 즉, 예배 시간이나 성격, 대상도 다양하고 참여하는 청중의 특성도 다양하다. 설교가 예배라는 맥락에서 이루어지는 활동이기 때문에 한국교회 예배가 갖는 특성을 살피고자 한다.

(1) 예배 시간의 다양성

예배는 피조물로서 구속함을 받은 성도들이 하나님께 감사와 영광을 올려 드리는 경배 행위이다. 주일예배는 하나님께 예배함으로 하나님과 교통하는 시간으로 개인적인 시간이기도 하며, 성도 전체와 함께하는 공동의 시간이므로 모든 기독교 행위에서 가장 중요한 위치를 차지한다. 한국교회는 초기부터 주일예배를 비롯한 전도 집회, 부흥 집회를 포함하여 각종 예배와 집회에 사람들을 불러 모았다. 그뿐만 아니라 매일 새벽기도회와 수요 저녁 예배, 금요 철야 기도회가 매주 진행되는 이례적인 일이 발생했다. 예배 시간도 다양하다. 교회 규모에 따라서 주일 오전 1부, 2부, 3부, 경우에 따라서는 4부 예배까지 진행이 되고, 주일 저녁에 드렸던 예배가 주일 오후 찬양 예배로 진행된다. 매일 새벽 예배 또는 기도회가 새벽 5시 혹은 5시 30분에 있고, 수요 예배는 대부분 저녁 7시 혹은 7시 30분에 진행된다.

이처럼 무수한 예배를 집례해야 하는 목회자의 역할은 부담스러운 측면이 있다. 더욱이 이 모든 예배에서 설교는 빼놓을 수 없는 가장 중요한 역할을 차지하기 때문에 설교자의 고단함은 상상을 초월한다고 할 수 있다. 더불어 한국교회의 예배가 다양하고 나름의 특성이 있기 때문에 설교의 내용이나 형식에서도 예배의 특성에 적합한 설교가 필수적이기에 그 책임은 가중되고 있다.

(2) 예배 성격의 다양성

예배는 위에서 언급한 교회 안에서 진행되는 공예배만 있는 것이 아니라 성도들의 여러 개인적인 상황에 따라서 비공식적인 예배도 있다. 예를 들면 한국 문화에서 가장 중요한 장례 같은 경우는 임종 및 위로 예배, 입관 예배, 발인 예배는 최근에 천국 환송 예배라고 명칭을 바꾸었으며, 마지막으로 하관 예배가 진행되고, 장례를 마친 후에는 유가족을 위한 추모 예배까지 있다. 이 외에도 이사하거나 신장개업했을 때도 심방을 겸한 예배가 있다. 출생과 관련해서도 돌 예배 혹은 어르신의 회갑이나 고희와 같이 장수를 축하하는 자리에서도 예배가 진행된다.

또한 설교가 행해지는 장소도 고려의 대상이다. 예배당 이외의 장소인 친교실, 부속 예배당, 학교 강당, 식당 연회실, 장례식장 등에서 설교가 진행된다면 설교의 방식이나 길이를 달리해야 한다. 우리 삶의 여정마다 진행되는 예배는 그 성격에 따라서 혹은 그곳에 모인 청중에 따라 다른 설교학적인 접근이 필요하다. 결혼식 같은 경우는 하객으로 온 사람 중 불신자도 다수 포함된다. 이런 경우 설교는 공예배처럼 길지 않고 형식도 비교적 단순하게 진행되는 것이 통상적이다. 이처럼 성도들의 모든 삶에서 일어나는 크고 작은 사건들 속에서 드려지는 예배의 성격과 그곳에 모인 청중의 특성을 고려할 때, 설교의 형식은 물론 설교의 길이와 전달 방법도 달라져야 한다.

(3) 예배 청중의 다양성

설교에 있어서 청중은 언제나 중요한 고려의 대상이다. 일찍이 프리드리히 밀덴베르거(Friedrich Mildenberger)는 "설교의 합청중성"에 대해서 "청중은 불완전한 시대 가치판단이 모호한 시대를 살면서 이 시대 혹은 이 상황이 하나님의 구속사의 틀에서 어떻게 해석되어야 하며 또 어떤 의미를 지니고 있는가를 알고 싶어 한다"고 주장하였다.[13] 청중은 형이상학적이거나 과거에 일어났던 사건으로 설교가 진행되기를 원하지 않으며, 자신들과 관계있는 것을 다룰 때 수용의 필터는 활짝 열리기 마련이다. 따라서 설교자는 그 시대와 그 시대를 살아가는 청중에 대해 명확히 이해하고 있어야 한다.

그렇다면 오늘 한국교회의 청중은 어떠한가? 특별히 한국교회는 고도의 산업화 이후 급격히 변화되었고 청중의 교육 수준이 향상되었다. 과거에는 대학 교육을 받은 사람이 드물었지만, 지금은 대학을 나오지 않은 사람이 드물 정도이고, 사회의 각 분야에서 전문적인 일을

---

13 정인교, 『설교학 총론』(서울: 대한기독교서회, 2003), 137.

담당하는 전문가들이 적지 않다. 그만큼 청중의 교육 수준이 높아졌고 그로 인한 욕구도 다양해졌다. 그들은 날카로운 비판의식을 가지고 있으며, 스스로 정체성을 확립하기를 원하는 독립적인 성향을 보이며, 맹종적 신앙보다는 합리적인 신앙을 추구한다. 그런 가운데 청중이 의식하든 의식하지 못하든 포스트모더니즘의 사상은 삶 속 깊이 스며들어서 그들의 사고와 정서와 삶의 방식을 지배하고 있다.

더욱이 한국교회는 무엇보다 심각한 인구 구조의 변화를 겪고 있다. 저출산으로 인한 생산가능인구의 감소와 함께 이전에 경험하지 못한 고령화사회가 되면서 노인 인구는 해마다 기하급수적으로 늘어나는, 이른바 '장수 시대'를 맞이하고 있다. 앞으로 노년 인구를 바라보는 새로운 시각을 가지고 재생산의 가능성이 있는 생산 가능한 자원으로 보고 접근하려는 새로운 목회 전략이 필요하다. 한편으로 중장년층과 청년층에 대한 새로운 접근도 필요하다. 이른바 이들은 '디지털 로그'(digital log) 세대로 무제한 미디어 환경에 노출되어 살아가는 세대이기 때문에 이들에 대한 이해를 바탕으로 인터넷 환경에 적합한 설교 방식도 고안해야 한다. 더욱이 도시와 농촌 간의 격차는 더욱 벌어지고 있다. 도시의 청장년층을 대상으로 하는 도시 목회와 농촌 지역의 고령화된 노년층을 대상으로 한 농촌 목회는 접근 방법이 달라야 할 뿐만 아니라 설교의 형식과 전달에도 다른 전략이 필요하다.

(4) 청중의 집단적인 특성

설교는 통상적으로 예배라는 상황에서 이루어지지만, 예외도 있다. 예를 들면 동질 집단의 군인 교회라든지 기독교 미션 스쿨이나 혹은 대학 교회의 경우는 기존의 교단적 교회가 아닌 곳에서 설교가 행해진다. 이런 경우는 우선 그 공동체 구성원의 특성에 적합한 설교로 진행해야 함은 당연하다. 한 예로 군부대 설교는 군대라는 곳이 가진 상명하복(上命下服)의 권위적인 지위 체계 아래에 있는 군인이라는 점과 언제나 삶과 죽음이라는 긴장과 불안 속에 있는 군인을 대상으로 하므로 예수 그리스도의 죽음과 부활에 관한 복음을 전하는 복음 전도 설교를 자유롭고 수평적인 귀납적 설교 형식으로 전하는 것이 효과적이다.

집단적 특성을 갖는 또 다른 집단으로 학교를 들 수 있다. 미션 스쿨과 같은 기독교 학교 또는 대학 교회 혹은 대학 채플(chapel)의 경우는 일정한 기간을 두고 형성된 동질 집단이다. 설교적인 접근에 있어서 청소년들의 특성에 대한 이해, 현실적인 당면한 과제, 진로에 대한 고민 등과 같은 요구에 적합한 설교가 이루어져야 함은 물론이고, 그들의 사고 체계와 커뮤니케이션 방식에 맞는 설교의 전개 방식으로 접근해야 한다. 전통적이고 권위적인 방식이 아닌 민주적이고 귀납적인 전개 방식으로 이루어져야 한다.

2) 한국교회의 설교적 특성

한국교회가 직면한 시대적 특성은 암울하기만 하다. 하지만 이제까지 기독교 역사가 증명하듯이 침체 극복을 위한 변화를 추구한다면 새로운 기회가 열릴 것이다. 이를 위해서는 한국교회의 고유성을 알고 그에 적합한 설교 전략을 세워야 한다.

(1) 한국인의 정서에 맞는 설교의 필요성

한국교회의 설교 역사는 서구 교회에 비해 상대적으로 짧은 것이 사실이다. 초기 한국교회는 선교사들의 영향 아래 있었기 때문에 선교사들의 설교가 지대한 영향을 끼쳤다. 한편 평양 신학교의 실천신학 교수였던 곽안련이 설교학을 가르치다가 신사참배를 못 이겨서 떠나면서 설교학 교육의 암흑기를 맞이하였다. 설교학 교육의 부재는 1950년대 이후 등장한 설교자 대부분이 선배들의 설교를 모방하거나 자신만의 특유한 방법으로 전달하는 것으로 한국 강단에 그대로 드러났다.

한국교회가 1960~1970년대를 지나 국가적으로 경제 발전을 이룩하면서 괄목할 만한 교회 성장을 이루었고, 세계가 주목할 만한 초대형 교회들이 등장하였다. 당시 설교는 예화 중심의 3대지 설교가 지배적이었으나 1980년대 초 강해 설교가 시작되면서 새로운 전기를 맞이했다. 이때부터 서구의 설교학에 대한 많은 책이 소개되었고, 설교학을 전공한 학자들이 강해 설교, 귀납적 설교, 내러티브 설교와 같은 현대적 설교 방식을 소개하면서 새로운 관심이 증폭했다. 사실상 1970~80년대 북미 설교학계를 중심으로 확산한 변화가 한국에서는 1990년이 돼서야 소개되어 호응을 얻게 된 것이다.

이때부터 주제 중심의 제목 설교나 3대지 설교 형태에 커다란 변화가 시작되었다. 20세기 후반에 들어서면서 한국교회의 전통적 설교 방법은 더 이상 적합하지 않은 방식이기 때문에 새로운 설교학적 방법론의 등장이 필요하였다. 연역적 전개에서 귀납적 전개 방식으로, 설교의 초점이 설교자에서 청중으로 옮겨지고, 설교 내용보다 전달 방식에 대한 관심은 설득력 있는 방법으로 수용되었다.

그러나 한국교회와 설교학계에서는 지금까지 북미를 중심으로 일어난 설교학적 변화를 소개하는 데 주력하였고, 그것의 문제점이나 교회 안에서 실제적인 적용에 대해서는 소홀했다. 곧 새로운 설교학의 귀납적 전개 방식과 이야기식 설교가 한국교회에도 똑같이 효과적인지에 대한 비판적 성찰이 부족했다는 말이다. 이런 차원에서 찰스 캠벨은 크래독의 귀납적인 전개 방식이 미국 문화의 배경 속에서 연설자와 청중의 관계에 잘 부합한 방법론이라고 지적한다. 즉, 미국 문화에서는 연설자와 청중이 개방성을 가지고 대화와 토론을 하면서 열린 결론으로 마치는데, 이것이 크래독의 귀납적 방법론의 출발점이 되었다는 것이다. 그러므로 크래독의 방법론이 미국 문화로부터 시작된 것이기 때문에 미국 문화 자체가 어떠한 설교의 방식을 결정짓게 된다는 위험성이 있으며, 이것이 한국적인 문화에서도 적합한 것인가에 대해서는 의문이다.

다시 말해서 서구 문화 중심의 설교학적 방법이 여전히 한국교회에도 문화적 적합성을 띤 방식인가 하는 점이다. 이에 대해 정우홍은 한국인의 정서에 적합한 설교의 필요성을 다음과 같이 설명한다.

> 한국의 설교는 어찌 보면 서양에서 발전되어 온 설교의 양식이 학교 강단에서 가르쳐지고 있고, 이것이 설교자에게 전수되어 한국의 강단에서 행해지고 있기 때문에 한국 성도들의 정서에 잘 맞지 않는다. 한국의 성도들은 특수한 정서를 가지고 있음에도 불구하고, 서구 문화에서 발전되어 온 설교의 양식이 무비판적으로 한국교회에 전수되었다.[14]

위의 지적처럼 한국인은 특수한 정서를 가지고 있기 때문에 서구 학문을 비판 없이 수용하는 것은 부작용이 뒤따른다. 더욱이 한국이라는 독특한 문화와 전통은 세계에서도 그 유래를 찾아볼 수 없을 정도로 고유한 특성이 있으며, 오랫동안 유교 문화의 영향을 받아온 한국인의 정서는 분명히 서구의 자유분방함과는 많은 차이를 보인다. 그렇기 때문에 초기 한국에 온 선교사들은 어려움을 겪었다. 침례교 선교사인 펜 위크(M. C. Fenwick)는 "선교사와 한국인 사이의 문화유형의 격차, 피부의 색깔, 메시지의 생소함, 설득력을 동반하지 아니한 강요에 방불한 복음 전도가 동서의 경계를 무사히 꿰뚫을 수 없었다"15고 하면서 한국교회 지도자에 의해 복음화가 이루어져야 한다고 주장하였다. 선교사들이 가진 언어 장벽 이외에도 문화와 같은 이질적(異質的)인 요소들은 복음을 전하는데 커다란 장벽이 될 수밖에 없었다.

설교는 무엇보다 현장성을 가져야 한다. 한국교회가 처한 시대적이고 목회적인 상황은 어떠한가, 한국인의 고유한 정서는 무엇인가, 한국인에게 가장 효과적인 전달의 방법은 어떤 것인가와 같은 현장 친화적 설교가 행해져야 한다. 따라서 크래독의 귀납적 설교 방법과 내러티브 방식을 그대로 한국교회에 적용하는 데는 무리가 있다. 우리는 전면적인 부정도 아니고, 전면적인 수용도 아닌 그것이 가진 장점을 한국교회 안에 효과적으로 적용할 방안을 찾아야 한다.

---

14 정우홍, "바른 전달을 위한 성경 배경 연구," 제4회 개혁주의 설교학회 설교학 학술대회 (2012), 26.
15 민경배, 『한국기독교회사』 (서울: 대한기독교서회, 1972), 230.

(2) 고령사회와 인구 구조의 변화

한국교회가 처한 위기는 교인 수의 감소만이 아니라 한국 사회가 인구절벽 시대를 맞이하고 있다는 점이다. 인구절벽은 미국의 경제학자인 헤리 덴트(Harry Dent)가 소개한 이론으로 어떤 순간을 기점으로 한 국가나 구성원의 인구가 급감하여 마치 절벽이 깎인 것처럼 역삼각형 분포가 될 것이라는 이론이다.16 인구절벽은 저출산과 생산 가능 인구의 감소로 이어지면서 초고령화를 경험하게 하고, 결과적으로 교회의 전반적인 위기를 불러올 것이다. 또한 저출산으로 인한 한국 전체 신생아 수의 감소는 자연히 한국교회 교회학교의 감소로 이어질 수밖에 없다. 이는 향후 10년 후에는 청년부의 감소로, 20년 후에는 장년부의 감소로 이어지는 연쇄적인 개신교 교인 수의 감소로 이어질 수밖에 없다.

그러나 저출산 문제와는 별개로 '인구의 고령화'는 급속하게 진행되고 있다. 한국 사회는 2017년 8월을 기점으로 전체 인구 중에서 65세 이상이 14%를 차지하는 '고령사회'로 진입했다. 유엔(UN)의 기준에 따르면 65세 이상 인구가 전체 인구의 14%를 넘으면 '고령사회'로, 20%를 넘으면 '초고령사회'로 규정하고 있다. 이제 고령사회에 진입한 한국은 본격적으로 2026년부터 '초고령사회'로 나아갈 것으로 전망한다.

그렇다면 고령화 시대에 한국교회는 어떤 모습일까? 미래학자인 최윤식은 고령화사회 교회의 모습을 "2028년경이 되면 한국교회 교

---

16 헤리 덴트/권성희 옮김, 『2018 인구절벽이 온다: 소비, 노동, 투자하는 사람들이 사라진 세상』 (서울: 청림출판, 2015), 39-79.

인들의 주력 세대가 60~70대가 될 것이고, 전체 교인의 60~70%가 55세 이상의 은퇴자일 것이다. 지방이나 중소형 도시는 70~80%를 차지하거나 그 이상이 되는 '고령화된 한국교회'가 될 것이다"라고 예측하였다.[17] 대부분 교회 성도는 은퇴자들이나 60대 이상의 고령층이 차지할 것이고, 불가피하게 한국교회도 유럽 교회들처럼 젊은 일꾼이 사라지며 재정 감소의 위기를 겪을 것이다. 그러므로 한국교회는 당면한 시대적 과제인 교인 수의 감소와 저출산과 초고령사회를 대비하기 위해 창의적인 목회 전략이 요청된다.

3) 인간 이해의 가변적 요소와 불변적 요소

(1) 가변적 요인으로서의 인간 이해

인간은 자신을 둘러싼 사회·문화적인 환경과 상호작용을 하면서 살아간다. 다시 말해서 인간을 둘러싼 사회 환경은 인간의 전반적인 생활에 직간접적으로 영향을 미친다. 한편 문화는 사람들이 어떻게 생활하느냐와 관련된 생활 방식이다. 문화는 특정한 집단이나 지역에 특징적으로 나타나는 생활 양식으로 대부분 후천적 학습을 통해 습득하게 된다. 문화의 각 영역은 다른 영역과 밀접히 연관되어 있는데, 문화의 공통적인 특성은 집단이나 민족 혹은 국가를 구분 짓는 기준점이 되기도 한다.

이처럼 모든 인간은 문화의 영향 아래에서 태어나고 성장하면서

---

17 최윤식·최현식, 『2020·2040 한국교회 미래지도 2』(서울: 생명의 말씀사, 2015), 53.

지속해서 문화에 내재한 가치, 규범, 신념 체계 등을 내면화하는 사회화 과정을 거쳐 살아가는 '문화적' 존재이다. 그런데 인간의 행동은 사고나 인지과정을 포함한 정신적 행동까지를 포괄하는 개념으로 의식적으로 때로는 무의식적으로 일어난다. 그런데 이러한 인간의 무의식적인 행동에는 동물과 확연히 구별되는 사고 체계의 변화 과정을 겪는다.

이처럼 인간의 사고는 시대·문화적 변화에 순응하게 된다. 다시 말해서 시대·문화의 변화는 사고의 변화를 불러오기 마련이다. 앙리 베르그손(Henri Bergson)은 인간의 삶이 시간 속에서 끊임없이 연속적인 흐름을 갖고 변화가 나타나는 것으로 보았다. 생명체에 나타나는 지속, 변화, 운동과 같은 역동적인 변화가 인간의 사고 체계에도 동일하게 일어난다는 것이다. 다시 말해서 그는 "인간의 감각, 감정, 의지 등이 새로운 것과 반복적인 만남을 해 가는 과정에서 유기적으로 조화를 이루고 성숙해지는 창조의 과정을 겪는다"고 주장한다.[18] 즉, 모든 생명체가 지속적으로 성장하듯이 인간의 의식이나 정서도 고정적인 것이 아니라 유동적이며, 환경과 조건에 따라 유기적으로 상호작용을 하면서 '창조적인 발전'의 과정을 겪는다는 것이다.

그의 주장대로 인간의 사고 체계는 창조적인 발전을 거듭하였다. 근대를 지나 현대에 접어들면서 인간의 사고 체계는 모던 시대에서 포스트모던 시대로 급격한 변화를 겪었다. 포스트모더니즘은 모더니즘 사고에 도전하는 새로운 가치관으로 초기에는 예술과 건축과 같은 특정 분야의 흐름으로 시작되었지만, 인간 삶의 전 영역에 급격한 변

---

18 오성주, 『교육신학적 인간이해』 (서울: 대한기독교서회, 2013), 76-113.

화를 초래해 인간의 사고 체계의 변화를 불러왔다. 그것은 다음의 세 가지로 요약할 수 있다.

첫째, 객관적 사고 체계에서 주관적 사고 체계로의 변화다. 이성과 과학이라는 잣대로 모든 것을 객관화하여 절대적 진리로 인정하던 것에서 벗어나 절대적 진리를 거부하며 모든 것을 상대적인 것으로 보려는 것이 포스트모던 시대이다. 이는 모든 대상을 객관적 시각이 아닌 자기 사고에서 옳다고 인정하는 주관적 관점에서 보려는 시도라 할 수 있다. 그렇기 때문에 다원주의와 상대주의와 같은 사상의 출현으로 절대적 진리와 권위가 무너지게 되었다.

따라서 객관적 사실보다는 주관적인 직관, 감정, 판단이 중시되었고, 이것은 교회 사역에도 큰 도전으로 다가온다. 객관적 사실보다는 주관적 감정이나 이미지를 선호하고, 공동체적인 것을 추구하기보다는 개인적 이익을 추구하려는 경향이 뚜렷해졌다. 이런 까닭에 포스트모던 시대의 청중은 주관적이며 개인적인 청중으로 자신의 감정이나 직관을 믿으며, 감각이나 이미지에 쉽게 반응한다는 사실이다.

둘째, 수동적 사고에서 능동적 사고로의 전환이다. 오늘날 청중은 자기 스스로 생각할 능력이 있다고 믿으며 자기 생각과 의사를 적극적으로 표현하는 사람들이다. 클라이드 라이드(Clyde Reid)는 "청중이 추종자로서보다 반려자로서 간주되기를 원하고, 자기의 삶에 영향을 주는 결단의 과정에 참여하기를 원한다"고 주장한다.19 그는 수동적으로 듣기를 강조하는 커뮤니케이션 구조는 권위를 가진 자에게 의지하며 보호를 받으려 하는 자들에게는 계속될 수 있지만, 자기 스스로

---

19 클라이드 라이드/정장복 옮김, 『설교의 위기』 (서울: 대한기독교출판사, 1982), 57.

생각할 능력이 있다고 믿는 사람들은 자기 의사가 존중되는 커뮤니케이션 구조로 빠져들게 될 것이라고 하였다.

오늘의 청중은 능동적으로 자기 의사를 표현하고 적극적으로 참여하기를 원하며, 그러한 과정을 통해서 자기 효능감을 느끼기를 원한다. 대화하고, 참여하며, 적극적으로 소통하기를 원하는 세대이다. 자신이 속한 모임에서 적극적으로 의사를 표현함으로써 참여하기를 원하고, 자신의 존재와 자격이 축소되는 것을 원치 않는다. 그렇기 때문에 설교는 일방적이거나 권위적이지 않은 수평적 자세로 청중을 파트너로 여기며, 쌍방향적인 커뮤니케이션 방식으로 이뤄져야 한다.

셋째, 연역적 사고에서 귀납적 사고로의 전환이다. 크래독은 "초반에 주제를 선언한 후 나중에 구체적인 상황으로 들어가는 연역적 방식이 설교자의 권위에 절대적으로 의존하여 자기 삶에 적용해 주기를 원하는 수동적 청중이 아니라면 도저히 받아들이기 힘든 의사소통 수단"이라고 주장한다.[20] 이처럼 연역적 설교는 권위적으로 선포하는 설교자와 수동적으로 청취하는 청중이라는 치명적인 약점이 있다.

위에서 살펴본 것처럼 오늘의 청중은 연역적 전개가 민주적이지 않은 방식이라고 느낄 수 있으므로 수용에 거부감을 줄 수 있다. 현대의 청중은 능동적이기 때문에 귀납적인 전개 방식, 다시 말해서 설교자와 함께 설교의 여정에 참여하면서 자기 스스로 설교의 결론에 도달하고 그것을 삶으로 적용하기를 원한다. 이 과정은 명령 일변도가 아니라 청중이 직접 설교자가 제시한 문제에 공감하고 참여함으로써 설교의 결론을 자신의 결론으로 수용하는 민주적 과정이다.

---

20 Fred B. Craddock, *As One Without Authority*, 54.

결론적으로 인간의 사고 체계도 시대 변화에 따라 창조적으로 성장하며 발전을 거듭하였다. 특히 포스트모던 시대로 전환하면서 인간의 사고는 객관적 사고 체계에서 주관적 사고 체계로, 수동적이던 사고에서 능동적 사고로, 연역적 사고에서 귀납적 사고로 전환되었음을 인식해야 한다.

(2) 불변적 요인으로서의 인간 이해

인간은 가변적 요인과 더불어 불변하는 요인도 있다. 대부분의 생명체는 일정한 주기를 가지고 신진대사나 생식과 같은 생명 활동을 지속한다. 인간의 생체리듬인 바이오리듬(biorhythm)은 "생물이 생득적으로 가지고 있는 자율적인 생물 활동의 주기적 변동, 즉 일정한 주기를 가진 변화로서 생체 내에 나타나는 현상"[21]이다. 인간의 생체리듬은 외부적 요인과 내부적 요인에 의해 영향을 받는다. 외부적 요인은 빛의 노출과 같은 환경적 요인이 있고, 내부적 요인은 호르몬 분비, 기분, 허기, 체온 등이 있는데, 주기는 약 1일이다.

인간은 수면의 패턴에 따라서 멜라토닌의 분비가 달라지며 이것은 신체 활동에 영향을 미친다. 빛의 노출이 많은 낮 동안에는 활동성이 높아져서 각성의 정도가 높고 체온도 높은 상태를 유지한다. 그러나 반대로 빛의 노출이 적은 밤에는 각성의 정도가 낮고 체온도 가장 낮은 상태를 유지하지만, 수면을 유도하는 멜라토닌의 분비는 최대로 상승한다. 인간의 바이오리듬은 빛의 노출 정도에 따라 각성과 체온

---

21 강영희, 『생명과학대사전』 (서울: 아카데미서적, 2008)을 참고하라.

의 변화가 나타나고 하루를 주기로 반복적으로 나타난다.

그러므로 우리 신체는 낮 동안에는 활발하게 활동하다가 저녁에는 휴식을 취하도록 만들어진 것이다. 특히 수면을 하다가 깨어나면서 서서히 체온이 상승하게 되고 각성의 정도도 차츰 올라가게 된다. 그래서 오전에는 주로 중요한 결정이나 회의와 같은 지성적인 활동이, 오후 늦은 시간이나 저녁에는 감성적인 자극이 더욱 활성화되는 것으로 나타난다. 인간의 생체리듬을 따라 생활하는 것은 건강한 삶을 위해서도 중요하지만, 설교학적으로도 깊이 고려해야 할 부분이다.

우리가 수면을 하다가 깨어나는 시간은 각성의 정도가 저조하고, 근육도 수축이 된 상태이고, 두뇌 활동도 저하되어 있다. 새벽 예배를 하는 시간이 바로 여기에 해당하므로 새벽 예배에서 지나치게 이해하기 어려운 본문을 선택하거나 난해한 접근은 지양하는 것이 바람직하다. 반면에 오전 시간을 지나면서 신체가 정상화되고 지성과 감성 리듬이 활성화되면 보다 심오한 본문을 선택하거나 청중의 적극적인 참여를 유도하는 귀납적 접근과 내러티브 방식의 설교가 가능해진다. 이처럼 청중의 바이오리듬은 근소한 차이는 있지만 시대와 상관없는 불변적 요인이므로 이를 고려한 설교학적 접근이 필요하다.

인간의 생체리듬과 마찬가지로 불변하는 요인 중 또 다른 하나는 인간의 종교적 심성이다. 하나님의 형상으로 창조된 인간은 누구나 그 마음 한가운데 절대자에 대한 갈망, 다시 말해 종교성을 갖는다. 그러나 현대인의 분주한 삶은 이런 종교성이 배제된 삶을 살도록 유도하지만, 특별히 장례식에서만은 누구도 예외 없이 종교적 심성이 드러난다. 죽음은 이 세상에서 삶을 영위하는 생명체라면 결코 피해

갈 수 없는 필연적인 사건이고, 삶의 한 과정으로서 중요한 의미가 있다.

인간이 가장 엄숙해지는 시간은 바로 죽음을 앞두고 있을 때이고, 장례식장은 그러한 엄숙함이 유지되는 장소이다. 그래서 기독교 장례는 상실과 슬픔의 자리이면서 동시에 삶의 의미를 성찰하는 심오한 자리이다. 신학자 제임스 화이트(James White)는 "기독교 장례의 두 가지 중요한 기능으로 산 자에 대한 선교적 기능이고, 또 하나는 유족들에 대한 선교적 기능"이라고 말한다.[22] 장례식에 찾아온 사람들은 일차적으로 애도하는 마음을 가지고 있고 또한 인생의 무상함을 느끼기 때문에 허무한 감정을 느낀다. 가장 종교적 심성이 극대화되고 삶에 대해 엄숙함을 갖는다고 할 수 있다. 즉, 어느 때보다 복음에 활짝 열린 상태이다. 그렇기 때문에 이들에게는 원색적으로 그리스도의 십자가와 죽음 이후의 부활을 연역적 방식으로 전해도 좋을 것이다. 장례식장이라는 장소가 갖는 엄숙함은 시대가 변해도 불변하는 것이며 인간이 가장 종교적으로 예민한 곳이기 때문에 또 다른 선교의 장(場)이 펼쳐질 것이다.

4. 한국교회의 효과적인 수용 방안

설교의 형식은 고정된 개념이 아니다. 설교 패러다임은 시대에 따른 가변적 속성이 있기 때문에 하나의 패러다임을 고정적이고 불변하는 것으로 간주하는 것은 불가능하다. 이후에 다른 패러다임이 등장

---

22 이종석, 『죽음과 호스피스 케어』 (서울: 이레 닷컴, 2004), 124.

하면 기존의 패러다임은 도전을 받기 때문이다. 만약 하나의 패러다임이 항구적이라면, 패러다임의 변화 자체가 불가능하고 패러다임의 전환(paradigm shift)도 발생하지 않을 것이다. 설교 패러다임이 시대에 따라 유행을 타는 속성이 있기 때문에 어느 한 패러다임의 주장만을 전적으로 수용하고 다른 패러다임의 주장은 부정하려는 폐쇄적이고 배타적인 태도는 바람직하지 않다.

더욱이 최근 설교 패러다임의 변화는 북미를 중심으로 발전하였다. 앞에서 살펴본 한국교회의 설교적, 목회적 상황은 서구 교회와 흡사한 부분도 있지만, 한국교회만의 고유한 특성이 있기 때문에 서구의 설교학을 그대로 수용하는 것은 불가능하다. 이와 더불어 인간에게는 가변적인 요인과 불변적인 요인이 있다. 따라서 이 장에서는 이런 점을 토대로 한국교회 상황에 적합하도록 전통적 설교학과 새로운 설교학 그리고 후기자유주의 설교학을 수용할 방안을 제안하고자 한다.

1) 전통적 설교학의 수용 방안

오늘날 한국 사회는 모더니즘과 포스트모더니즘이 혼재(混在)된 상황이다. 교회의 회중은 균일한 집단이 아닌 혼종적(hybrid) 집단이고, 역사적, 문화적, 정치적으로 다른 시대를 살아가는 상이한 가치관을 가진 다양한 그룹이다. 그러므로 한국교회 내 세대 간 격차와 갈등은 당연하고, 앞으로 초고령사회가 되면 더 심각해질 것이다. 따라서 한국교회는 다양한 세대를 아우르는 포괄적인 설교학적인 접근이 필요하다.

(1) 신노년을 위한 3대지 설교

앞에서 살펴본 것처럼 한국교회의 고령화는 필연적이다. 그러므로 한국교회는 서둘러 노년 목회에 대한 전략적인 목회 계획이 필요한 시점이다. 우선적으로 한국교회는 '고령 친화적 교회'(Age-Friendly Church)로의 전환이 시급하다. 고령 친화적 교회는 나이가 들더라도 소외되거나 배제됨이 없이 교회의 구성원으로서의 삶을 소명으로 살아갈 수 있는 여건과 지원체계를 갖춘 교회를 말한다.[23] 고령 친화적 교회가 되기 위해서는 무엇보다 인식의 전환이 필요하다. 과거 노인은 인생 후반기를 소일거리를 하면서 남은 생을 무료하게 보내는 부정적인 이미지가 있었다. 하지만 지금 노년은 과거와는 많은 차이가 있다. 최근 한 정신의학신문에서는 노년기를 전기 노년기(55~75세)와 후기 노년기(76~85세)로 구분하고, '신노년'(New Old Age)이라는 용어를 사용하였다. 여기서 신노년은 "전통적인 노인층과 구별되는 생산적이고 활기찬 젊은 노인 계층을 일컫는 용어로 의미 있는 사회활동에 참여함으로써 자아실현을 추구하기도 하고, 육체적으로나 정서적으로 건강하고, 개방적이고 모험적인 성향을 보인다는 특징이 있다"고 발표하였다.[24] 다시 말해서 과거의 노인과 구별되는 그야말로 '신중년'으로 '액티브 시니어'(Active Senior)라 할 수 있다.

현대 노인은 의료 기술의 발전과 자기 관리로 인해 신체의 건강 나이가 과거보다 20~30년 연장되었다. 과거와 달리 다양한 활동을 하

---

23 지용근 외 9인, 『한국교회 트렌드 2023』(서울: 규장, 2022), 152.
24 "성공적인 노년기를 보내는 법," 「정신의학신문」(2022.3.25.) https://content.v.daum. net/v/EeJ1aOJdRw.

면서 활기차고 보람된 노년 생활을 즐기기 때문에 더 이상 보살피고 돌보아 주어야 할 수혜의 대상이 아니라 교회 사역의 한 중심축으로 중요한 역할을 감당할 수 있는 자원이다. 교회가 시니어들을 중심 세력으로 인정하고 그들을 임파워링(empowering)하게 된다면, 성장 둔화와 침체를 경험하고 있는 사역 현장에서 주도적 역할을 감당할 수 있을 것이다.

설교학적인 관점에서 노년층은 기성세대로서 이성적이고 논리적인 사고를 바탕으로 한 모던 사회를 경험한 세대다. 그리고 위로부터의 권위에 순종하고 기존의 질서에 순응하면서 하나님에 대한 절대적인 신앙을 갖고 생활해 온 사람들이다. 성경의 권위는 물론이고, 목회자의 권위에 대해서도 순종적인 성향을 보이는 사람들로서 일방적인 커뮤니케이션에 익숙하다는 특징이 있다.

그러므로 이들에게는 전통적 방식의 3대지 설교가 여전히 설득력이 있다. 교리적이거나 교훈적인 본문을 선택해서 중심 주제를 충족시킬 수 있는 대지를 세워서 연역적 전개로 풀어가는 것이다. 도입부에 정적인 터치를 위한 예화를 삽입해 설교에 대한 궁금증을 불어 넣어 줌으로써 감정적인 동의를 얻은 후 본문에 대한 개략적인 설명으로 들어가는 것이 바람직하다. 대지를 설정하는 방법도 다양하게 할 수 있다. 대지를 병렬적으로 구성하거나 시간적, 공간적 순서에 따라 배열할 수도 있고, 점증적으로 확장하면서 배열하는 방법 혹은 세 개의 대지로 본론을 구성하고 마지막 대지에 시 한 편을 넣는 방식, 대지의 전개 방식도 귀납법과 연역법을 골고루 섞어서 사용함으로써 변화를 주는 방식이 있다.[25] 그리고 각 대지의 구성인자들, 즉 본문 설명, 다른 성구 인용, 예화, 유머, 경험적 진술, 간증과 같은 요소를 대지마다 변화를 주어서 다양한 배열이 이루어지도록 하는 것이 필요하다. 대지 설교는 전체가 하나의 통일된 움직임이 없기 때문에 자칫 설교가 지루하게 될 수 있기 때문이다.

이런 맥락에서 대지 설교는 여전히 노년 세대에게는 유용한 방식이다. 설교 형식에 고전이 있다면 3대지 설교라고 할 만큼 현장에서는 풋풋하고 갈수록 내공을 발휘하는 노익장(老益壯) 형식이다. 아마도 우리 설교자들이 대지 설교가 시대 변화에 적합하지 않다고 생각하면서도 여전히 탈피하지 못하는 이유일 것이다. 그러므로 우리는 혼종적인 세대 가운데서 명료하고 논리적인 방식인 대지 설교를 적절히 활용할 줄 알아야 한다.

(2) 장례식과 새벽예배의 연역적 설교

인간의 삶은 누구에게나 생사고락(生死苦樂)의 연속이다. 한국 사회가 고령사회가 되어 평균수명이 연장되고는 있지만, 목회 사역 가운데 주된 사역은 바로 장례 사역이다. 셸리 케이건(Shelly Kagan)은 죽음의 네 가지 속성을 이야기하는데, 그것은 "죽음의 필연성"(必然性, inevitability), "죽음의 가변성"(可變性, variability), "죽음의 예측 불가능성"(豫測不可能性, unpredictability), "죽음의 편재성"(偏在性, ubiquity)이다.[26] 다시 말해서 인간은 반드시 죽을 것이며, 얼마나 살 것인지 알 수도 없고, 그렇다고 언제 죽을지도 모르며, 어디서 어떻게 죽을지도 알 수 없다는 것이다.

---

25 정인교, 『현대설교, 패턴으로 승부하라』 (서울: 청목출판사, 2017), 107-111.
26 셸리 케이건/박세연 옮김, 『죽음이란 무엇인가』 (서울: 엘도라도, 2012), 375-392.

그러나 기독교인에게 있어서 죽음은 삶의 끝이 아니라 완성이며 삶의 한 형식이다. 영혼과 육체가 분리됨으로 영원한 천국의 안식에 들어가는 한 과정이다. 그러므로 기독교인에게는 슬픔과 애도의 사건이면서 동시에 안식과 평안의 사건이기도 하다. 장례식장은 고인(故人)을 애도하면서 삶의 의미를 성찰해 보는 곳이기 때문에 인간의 종교적 심성이 가장 예민해지는 곳이다. 그리고 간혹 유족들 가운데 신앙을 갖지 않은 사람이 있기도 하고, 비기독교인들도 조문하는 장소이다.

이런 장례 설교의 경우는 연역적 전개 방식의 설교가 효과적이다. 핵심 주제를 서두에서 선명하게 밝히고 일목요연하게 논리적으로 설명해 나가는 것이다. 조문객은 인생의 허무함을 느끼면서 어느 정도 복음에 열린 마음을 갖기 때문에 예수 그리스도의 십자가 죽음과 부활 사건을 명확하게 전달하는 것이 중요하다. 인간의 죽음 이후에 심판이 있다는 것과 그 후에 영생과 영벌이 있다는 것을 전하고 설교의 결론까지 제시하는 것이 바람직하다. 더욱이 장례식에서 설교 시간은 그리 길게 주어지지 않는다. 사실상 이런 상황에서는 귀납적으로 이런저런 이야기를 충분히 할 수 있는 시간적인 여유가 없다. 복음을 전함으로써 유족에게는 위로가 되고, 비기독교인에게는 선교의 장이 되도록 해야 한다. 시대가 변한다 해도 고인을 애도하는 장례식에서 인간의 진지함은 변함이 없기 때문이다.

앞서 언급한 것처럼 인간의 불변하는 요인 중 다른 한 가지는 하루를 주기로 반복되는 인간의 생체리듬이다. 수면에서 깨어나는 새벽 시간은 각성도 덜 되고 신체가 정상적으로 회복되지 않은 정적인 시간이다. 한국교회의 새벽 예배가 진행되는 시간이 바로 이 시간이다. 따라서 새벽 예배에서는 연역적인 전개 형식을 따르는 것이 바람직하다. 두뇌 활동이 정상적으로 돌아오지 않았기 때문에 상상력이나 추론 능력을 발휘하기가 어려운 시간이므로, 설교자가 서두에서 핵심적인 주제를 제시한 다음 분명한 결론을 도출해 주어야 한다. 가능하면 설교 시간도 짧은 것이 좋고, 예화나 미사여구도 생략한 채로 핵심 내용 위주의 간결한 설교가 바람직하다.

크래독은 "낮에 하는 식사와 밤에 하는 식사, 낮에 열린 파티와 밤에 열린 파티, 주간 경기와 야간 경기, 낮에 듣는 음악회와 밤에 듣는 음악회가 다르듯이 설교가 행해지는 시간에 따라 설교의 전달 방법도 달라야 한다"고 주장한다.[27] 마치 지각 있는 정치가들이 아침에 하는 연설인가 혹은 저녁에 하는 연설인가에 따라서 연설문의 내용과 형식이 달라지는 것처럼 설교 역시도 인간이 가장 정적인 시간대인 새벽에 하는 설교와 인간의 모든 신체 기능이 정상화된 저녁에 하는 설교는 그 전개 방식에 차이를 두는 것이 바람직하다.

아무리 시대가 변하고 그로 인해 설교 패러다임이 변한다 해도 장례식에서 인간의 예민한 종교적 심성이나 하루를 주기로 변화하는 인간의 생체리듬은 불변하는 항구적인 요소들이다. 그러므로 장례식과 새벽 예배에서는 연역적 전개 방식으로 설교의 개요를 따라 간결하게 논리적으로 전개함으로 복음을 선명하게 듣도록 해야 한다.

(3) 지역적 특성을 고려한 설교

한국교회는 급변하는 설교학적인 환경에 있다. 베르그손의 주장

---

27 Fred B. Craddock, *Preaching* (Nashville: Abingdon Press, 1985), 93.

처럼 시대가 변화함으로 인간의 사고와 가치체계가 변하고 그에 따라 커뮤니케이션 방식도 달라졌다. 변화하는 청중에게 효과적으로 복음을 전하기 위해서는 설교 형식과 전달 방법은 필히 달라져야 한다. 한국교회의 경우 귀납적 설교나 내러티브 설교가 강조되면서 많은 설교자가 설교 형식에 변화를 추구해 왔다. 실제 젊은 사역자들의 설교에는 연역적 대지 설교 방식이 급격히 감소하는 추세이다.

그런데 여기서 한 가지 주목할 것이 있다. 그것은 오랫동안 연역적 설교에 익숙해진 청중이 갑자기 귀납적 설교를 소화하기는 어렵다는 점이다. 설교자를 따라 경청하고 설교의 전개 과정에 파트너로 참여하면서 열린 결론으로 끝을 맺는 귀납적 설교는 청중의 입장에서 소화해 내기가 쉽지 않다. 청중 가운데는 설교의 요지가 불명확하다고 느낄 수도 있고, 설교자가 의도한 결론을 따라가지 못하는 경우도 발생할 수 있기 때문이다.

이런 현상은 대도시보다는 소도시나 농촌이나 어촌과 같이 비교적 문화 수준이 낮고 교육 수준이 낮은 지역에서 더 많이 발생한다. 실제로 한 연구 논문에서는 농촌 교회에 20~40대가 전무하고, 50대가 6명, 60대가 8명, 70대가 9명, 80대가 7명(전 교인이 30명)인 것으로 조사되었고, 교인의 고령화로 인해 가부장적인 사고의 고착화가 이루어지고 있다고 하였다. 그리고 청중은 저학력자가 대부분이고 고령으로 청각도 둔화하여 언어적, 인지적으로 이해하고 수용할 능력이 부족하다고 주장하였다.[28]

목회 사역을 감당하는 목회자는 공식적으로든 비공식적으로든 자

---

28 박태수, "농촌목회에 있어서의 청중 분석과 효과적인 설교방법에 관한 연구" (개신대학원 대학교 박사학위논문, 2016), 84-88.

신의 청중을 알아가게 된다. 그들 삶의 저변이나 지역적 특성을 이해하는 일은 목회는 물론이고 설교에 있어서 중요한 일이기 때문이다. 여기에 대해서 크래독은 이렇게 진술하였다.

한 공동체의 목회자가 된다는 것은 그곳 주민이면서 시민이고, 책임 있는 지도자이며, 삶의 질에 대하여 비난이든 칭찬이든 함께 나누어야 할 사람이 된다는 뜻이다. 우리는 그 공동체에 '대하여' 설교할 뿐만 아니라 그 '안에서', 그 공동체로 '부터' 설교해야 한다(One preaches in and out of as well as to that community). 여기서 이야기되고 있는 것은 목회자는 다른 사람 못지않게 더 많은 사람을 이해할 기회를 가진다는 것이다.[29]

크래독은 "목회자가 그 지역 공동체의 일원으로 살아가면서 그 공동체로부터 그들이 어떤 사람인지 해석해 줌으로써 인간의 가장 깊은 필요와 심오한 기쁨을 만지는 설교를 해야 한다"고 보았다.[30] 따라서 설교자는 교회 공동체인 청중의 이해 수준, 언어적 구사력, 학력 수준을 깊이 고려하여 공감할 수 있는 설교가 되도록 해야 한다.

그러므로 소도시와 농어촌 지역에서는 연역적 대지 설교가 더 효과적이다. 서두에서 핵심적인 주제를 분명히 밝혀 주고 그것을 대지를 세워서 풀어 나가는 방식이기 때문에 청중의 이해 능력이 다소 부족하더라도 명확한 전달이 가능하다. 고령화된 농어촌 지역의 교회에서는 결론 부분에서 설교를 마무리하기 위해 적용이 가능한 예화 하

---

29 Fred B. Craddock, *Preaching*, 95.
30 Ibid.

나를 들려준다면 청중의 이해는 물론이고, 삶으로 실천하기 위해서도 도움이 될 것이다.

크래독은 "설교자가 모든 자료를 다 완비하고 있어도 설교가 뿌리 내리고 성장하기 위해서는 지역 교회라는 토양이 부여되어야 하고, 그들의 특성에 적합한 방식으로 설교가 전달될 때 청중은 마치 자기의 방언으로 설교를 듣게 되는(행 2:6-8) 축복을 받게 된다"고 주장한다.[31] 결국 설교는 특정한 지역적인 토양 위에 세워지는 것이므로 그 지역의 청중이 가장 잘 이해할 수 있도록 그들의 언어와 방식으로 전달하는 것이 중요하다.

2) 새로운 설교학의 수용 방안

21세기 한국교회의 청중은 포스트모던 사회 속에서 주도적으로 자아 정체성을 확립하며 살아가는 사람들이다. 날카로운 비판의식을 가지고 있으며, 상부의 명령에 대해서도 맹종하기보다는 합리적으로 사고하고 행동하려는 특징을 갖는다. 이 같은 의식은 그들의 신앙생활에서도 동일하게 나타나고 있을 뿐만 아니라 디지털 미디어의 발달로 온라인 시대로 전환하면서 더욱 가속화되고 있다. 인터넷 유튜브 방송을 통해서 누구나 원하는 설교자의 설교를 시청하면서 설교의 우열을 가리기도 하고, 출석하는 교회의 설교에 대해 아쉬움을 느끼거나 심지어 경멸하기도 한다. 이른바 '온라인 설교 쇼핑' 시대가 도래한 것이다. 이런 시대적인 흐름 속에서 새로운 설교학을 한국교회 설교

---

31 Ibid., 98.

에 수용하는 것은 중요한 의미가 있으며, 구체적인 방안을 몇 가지로 제안하고자 한다.

(1) 청·장년을 위한 귀납적 설교

현시대의 청중은 자기 스스로 생각할 능력이 있다고 믿는 사람들이다. 특히 학력 수준이 높은 청장년들에게 이런 자의식이 높게 나타난다. 그들은 자기 생각이나 의사가 적극적으로 반영되는 커뮤니케이션 구조에 끌려가는 세대이다. 자아 정체성이 분명하고, 스스로 생각할 능력이 있다고 믿기 때문에 자기가 속한 모임이나 공동체에서 자기 의사가 존중되길 원하고, 그러한 의사 결정의 과정에 적극적으로 참여하기를 원한다.

그러므로 귀납적 설교는 청년들과 대도시에서 높은 수준의 교육으로 자의식이 높은 장년층에 적합한 방식이다. 귀납적 설교는 설교자가 일방적으로 결론을 내리는 것이 아니라 청중이 스스로 결론에 도달할 수 있도록 대지들이 유기적으로 발전하며, 집약적인 움직임을 통해 결론을 찾아가는 과정이다. 그래서 청중은 자신이 참여한 결론에 스스로 결단하면서 실천하려는 의지를 갖게 된다. 더욱이 포스트모던 시대의 청중은 수직적인 권위 구조에는 저항하고, 탈권위적이고 상호 존중하는 의사소통 방식을 선호하기 때문에 설교자는 권위 없는 자처럼 설교하려는 자세가 필요하다.

귀납적 설교를 진행하는 방법은 '설명'보다는 그림이 그려지는 '묘사' 중심으로 진행하면서 청중의 감성을 자극하는 것이 중요하다. 긴 도입부를 통해서 설교의 결론을 미리 노출하지 않음으로써 지속적으로 청중에게 듣고자 하는 의욕을 일깨우는 것도 필수적이다. 설교 중 간마다 전환 부분들(transition points)을 주어 청중이 흐름을 잘 따라올 수 있도록 방향을 제시하면서 진행해 나가야 설교자가 원하는 결론에 함께 도달할 수 있다. 이 모든 과정은 감성적인 자극을 사용하는 우뇌적인 접근을 통해 이뤄짐으로써 지적인 동의만이 아니라 스스로 삶을 결단하도록 유도해야 한다.

귀납적 방식의 대표적인 설교 형태는 윌슨의 4페이지 설교로 성경과 현실 세계를 스토리텔링 방식으로 넘나들면서 귀납적 방식으로 전개되기 때문에 청중의 집중도를 높이고 감성적인 어필도 가능하므로 주일 대예배와 오후 예배 설교로도 적합하다. 또한 데이비드 버트릭(David Buttrick)의 '현상학적 전개식 설교'(phenomenological move method)가 있다. 설교에 4~6개 주요 장면의 움직임을 두어 플롯을 따라 전개하면서 청중의 의식에 변화가 이루어지도록 하므로 두 형식 모두 귀납적 전개로 청중의 참여를 극대화하는 방식이다.

우리는 누구도 예견된 결말을 보기 위해서 영화나 드라마를 시청하지 않는다. 더욱이 청장년들은 스스로 생각하고 느끼고 판단해 결단하길 원하므로 결론을 유보한 채 설교 안에 동참하도록 끌어들이려는 노력이 필요하다. 그러므로 한국교회 설교자는 권위적인 태도를 버리고, 귀납적 방식의 설교를 통해서 청중을 참여시키고 그들 스스로 결단케 함으로써 하나님의 말씀을 직접 경험하고, 그로 인해 삶의 변화를 체험하도록 해야 한다.

(2) 내러티브 방식의 감성적 설교

이야기식 설교는 오늘의 시대적 상황과 문화에 매우 적합한 설교 스타일이다. 이야기를 중심으로 한 설교는 명제 중심적인 전통적인 설교가 갖는 한계를 극복하기 위한 좋은 대안이 될 수 있고, 감성을 중요시하는 포스트모던 사람들에게 흥미와 관심을 끌 수 있기 때문이다. 그리고 이야기는 대부분 귀납적 전개이고, 일방의 커뮤니케이션이 아닌 쌍방향적인 커뮤니케이션이 일어나며, 청중은 눈과 귀를 열고 참여할 수 있다. 포스트모더니즘의 영향으로 일방적 권위에 대해 거부감을 가진 사람들, 쌍방향적인 대화적 분위기를 지향하는 사람들이 선호하는 설교 형식이다.

사실상 이야기는 어린아이부터 노년에 이르기까지 누구나 좋아하고, 한번 들은 이야기는 오래 기억되는 특징이 있다. 이야기식 설교는 한국교회 청중들에게도 많은 관심과 흥미를 갖게 한다. 현재 이야기식 설교를 하는 설교자 중 64.8%가 청중의 흥미를 끄는 설교 형식이라고 응답했고, 청중 중에서도 이야기식 설교가 좋다고 응답한 사람들이 61.7%라는 사실이 이것을 증명해 준다.[32] 분석하고 가르치고 훈계하려 드는 설교는 청중의 흥미를 끌지도 못할 뿐 아니라 오히려 큰 저항감만 조장할 뿐이다.

내러티브 방식을 한국교회에 수용하는 것은 여러 가지로 장점이 있다. 설명 일변도의 대지 설교는 긴장감이 없기 때문에 지루하게 느껴지지만, 내러티브 방식은 도입부에서 문제를 제기함으로 당연한 설

---

32 이현웅, "현대 기독교 설교 패러다임의 변화에 대한 분석평가와 한국교회에서의 적용에 관한 연구," 「신학과 실천」 26 (2011), 241.

교가 아닌 생각하게 하는 설교가 가능하기 때문이다. 문제점이 제기되고 심화하는 과정을 통해 의구심을 갖게 하다가 전략적으로 결론이 유보된 채 점진적으로 전개되다가 급격한 반전(sudden shift)을 경험하면서 신선한 충격으로 다가온다. 마치 한 편의 영화나 드라마와 같이 플롯을 따라 연속적으로 전개된다. 그러므로 내러티브 설교는 주일 오전 대예배, 주일 오후 예배 때 진행하는 것이 바람직하다. 단 미국은 결론을 열어 놓고 청중에게 맡기는 열린 결말로 끝나지만, 한국적인 정서에서는 다소 무리가 있기 때문에 설교자가 결론을 명확하게 전달하는 것이 필요하다. 설교 전체의 주제를 감싸는 감동적인 예화라든지 혹은 정언적 정리를 통해서 명확한 결론을 제시하는 것이 우리의 상황에서는 더 효과적인 방식이다.

또한 한국교회 청장년들은 따뜻하고 감성적인 터치를 선호한다. 머리보다는 가슴을 움직일 수 있는 진정성 있는 태도와 신뢰하는 마음을 중요하게 생각한다. 게다가 오늘날의 청중은 감각적이다. 따라서 설교의 언어에서도 보고 듣게 하는 언어(audiovisual language)를 사용하여 청중이 설교를 들을 때, 귀로 들을 뿐만 아니라 눈으로 볼 수 있게 해 주어야 한다. 우리의 마음이 토론장이 아닌 화랑(畵廊)임을 기억하고 상상력을 자극할 만한 그림 언어와 메타포 언어(metaphorical language)를 사용하여 오감을 자극함으로써 온몸과 감각으로 설교를 경험하는 것이 필요하다. 내러티브는 곧 성경이 기록된 방식이며 인간을 향한 하나님의 의사소통 방식으로서 감성적인 오늘의 청중에게 효과적인 설교 형식이다.

그러므로 설교자는 내러티브 방식에 대한 정확한 이해를 바탕으로 설교를 미학적으로 전개함으로써 하나의 작품처럼 예술적으로 디자인할 수 있어야 한다. 이야기는 하나님의 진리를 밝히 드러내고 그 세계를 경험하게 하는 중요한 요소이다. 특히 오늘날 청장년들을 대상으로 한 예배에서는 더욱 설교를 예술적으로 디자인해야 한다. 왜냐하면 포스트모던 사회에서 살아가는 현대인들에게 복음이 효과적으로 전달되기 위해서는 이성과 감성의 동시적 접근이 필요하기 때문이다.

(3) 간접 대화 이론에 근거한 이야기 설교

오늘의 청중은 정보의 홍수 속에서 살아간다. 매일 쏟아지는 기사와 정보 속에서 살아가기 때문에 웬만한 자극적인 내용이 아니면 신선하게 느끼지를 못한다. 그래서 설교를 듣는 데도 친숙한 내용이라는 선입견이 있기 때문에 별다른 호기심이나 기대감 없이 듣는 경우가 허다하다. 커뮤니케이션의 차원에서 볼 때, 익히 알고 있는 내용이라는 편견은 별다른 흥미를 유발하지 못하는 문제가 있다.

이런 무감각한 청중에게는 직접(direct) 전달이 아닌 간접(indirect) 전달의 방법이 더 효과적이다. 과학이나 역사와 같이 사실적인 내용을 다루는 학문이 아닌 삶의 가치관을 바꾸는 신앙의 차원은 더 그러하다. 그저 단순한 지식이나 정보는 직접적인 방법으로 얼마든지 전달이 가능하지만, 삶의 변화를 일으키는 신앙의 성숙은 직접 전달의 방법으로는 명백한 한계가 있다. 왜냐하면 신앙의 차원은 단순한 지식이나 정보의 차원이 아니기 때문이다.

이런 맥락에서 크래독은 키에르케고르(kierkegaard)의 간접 대화 이론이 복음을 전하는 가장 효과적인 방법이라고 하였다. 예수님도

"비유(이야기)가 아니면 말씀하지 아니하시고"(막 4:34)라고 기록한 것은 결코 우연이 아니다. 설교가 단순히 추상적인 개념이나 정보를 전달하는 것이 아니라 청중과 '함께 나누는 이야기'(shared story)가 될 때 청중은 그 속에서 자신과 동일시를 경험하게 된다. 여기에서 전해지는 이야기는 바로 '간접 전달'의 방식이고, 이것은 '우연히 듣도록 하는'(overhearing) 방식으로 믿음에 관한 정보를 주는 동시에 믿음의 세계를 경험하도록 돕는다. 우리가 연극을 볼 때, 관객이 공연자들의 이야기에 거리를 두고 간접적으로 듣고는 있지만 그들이 서로 나누는 대화에 몰입하면서 깊이 공감하는 것과 같은 이치이다. 관객의 입장에서는 남의 이야기를 엿듣는 것처럼 일정한 거리를 두고 관망자로서 동참하다가 자신도 모르는 사이에 그 이야기에 빠져들고 동일시를 경험하면서 자신을 발견하게 된다.

성경에서 이런 '간접 전달'의 방식이 가장 극명하게 잘 드러난 곳은 바로 나단 선지자의 비유다. 나단 선지자가 다윗 왕에게 찾아가서 가난한 사람의 양 새끼 비유를 통해서 그의 범죄와 죄악을 지적했을 때 (삼하 12:1-9), 그 이야기에 심취한 다윗은 미처 그 비유의 주인공이 자신인 줄도 모르고 격분했다. 만약 나단 선지자가 직접 전달의 방법으로 다윗의 범죄를 지적하였다면 그는 목숨을 건지지 못했을 것이다. 여기에서 중요한 개념은 어떤 이야기를 일정한 '거리'(distance)를 두고 간접적인 방식으로 전달할 때, 거기에는 동일시를 통한 직접적인 '참여'(involvement)가 일어나게 된다는 것이다.

다시 말해서 설교가 "우연히 들음을 통해서 생성되는 경험"(experience of overhearing)[33]이 되기 위해서 설교자는 청중이 간접적으로 들으면서 그 이야기 속으로 들어가 동일시를 맛보게 해 주어야 한다. 틸리케(Thielicke)는 "우리 설교가 지나간 시대와 비교하여 생동감과 활력을 잃어버리고 있다면 그 원인은 우리의 삶이 설교와 생활로 분리되어 있기 때문"이라고 지적한다.[34] 그의 지적처럼 한국교회 강단의 근본적인 위기는 바로 설교와 생활의 분리로 인한 괴리감의 문제다. 전통적인 연역적 설교는 청중이 설교에 참여하도록 유도하는 것이 아니라 오히려 계속해서 생활과 분리시킨다. 그러므로 설교를 들은 후에 어떠한 삶의 적용이 필요한지를 명확히 깨닫기 어려우므로 실천이 어려운 것은 당연하다.

그러므로 한국교회는 간접 전달 방식인 이야기식 설교를 해야 한다. 청중으로 하여금 참여를 통해 설교가 더 이상 설교자나 성경의 이야기가 아닌 나 자신의 이야기가 되고, 동시에 자신이 그 이야기의 주인공이 되게 해야 한다. 오늘의 청중은 레너드 스윗(Leonard Sweet)이 말한 것처럼 참여적이다. 그들은 스포츠 경기에도 직접 참여하기를 원하고, 강연에서도 듣기보다는 자신의 의견을 발표하기를 원하고, 유튜브 댓글 창에도 적극적으로 참여하며 소통하기를 원한다. 상업과 서비스 분야에서도 블로그와 카페, 라이브 방송을 통한 판매와 유통이 증가하고 있다는 것을 통해서도 알 수 있다. 마찬가지로 이들은 설교에도 적극적으로 참여하기를 원한다. 더욱이 오늘날의 젊은 세대는 다소 방어적이고 친숙하지 않은 일에 대해서는 경계심을 갖는다. 이들은 직접적이고 일방적인 상명하달식의 지시나 전달에 대해서도 반감을 갖고 거부하려는 태도를 갖는다.

33 Fred B. Craddock, *Overhearing the Gospel* (St. Louis: Chalice Press, 2002), 24-25.
34 헬무트 틸리케/심일섭 옮김, 『현대 교회의 고민과 설교』 (서울: 대한기독교서회, 1982), 25.

그러므로 이야기를 통한 간접 전달의 방식으로 그들을 자연스럽게 설교 안으로 끌어들이고 상상력을 통해 감정이입이 일어나게 해야 한다. 그 과정에서 청중은 긴장과 슬픔, 기쁨과 경이(驚異)를 가진 청중으로 되살아나며 그들 스스로 이야기의 주인공과 동일시가 이루어지면서 실존적인 만남을 하게 된다. 이 과정에서 청중은 하나님의 말씀에 비추어 삶을 돌이켜보고 자신의 상황에 적합하게 실천하는 삶을 살도록 결단한다. 이처럼 간접적인 전달은 청중을 존중하고 인정함으로써 그들 스스로 결단하도록 돕기에 포스트모던 청중에게 적합한 커뮤니케이션 방식이다.

(4) 청중의 오감을 자극하는 특수 설교

설교는 대중 커뮤니케이션으로서 대부분 독백의 형태로 이루어진다. 설교자가 혼자 강단에서 하나님의 말씀을 선포하는 것은 21세기에도 불변하는 방식이다. 그러나 오늘의 청중은 중독에 가까울 정도로 영상에 길들어 있으며 집중력이 상당히 짧다. 실제로 청중이 온전히 설교에 몰입하는 것은 쉬운 일이 아니다. 그래서 미국의 메가처치(mega church)들은 설교 시간에 다양한 도구와 자료들, 영상을 사용해서 메시지를 가시화하고자 한다. 또한 오늘날에는 개인의 가치와 주체성이 강조되기 때문에 다차원적인 의사소통 방식을 선호한다. 설교가 단순히 듣는 사건이 아닌 보는 설교, 체험하는 설교, 오감으로 느낄 수 있는 설교이기를 원한다. 그렇기 때문에 미국에서는 '실험적 설교'(experimental preaching)라는 이름으로 음악, 문학, 미술, 영상, 드라마, 실물 등을 사용하여 복음의 메시지를 효과적으로 전달하려는 시도들이 진행된다. 이 같은 설교는 감각적인 청중의 시청각을 자극하고 설교가 입체적으로 들리게 함으로써 전달의 효과를 극대화하는 장점이 있다.

한국교회도 이제는 설교를 다각화하려는 시도가 이루어져야 한다. 더욱이 코로나19 팬데믹 이후 온라인으로 각 교회의 예배 실황이 실시간으로 중계되는 시대 속에서 독백으로서의 설교는 짧은 집중력을 가진 청중을 빠르게 다른 채널로 돌리게 만든다는 것을 명심해야 한다. 각종 유튜브 채널은 영상과 장면의 빠른 전환이 이뤄져서 오감을 자극하는데, 설교자는 20분이 넘는 시간을 독백으로서의 설교를 진행하고 있는 것은 시대 흐름에 역행하는 것으로 생각한다. 워렌 워어스비(Warren Wiersbe)가 "당신의 메시지가 아무리 중요하더라도 당신이 사람들의 관심을 얻지 못하면 그들은 메시지를 놓칠 것이다"[35]라고 말한 것처럼 청중의 관심을 끌기 위한 설교자의 노력은 오늘날과 같은 영상 시대에서 더욱 중요한 요소다.

그러므로 온라인 예배를 위해서만이 아니라 현장 예배에 참여한 청중을 위해서도 설교의 다양한 진행은 필요하다. 주일 오전 예배는 청년을 비롯한 중장년, 노년층에 이르기까지 다양한 연령의 청중이 참여하는 예배다. 주일 오전 예배에서 특수 설교를 진행하기가 교회 내의 정서에 무리가 된다면, 주일 오후 예배부터 차츰 시도해 보는 것이 바람직하다. 연령대에 따라서 문화적인 코드는 다소 차이가 날 수 있지만, 설교에 다양한 장르의 예술적 감성을 입힌다면 설교 전달의 효과는 배가될 것이다. 감성을 추구하는 시대에 복음의 메시지를 문

---

35 크레그 라슨 & 해돈 로빈슨/이승진 옮김, 『성경적인 설교 준비와 전달』 (서울: 두란노, 2007), 62.

화라는 형식에 담아 전달하는 것은 시대적인 필요이다.

특수 설교의 종류는 찬송 설교, 스킷 드라마 설교, 연극 설교, 역할 설교, 영화 설교, 편지 설교, 영상 설교, 대화 설교, 방송 중계식 설교, 가상현실 설교, 실물 설교, 판소리 설교 등이 있다.[36] 각각의 설교마다 진행하기 위한 준비가 필요하고, 보조 설교자가 필요하거나 때로는 청중의 일부가 설교에서 역할을 감당할 수도 있다. 청중을 설교에 참여시킨다는 입장에서도 포스트모던 시대에 바람직한 설교 형태이다. 평소에 나와 가깝게 지내는 사람이 설교의 일부를 맡아서 진행하는 것 자체도 청중에게는 집중할 이유가 된다. 그리고 특수 설교는 절기 설교로 활용해도 좋다. 예를 들어 부활주일에 성가대와 함께 찬송 설교를 진행한다든지, 추수감사주일에 연극이나 역할 설교를 진행한다든지, 성탄절에 영상이나 편지 설교도 가능할 것이다.

앞서 고찰한 것처럼 특수 설교는 특히 젊은 세대의 동질 집단의 예배에서도 적합한 방식이다. 대학·청년부 예배나 각 기독교 대학의 채플에서 적용해 보아도 좋을 것이다. 교회마다 상황은 제각기 다르지만, 여러 상황을 고려하여 특수 설교를 시도해 보는 것은 바람직하다. 청중의 감각을 일깨움으로써 청중의 집중력이 높아짐으로 설교 전달의 효과는 극대화된다. 이를 위해서는 설교자를 돕기 위한 설교 준비 위원회가 필요하고, 재능 있는 청중의 참여가 필수적이다.

---

36 특수 설교의 종류와 진행 방법에 대해서는 정인교, 『특수 설교』 (서울: 두란노 아카데미, 2007)을 참고하라.

3) 후기자유주의 설교학의 수용 방안

한국교회는 교회의 부흥과 성장에 커다란 관심을 기울였다. 그러다 보니 성서 본문에 충실한 설교보다는 건전한 문화 강좌 같은 경향도 있고, 청중의 지루함을 달래기 위해 유머로 일관하는 설교, 청중의 구미에 맞추기 위해 축복을 강조하는 기복적인 설교 등으로 편향되는 특성이 있다. 목적이 좋으면 수단을 무시한다는 논리는 역시 설교에서도 바람직한 현상은 아니다. 결국 설교가 설교의 역할과 기능을 외면한 채 청중의 귀만을 즐겁게 할 때, 교회는 교회의 역할을 제대로 감당할 수 없을 뿐 아니라 세상으로부터 비난과 조롱을 받게 될 것은 자명한 이치다.

새로운 설교학이 청중에게 효과적인 전달을 위해 커뮤니케이션에 관심을 기울인 나머지 지나치게 자유주의적이고 인본주의적으로 흐르는 경향에 대해서 후기자유주의 설교학은 이의를 제기한다. 후기자유주의 설교학은 설교의 형식과 전달 방법에 관해서는 관심을 기울이지 않고, 무엇을 전할 것인가라는 설교의 내용에 큰 관심을 보인다. 그러므로 후기자유주의 설교학자들의 주장을 바탕으로 한국교회에 수용할 수 있는 설교 방법을 제안하고자 한다.

(1) 시대를 분별하는 예언자적 설교

한국교회는 시대를 분별하는 예언자적인 설교가 회복되어야 한다. 공적 교회의 역할을 감당하기 위해서는 무엇보다 성경 본문에 충실한 설교가 행해져야 한다. 성경을 많이 인용한다거나 성경으로 시작해서 성경으로 끝난다고 해서 성경적인 설교는 아니다. 토마스 롱 (Thomas Long)은 "성경적 설교는 성경을 오늘의 상황에 얼마나 충실하게 해석하느냐에 달려 있다"고 지적한다.[37] 설교자는 시대를 분별하면서 본문을 통해 말씀하시는 하나님을 바라볼 줄 알아야 하고, 그 하나님을 가감 없이 전하는 파수꾼 역할을 감당해야 한다. 다시 말해서 성경적 창조 원리를 거스르는 잘못된 현실 세계를 고발하고, 올바른 하나님의 백성으로 존재하도록 삶을 바르게 제시해야 한다.

그러기 위해서는 설교의 '예언자적인' 기능이 회복되어야 한다. 본래 설교는 예언적인 기능을 가져야 한다. 로널드 알렌(Ronald Allen)은 "예언적 설교는 하나님의 말씀과 공동체 모두에 대해 충실한 설교로 공동체가 하나님에 대한 윤리적 관계를 회복하고, 사회적 변화를 위한 비판적 도전에 응하고, 하나님의 미래에 관한 종말론적 환상을 품을 수 있도록 해야 한다"고 주장한다.[38] 본래 설교는 하나님의 뜻을 세상 가운데 선포하는 것이므로 기존의 권력과 사회 구조에 대해 저항하고 폭로하는 특성을 갖기 마련이다.

월터 브르그만은 설교자가 예언자처럼 당연하다고 느끼는 세속적인 현실을 '흔들어 깨우는'(dismantling) 역할을 해야 한다고 주장한다. 예언자는 지속해서 백성들의 무지와 무감각을 깨뜨리고 자기기만을 꿰뚫고 들어가서 종말의 공포를 공개적으로 '드러내고'(unveiling) 상대방을 희생시키는 끔찍한 관행을 '폭로하는'(exposing) 자다.[39] 마치

---

37 Thomas G. Long, *The Witness of Preaching*, 48.

38 Ronald J. Allen, "The Relationship Between the Pastoral and the Prophetic in Preaching," *Encounter* 49(1988): 173; *James Ward and Christine Ward, Preaching from the Prophet* (Nashville: Abingdon, 1995), 11.

39 Walter Brueggemann, *The Prophetic Imagination* (Minneapolis: Fortress Press,

예레미야가 유다의 종말을 미리 알고 눈물을 흘리며 이스라엘 백성의 죄악을 낱낱이 파헤치며 폭로한 것처럼 설교자는 끊임없이 청중의 삶의 패역과 하나님을 저버리는 자기 기만적인 행위를 드러내고 폭로하는 역할을 감당해야 한다.

그런데도 한국교회는 구약 시대의 거짓 선지자들처럼(렘 23:15-36) 평화가 없는 것이 분명한데도 "평화, 평화로다"라고 외치는 것은 아닌지 성찰해 보아야 한다. 성도들의 잘못된 행위를 분명히 알면서도 비위를 맞추려고 듣기에 편한 설교를 한다거나 성경 본문에 충실하기보다는 축복을 강조함으로 성도들의 귀를 즐겁게 하는 것은 예레미야 시대의 거짓 선지자들과 다르지 않다. 결국 하나님이 진노하는 심판 아래에 있는 백성을 흔들어 깨우는 것이 예언자의 역할이듯이 오늘의 설교자는 무감각한 청중에게 경고의 나팔을 부는 파수꾼 역할을 감당해야 한다.

캠벨은 설교를 '영적 전투'의 관점으로 이해하면서 설교자가 세상 권세에 대해 비폭력적인 저항을 하도록 부름을 받은 존재로 보았다. 설교는 세상 한복판에서 하나님의 말씀을 실천하는 것이며, 세상 통치자들과 사회 구조에 대해 저항하는 전투적인 특성이 있다. 그렇기 때문에 설교는 대담한 용기가 있어야 하는 행위임이 틀림없다. 이 시대는 거대한 자본주의와 기술 문명이 지배하는 사회에서 소비 문화적인 삶의 방식과 분주함 그리고 국가 간에 전쟁과 폭력이 난무하는 시대가 아닌가? 그렇다면 오늘날 설교는 더욱 예언자적 기능을 회복하고 실행하기 위해 힘써야 한다. 자크 엘룰(Jacques Ellul)은 "당신이 국

2001), 49-52.

가, 돈, 도시를 바라보며 설교했고, 당신의 설교를 들은 세상의 권세자들이 만약 당신에 대해 아주 호의적이라면 그것은 당신의 메시지가‥거짓된 것이기 때문이다. 세상이 당신을 참아 줄 수 있다는 것은 지금 당신이 말씀을 제대로 선포하지 않는 배신자(traitor)라는 사실을 반증하는 것이다"[40]라고 단호히 주장한다. 그러므로 설교자는 필연적으로 세상 권력과의 갈등을 피할 수 없다는 사실을 인식해야 한다.

예언자적인 설교는 직접적이고 간단명료한 것이 바람직하다. 하나님의 대변자로서 전하는 것이기 때문에 단호하면서도 직접적인 일인칭 화법으로 전달해야 한다. 그 메시지가 가진 하나님의 권위를 힘입어서 있는 그대로를 진실하게 전하는 용기가 필요하다. 마치 벌거벗은 임금님의 옷에 대해서 "벌거벗었다"라고 외쳤던 아이처럼 설교자는 거짓 없이 진실을 전하는 자여야 한다. 이런 전달에는 지나친 미사여구나 수식어가 필요하지 않으며 사실을 전하는 것만으로 충분하다.

사실 모든 설교는 본질적으로 예언자적인 설교다. 우리는 다시 설교의 본질을 회복해야 한다. 자크 엘룰이 "교회의 타락은 언제나 신학자, 성직자 및 교회 지도자들이 하나님의 말씀을 자기들의 입장에서 변형시키고 왜곡시킴으로써 야기된다"[41]라는 주장을 엄중히 받아들여야 한다. 메시지를 왜곡함으로 강단이 변질되는 것은 언제나 교회를 약화하는 요인이었다. 그러므로 설교자가 청중의 취향과 스타일에

---

40 Jacques Ellul, *The Meaning of the City*, trans. Dennis Pardee (Grand Rapids: Wm. B. Eerdmans Publishing Co., 1970), 37.
41 자크엘룰/자크엘룰 번역위원회 옮김, 『뒤틀려진 기독교』 (서울: 대장간, 1998), 307.

맞추는 '듣기 좋은 설교'를 추구할 것이 아니라 청중이 마땅히 '들어야 할 설교'를 전해야 한다. 그렇게 하기 위해서는 무엇보다 성경 본문에 충실한 예언자적인 설교가 회복되어야 한다.

(2) 삶의 실천을 위한 윤리적 설교

설교는 하나님의 말씀을 삶 속에서 구체적으로 실행하는 도덕적 실천이 필요하다. 특히 사회적 공신력이 추락한 한국교회는 설교의 윤리적 차원이 회복되어야 한다. 다시 말해서 하나님의 말씀을 선포하는 것으로 끝나는 것이 아니라 삶의 현장에서 실제로 살아내는 실천을 통해 설교의 윤리성이 회복되어야 한다는 것이다. 캠벨은 설교의 윤리적인 차원에 깊은 관심을 가졌는데, 그는 설교하는 것이 하나님의 창조 세계를 억압하는 세력에 대한 비폭력적인 저항과 삶의 실행(practice)을 통해 덕을 수행하는 것으로 이해한다. 그러므로 청중은 옛 습관을 벗어버리고 이 세상의 어두움의 권세와 대항하면서 하나님의 나라를 세워나가는 윤리적인 실천의 삶을 살아야 한다.

설교는 사변적인 언어의 유희가 아니라 말씀의 실재를 드러내고 그것을 삶으로 살아내도록 돕는 사역이다. 설교가 행해질 때 설교자를 통해 윤리적 실행이 먼저 이루어지고, 청중에게도 윤리적 선택권이 제시된다. 결국 설교는 성도들의 실천적인 삶과 제자 된 삶을 통해서 선한 영향력이 행사될 때 비로소 설교의 역할을 다하는 것이다. 사회적 이미지가 추락한 한국교회 시점에서 윤리적 실천이 따르는 설교는 그 어느 때보다 절실하다. 즉, 하나님의 프락시스(praxis)로서의 설교는 세상 속에서 말씀의 실천이라는 행동을 요구한다. 마치 사도행전 11장에서 안디옥교회가 말씀을 받고 그 가르침을 잘 따랐을 때 비로소 그리스도인이라는 칭송을 받은 것처럼(행 11:26), 그리스도인들이 삶 속에서 설교의 가르침을 따르고 행할 때, 다시 말해서 실천으로 옮길 때 비로소 그리스도인이라 일컬음을 받게 된 것임을 알아야 한다.

이런 맥락에서 설교는 예수님의 이야기에 대한 윤리적인 순종이며 제자도의 행동이다. 설교를 통해서 청중은 세상을 볼 수 있는 비전을 발견하고, 세상의 가치관을 따라 사는 것과는 다른 길을 살도록 결단해야 한다. 무엇보다 한국교회에서 깊이 강조되어야 할 것은 삶 가운데서 진리를 실천하는 일이다. 설교가 단순히 개인적인 위로나 격려의 차원을 넘어 본질적인 차원인 삶의 변화가 이루어지도록 해야 한다. 더 나아가 사회에 선한 영향력을 끼침으로 비기독교적인 세계관과 가치관을 성경적으로 세우는 공적 설교의 역할이 회복되어야 한다. 자크 엘룰이 주장한 실천은 진리의 '진정성의 시금석(試金石)'이라는[42] 말을 다시 새겨야 한다.

오늘날 우리는 가짜가 난무하는 세상에 살고 있다. 무엇이든 복제가 가능하기 때문에 문서, 각종 음악 CD, 영화 DVD를 쉽게 복사하고, 심지어 동물과 사람마저도 복제하려고 시도하고 있다. 그러다 보니 무엇이 진짜인지 쉽게 분간하기가 어렵다. 그런 까닭에 진짜를 그리워하고, 오리지널(original)을 경험하고 싶어 하는 경향이 나타났다. 기독교에 대해서도 본래의 기독교, 진정한 기독교를 알고 그것을 경험하기를 원한다. 교회가 가식과 거짓된 위선의 가면을 벗어버리고

---

42 Ibid., 14.

진정성을 되찾음으로 복음의 본질을 다시금 붙잡아야 할 이유이다.

그러므로 한국교회는 하나님의 말씀에 대한 적실한 해석과 동시에 세상 속에서 윤리적이고 공적인 삶을 살아냄으로 초대교회처럼 사회를 향한 공적인 선한 영향력을 회복해야 한다. 성도 한 사람 한 사람이 사회 속에서 그리스도인으로서 선한 영향력을 발휘할 때 비로소 교회는 성장할 것이며 공적 교회의 역할을 감당하게 될 것이다. 결국 설교는 성도들의 가치관에 변화를 일으켜 매일의 삶으로 실천될 때 비로소 그 생명력이 발휘되는 실천적이고 윤리적인 사건임을 기억해야 한다.

(3) 그리스도 중심적 설교

새로운 설교학이 개인의 문제나 사회적인 이슈를 강조함으로 그것의 근저에 있는 신학적인 가르침을 명료화하는 데 실패했다는 비판은 피할 수 없는 일이다. 현대 설교가 문화적 흐름에 편승한 결과로 기독교 설교가 갖는 신학적이고 교육적인 기능이 둔화하고, 예수의 죽음과 부활이라는 복음의 깊이와 능력이 소홀해지는 결과를 초래한 일면이 있다. 하지만 이보다 더 근본적인 문제는 제임스 톰슨(James Thompson)이 제기한 것으로 비기독교 문화권과 포스트모던 사회에서도 여전히 새로운 설교학의 간접적(귀납적) 전달 방식이 유효한 것인가 하는 것이다. 다시 말해서 1950~60년대 북미는 기독교 사회로, 기독교 전통 안에서 성서의 이야기를 듣고 자란 세대로 복음을 귀납적으로 전달하는 것이 유효했지만, 현재 한국 사회는 '후기 기독교 사회'(a post-Christendom)라고 볼 수 있다. 즉, 청중은 성경에 대해 거의 알지 못하고, 기독교가 상대적 가치가 되어버린 포스트모던 문화 속에서 자란 세대이기 때문에 성경의 이야기를 직접적인 방식으로 복음을 강조해서 전해야 한다는 것이다.[43]

톰슨의 지적은 한국교회에도 시사하는 바가 크다. 오늘날 한국 사회는 사도 바울이 복음을 전했던 전 기독교 사회와 무관하지 않다. 특히 지금의 청중은 개인들의 복합(a mix of individuals)으로, 기독교 메시지에 친숙한 사람도 있고, 그렇지 않은 사람도 있다. 현재 비기독교인이 전체 인구의 70% 정도를 차지하고 기독교가 아닌 타 종교의 신앙 전통이 지배적인 토양 안에 있기 때문에 사실상 한국교회는 선교지와 같은 상황이라는 인식을 해야 한다. 더욱이 한국 사회는 기독교 문화가 정착하기도 전에 포스트모던 문화의 영향으로 다양한 가치관과 비전들이 혼재하는 가운데 기독교를 상대적 가치로 받아들이는 문화 속에서 살고 있다. 이런 현상은 청장년층을 대상으로 더 뚜렷이 나타나고 있고, 탈교회화 현상을 가속하는 요인으로 작용한다. 이러한 한국교회의 상황을 고려할 때 북미의 기독교 사회를 전제로 발흥한 귀납적인 전개 방식의 새로운 설교학은 한국교회에서 그 한계가 드러나며, 나아가 신학적인 재고와 목회적인 보완이 절실하다고 본다.

본래 기독교 공동체는 예수 그리스도의 이야기를 나누면서 자신들의 정체성을 확립해 나가는 공동체이다. 캠벨은 설교를 예수님의 이야기를 나누는 것이며, 복음서와 성경의 핵심적 인물인 예수님의 정체성을 드러내는 것이 되어야 한다고 주장하였다. 조 스토웰(Joe

---

43 James W. Thompson, *Preaching Like Paul: Homiletical Wisdom for Today* (Louisville, KY: Westminster John Knox Press, 2001), 9-13.

Stowell)은 이렇게 진술하였다.

설교는 그리스도 중심적이어야 한다. 예수님은 성경의 주된 이야기와 노선이며, 우주의 창조자이시며, 하나님의 최고 정점의 계시이다. 그러나 종종 설교에서 예수님을 잃어버린다. 하지만 진정한 설교자는 청중의 마음과 생각을 그분에게로, 그분의 인격으로, 그분의 부르심으로, 삶을 변화시키는 그분의 거룩하신 아름다움으로 인도하기를 원한다. 설교와 사역의 마지막 날에 사람들이 나는 잊고 예수 그리스도만 알게 되기를 바란다.[44]

그동안 한국교회 설교는 청중의 개인적인 차원에 편향되어 있었고, 신앙을 통한 축복이 복음의 핵심인 것처럼 선포된 측면이 있다. 그러나 그리스도가 설교의 중심이 되고 예수의 이야기가 주된 내용이 됨으로써 설교의 본질이 회복되어야 한다. 번영 신학이 강단을 지배하고, 물질주의와 외형주의가 목회의 지배적인 이데올로기가 되는 것을 지양하고, 그리스도를 통한 구원의 복음이 핵심적인 것으로 설교되어야 한다. 한국교회 초기에 보여 준 것처럼 어떤 설교를 해도 예수 그리스도가 중심이 된 설교가 회복되어야 한다. 더 나아가 그리스도 중심적인 설교를 통해서 교회 공동체가 바로 세워져야 한다. 교회가 유기적인 공동체로서 세상을 향해 그리스도의 향기를 발하며 하나님 나라를 확장해 나가야 한다.

---

44 해돈 로빈슨/전의우 외 4명 옮김, 『성경적인 설교와 설교자』 (서울: 두란노, 2006), 472-473.

5. 나가는 말

알리스터 맥그래스(Alister McGrath)는 "기독교가 21세기에도 주요
종교로 살아남으려면 20세기에 일어난 비극과 잘못으로부터 교훈을
얻어야 한다"고 주장한다.[45] 뉴노멀 시대를 맞이하여 위기에 직면한
한국교회는 맥그래스의 충고를 엄중히 받아들여야 한다. 최우선으로
고려해 보아야 할 사항은 설교가 청중에게 적합하고 여전히 설득력을
발휘하는가 하는 것이다. 이것은 비단 설교의 형식에 관한 문제일 뿐
아니라 커뮤니케이션으로서 전달의 방식을 포함하여 설교가 행해지
는 전반적인 예배 상황까지를 포괄하는 문제이다.

위에서 살펴본 것처럼 서구 설교학계를 중심으로 변천해 온 설교
패러다임이 기존 패러다임의 주장을 전면적으로 부정하면서 자신의
패러다임으로 대체하려는 주장에 이의를 제기하였다. 그래서 한국교
회는 어느 한 패러다임을 전적으로 수용할 것이 아니라 각각의 장점
을 비판적으로 수용해야 할 것을 제안하였다. 그러한 근거로는 인간
에게는 가변적 요인과 불변적 요인이 있고, 한국교회 예배와 설교가
갖는 특수한 목회적 상황이 있기 때문이다. 그러므로 한국교회는 전
통적 설교학과 새로운 설교학 그리고 후기자유주의 설교학이 가진 특
징과 장점을 한국교회의 고유한 상황에 적합하도록 비판적으로 수용
해야 한다.

한 번 더 정리를 하자면 연역적 전개 방식의 전통적 설교학도 신노
년층을 위해서는 여전히 유효한 방식이며, 인간의 종교적 심성이 가

---

45 알리스터 맥그래스/박규태 옮김, 『기독교의 미래』 (서울: 좋은 씨앗, 2005), 17.

장 예민한 장례식이나 하루 중 생체리듬이 가장 저하된 새벽 예배에서는 효과적인 방식이고, 지역적 특성을 고려한다면 소도시나 농어촌 지역에서 적용할 것을 제안하였다. 그리고 새로운 설교학의 적용은 주로 자의식이 높고 참여적인 성격이 강한 청장년층에게는 귀납적 설교와 내러티브 설교가 추천할 만한 방식으로, 설교의 결론에 적극적으로 동참케 함으로 삶의 변화를 끌어내기에 적합하다고 제안하였다. 그 밖에도 간접 대화 이론에 근거한 이야기 설교 방식도 청중의 참여와 동일시를 경험하게 하는 효과적인 방안이 될 것이고, 전달의 효과와 오감을 자극하기 위해서 다양한 특수 설교도 교회 상황에 따라 활용할 것을 제안하였다. 마지막으로 후기자유주의 설교학은 시대를 분별하는 예언자적 설교와 설교의 윤리성과 실천성이 회복되어야 하고, 성경을 통해 드러난 예수의 정체성을 드러냄으로써 교회 공동체를 세우는 설교를 제안하였다.

첨언하자면 설교 패러다임의 변화와 설교 형식의 변화는 현재 진행형이라고 생각한다. 한국교회 설교자와 목회자가 설교의 형식은 물론 내용 그리고 전달의 방법에 이르기까지 각고의 노력을 기울임으로써 현재 한국교회가 당면한 위기를 기회로 삼을 수 있기를 희망해 본다. 보스톤의 위대한 설교자였던 필립스 브룩스(Phillips Brooks)는 "아직 세상은 들어야 할 최선의 설교를 듣지 못하고 있다"고 했다. 이것이 오늘도 설교자가 쉴 수 없는 이유이며, 설교에 대해 고군분투하며 지속적으로 노력해야 할 이유이다.

3장

사도적·선교적 교회

: 하나님 나라 성장을 위한 참된 교회의 길

_ 김신구

이 글[1]은 계속 침체하는 한국교회의 상황을 건강하게 역전시키려는 의지를 담은 연구 글이다. 여기서 건강한 역전이란 교회의 본질적 유형과 의미를 기초로 현재 한국교회의 현상을 객관적이고 균형 잡힌 시선으로 관찰하여 이를 극복하기 위해 힘썼다는 말이다. 이런 뜻에서 필자는 오늘날 한국교회의 문제점을 크게 다섯 가지로 지적한다. 첫째, 신학과 현장의 벌어진 간극, 둘째, 신학적 · 현상적 적합성의 괴리, 셋째, 에큐메니컬적 관점에서만 연구 · 논의되고 있는 한국교회의 목회신학적 · 실천신학적 · 선교신학적 대안과 방법론, 넷째, 대체로 보수적인 복음주의 신학에 기초한 한국교회의 개혁, 갱신, 건강, 성장, 선교의 잘못보다 코로나19 이후 한국교회를 향한 한국 사회의 부정적 담론에 경도된 듯한 사회적 차원의 교회론, 다섯째, 유럽과 북미의 선교적 모델을 그대로 적용하려는 신학적 논의나 대안 등을 조금 우려한다.

그러나 이 글에서는 이러한 우려를 크게 비판하거나 지적하진 않

---

1 2023년 한국기독교학회 52차 정기학술대회에서 주제발표한 것으로 「신학과 실천」 88 (2024)에 실은 논문, "하나님 나라 성장을 위한 참된 교회의 길, 사도적-선교적 교회"를 보완 · 확대한 글이다.

는다. 왜냐하면 새로운 선교적 모델 운동이나 사회적 시선을 고려한 신학과 교회론 연구는 나름의 가치도 충분히 있기 때문이다. 그런데도 필자가 우려를 표명한 이유는 그런 연구와 논의가 교회의 두 가지 본질적 기능의 조화, 곧 복음 전도와 사회적 책임의 '균형'보다 공적 차원에서 사회적 책임과 의무를 묻는 식의 연구와 논의에 편중된 듯한 느낌을 지울 수 없기 때문이다. 이는 에큐메니컬 신학이 주장하는 성육신적 파송의 선교 방향만 지나치게 강조한 것이 아니냐는 생각이다. 그래서 필자는 교회 유형의 본질적 균형보다 편협한 신학과 교회 운동의 행보가 과연 현재와 미래 한국교회를 균형 잡힌 참된 교회로 견인할지 불분명하다고 본다. 이에 본 연구는 복음주의와 에큐메니컬의 신학과 선교 방향이 균형을 이뤄야겠지만, 한국교회의 신학적·정서적 적합성을 고려한다면 에큐메니컬적 선교적 교회보다 '복음주의적 선교적 교회'가 더 적절하다고 본다.

이런 이해로 이 글은 본래 교회가 모이고 흩어지는 두 가지 모습이 있듯이 현대 신학에서 강조해야 할 교회론과 교회 운동도 두 형태의 균형을 지향해야 함을 중시한다. 선교신학적 진영 논리로 말하면 복음주의는 복음 전도와 제자 삼기를 목적으로 교회 개척과 성장을 통한 세계 복음화가 최종 목표이고, 에큐메니컬은 하나님 나라 구현을 위한 사회적 책임을 목표로 창조 세계의 샬롬을 최종 목적으로 삼는다. 다시 말해 모이고 흩어지는 두 형태가 균형을 이뤄야 한다는 말은 복음주의와 에큐메니컬의 신학과 선교 방향이 조화로운 목회와 교회 운동을 전개해야 한다는 말이다. 이런 뜻에서 본래 교회가 하나님 선교의 양방향(하나님-교회-세상, 하나님-세상-교회) 형태로 존재했다면, 모이는 교회 운동인 교회 성장학과 흩어지는 교회 운동인 선교적 교회는 얼마든지 협력할 수 있어야 한다. 또 최근 한국교회에서 활발히 전개 중인 새로운 선교적 모델 운동도 홀로 길을 모색할 것이 아니라 기존 제도권 교회의 선교적 변화로서 복음주의적인 선교적 교회 운동과 두 갈래로 전개되어야 할 필요가 있다. 말하자면 내부적으로는 교회 성장적 관점을 견지하면서 외부적으로는 창조 세계의 샬롬을 추구할 때 비로소 하나님 나라의 지속적 성장을 위한 참된 교회와 운동일 수 있다는 말이다. 이는 존 웨슬리의 "내적인 은혜의 외적인 표지"(an outward sign of an inward grace)[2]의 의미와도 일맥상통한다.

따라서 필자는 이 글을 통해 교회 성장 운동과 선교적 교회 운동의 융합적 관점에서 조지 헌터의 '사도적'과 찰스 벤 엥겐의 '선교적'을 결합해 '사도적-선교적 교회'라는 좀 더 업그레이드된 교회 유형을 한국교회에 제언한다. 이런 차원에서 필자는 리디머교회를 사도적-선교적 교회의 한 유형으로 판단했고, 설립자인 팀 켈러의 복음 이해와 목회 방향도 함께 살폈다.

한편 여러 선교적 교회론자 중 벤 엥겐의 교회론을 살핀 것은 그의 참된 교회가 하나님 나라의 계속 성장으로서 교회 성장적 관점을 견지하는 선교적 교회이기 때문이다. 더불어 헌터는 사도적 교회의 성장 유형으로 리디머교회를 지목한다. 이런 이유에서 조지 헌터, 찰스 벤엥 겐, 팀 켈러를 살피는 것은 복음주의적 선교적 교회, 곧 사도적-선교적 교회의 목회신학과 선교 방향에 부합한다. 바로 이것이 본 글의 지향점이다.

---

2 박은규, "웨슬리의 예배와 성례전," 「신학과 실천」 2(1998), 15.

1. 들어가는 말

　포스트모던과 과학 문명의 급속한 발전은 현대 사회를 빠르게 세속화해 탈종교 및 탈기독교(Post-Christian)화 시대로 바꿔가고 있다. 이런 상황에 놓인 현대 신학은 교회의 올바른 역할 수행을 위해 상황화(contextualization) 신학의 중요성과 필요성을 강조하는 분위기다. 이는 시대 문화적 급변에도 초대교회처럼 역동적 등가적인 교회3로 존재하기 위한 건강한 비평의식과 성육신적 전략이 필요하다는 뜻이다.

　그런데 이런 상황에서도 우리가 좀 더 생각해 볼 것은 여전히 북미 지역에는 전통적인 신앙과 도덕관을 지닌 사람이 많고, 과거 성장한 주류 교회들의 쇠퇴에도 복음주의 교회가 대체로 건재하다는 점이다.4 물론 기독교의 영향력은 서구뿐만 아니라 한국에서도 급락(急落)했고, 특히 코로나19 이후 한국 사회는 기독교를 사회악으로 여기는 인식이 높아졌다. 그러나 본디 교회는 타락한 인류를 하나님과 화해케 하고, 창조 세계를 보전하는 총체적 선교(wholistic mission 또는 통전적 선교[holistic mission])5의 임무를 갖기에 지구 전체의 일은 교회의 과

---

3 세상의 모든 교회는 성경적인 교회 모델과 내용적 측면에서 일치해야 한다. 하나님의 원뜻을 전달하는 도구인 교회는 시대 문화를 초월하여 다른 새로운 세대와 사람들이 이해하고 수용할 수 있는 문화 형식들로 새롭게 만들어져 가는 과정이 필요하다. 이런 의미로 역동적 등가적인 교회란 성경적 교회 모델인 초대교회와 같이(등가적인) 어느 곳, 어떤 상황에서도 본질적 역동성을 행사하는 교회를 뜻한다. 찰스 크래프트/임윤택·김석환 역, 『기독교와 문화』(서울: CLC, 2006), 509.

4 팀 켈러/장성우 역, 『탈기독교 시대 전도』(서울: 두란노, 2022), 8-9.

5 총체적 선교와 통전적 선교의 의미는 같으나 복음주의에서는 총체적으로, 에큐메니컬에서는 통전적이라는 단어를 사용하고 있다. 어떤 학자들은 같은 뜻을 다른 단어로 사용하는

제다. 따라서 교회는 어떤 시공간적 변화에도 문화적 · 정서적 적합성을 띤 복음의 증언과 선교적 접점을 통해 하나님의 선교적 사명을 성실히 수행할 수 있어야 한다.

그렇다면 오늘날 한국 기독교의 현실은 어떤가? 안타깝게도 여전히 한국교회는 외적 성장과 교단적 행보에 열을 올리고 있고, 선교적 운동의 새로운 목회 형태로 주목받는 '이중직 목회'(Bi-Vocational Ministry)와 '일터 교회'(Entrepreneurial Church)에 대해 우려의 눈초리가 있다. 하지만 직면한 현실에 대해 조건 없이 간과할 수 없는 한국교회는 '새로운 교회의 표현들'(Fresh Expressions of Church) 운동과 함께 비제도권 교회가 조금씩 증가하면서 전통적인 교회와 진보적인 교회의 양극화가 나타나고 있다. 이런 이유로 본 글은 대체로 보수적인 복음주의 신학에 기초한 한국교회의 신학적 · 정서적 · 현상적 특성들을 고려하여 어떤 형태의 교회가 한국교회 상황과 크게 충돌하지 않으면서 하나님 나라의 성장을 추구하는 '복음주의적인 선교적 교회'(evangelical missional church)인지 논하기 위해 조지 헌터(George G. Hunter III), 찰스 벤 엥겐(Charles van Engen), 팀 켈러(Timothy Keller)의 교회론을 살핀다.

특히 이들의 교회론에 나타난 굵직한 공통 신학은 하나님 나라의 성장적 관점에서 교회 성장(또는 교회 성장 운동)과 선교(또는 선교적 교회 운동)를 양분하지 않는다는 점이다. 이런 점을 토대로 필자가 업그레

것을 앞으로 풀어야 할 과제라고 말하지만, 이렇게 사용하게 된 두 진영의 역사적 흐름을 살피면 한 단어로 통일한다는 것은 쉬운 일이 아니다. 하지만 필자는 여기서 '총체적'이라는 단어를 선택적으로 사용했는데, 이것은 이 글이 추구하는 선교적 교회(Missional Church)가 복음주의적 차원의 교회이기 때문이다.

이드한 한국형 교회의 이름은 '사도적-선교적 교회'(apostolic-missional church)다. 다시 말해서 사도적-선교적 교회는 '복음주의적 선교적 교회' 또는 교회 성장 운동과 선교적 교회 운동을 건설적으로 결합한 '통섭적 교회'(consilience church)의 유형 중 하나라고 말할 수 있다.

물론 어떤 이는 좀 더 포괄적이고 광의적인 개념에서 '사도적'(apostolic)이라는 용어가 이미 '선교적'(missional)에 포함된다고 말할 수도 있다. 또 '사도'라는 용어의 그리스어 '아포스톨레'(*apostole*)가 라틴어의 '미시오'(*missio*)라는 점을 들어 동어 반복인 두 용어를 결합하거나 통섭한다는 말이 과연 옳은지 지적할 수도 있다. 그러나 엄밀히 말하면 '사도적'은 현대 선교신학 중 에큐메니컬 신학보다 복음 전도와 제자 삼기를 중시하는 복음주의 신학에 더 가깝게 사용되고 있다. 곧 사도들의 사역에는 언제나 복음의 증언이 있었고, 모든 불신자가 그리스도를 영접하여 예수의 말씀에 순종함으로써 다시 그들도 사도들의 사역을 이어받는 제자화가 중심이었다. 이런 뜻에서 사도적-선교적 교회는 '사도적인' 선교적 교회를 말한다. 현세적 하나님 나라로서 창조 세계의 샬롬을 추구하는 에큐메니컬적인 선교적 교회보다 복음 전도와 제자 삼기를 통해 세계 복음화에 앞장서는, 그래서 회심 성장을 통해 하나님 나라의 구현과 그 나라의 성장을 추구하는 복음주의적 차원의 교회를 말하는 것이다.

어쩌면 이런 명명이 하나님 나라의 성장을 위해 '교회 성장'이 중요하다는 말인지, 아니면 '하나님의 선교'(*Missio Dei*)에 동참하기 위해 '선교'가 중요하다는 말인지 두 질문을 유발할 수 있지만, 언급한바 사도적-선교적 교회는 교회 성장과 선교를 양분하지 않는다. 이미 이 둘은 하나님 나라의 성장과 구현을 위한 파트너다. 교회가 비성장하면서 선교를 지속하는 것과 선교를 추구하면서 교회 성장을 간과하는 것은 현상적으로도 이해되지 않는다. 이는 작은 교회가 하나님의 선교에 동참할 수 없다는 말이 아니라 근본적으로 교회는 그리스도의 장성한 분량에 이르도록 성장해야 하며, 그것은 하나님의 선교 및 나라와 직결되어야 한다. 따라서 교회 성장과 선교를 구분하는 것이 학문적으로는 가능하지만, 실제 하나님 나라의 성장을 위해서는 합당치 못하다. 이런 차원에서 본 글이 살피는 조지 헌터, 찰스 벤 엥겐, 팀 켈러의 굵직하고 중요한 공통 신학은 하나님의 선교, 하나님 나라, 하나님 나라의 성장과 구현을 위해 교회의 건강한 성장과 선교를 분리하여 이해하지 않는다는 점이다. 이에 대해서는 교회성장학자인 도널드 맥가브란(Donald A. McGavran), 피터 와그너(C. Peter Wagner), 크리스티안 슈바르츠(Christian A. Schwarz)와 선교적 교회론인 레슬리 뉴비긴(Lesslie Newbigin)[6], 하워드 스나이더(Howard A. Snyder)도 모두 결을 같이한다.

이제 이 글의 구체적인 내용은 뒤에서 살피기로 하고, 각 장에 대해 간략히 소개하겠다. 먼저 2장은 현재 한국 사회의 모습과 변화 양상에 대해, 3장은 이러한 한국 사회의 모습과 변화에 직면한 한국교회와 한국 신학(목회신학, 선교신학)의 좋은 점과 한계점에 대해, 4장은 한국 상황에 맞는 새로운 교회의 유형으로 사도적-선교적 교회의 개념에 대해 논하겠다. 그런 다음 5장에서는 오늘날 한국교회가 사도적-

---

6 레슬리 뉴비긴이 교회 성장을 비판한다고 말하는 학자가 있지만, 그것은 교회성장학자들이 지나치게 외적 성장을 추구하는 결과로써의 성장주의를 중심으로 비판한 것이지 뉴비긴은 교회를 엄청나게 사랑한다. 더불어 선교적 교회론이나 에큐메니컬 신학은 결코 교회의 비성장을 말하지 않는다. 덧붙이면 뉴비긴은 선교적 교회의 창시자로 불리지만, 실제로 그는 '선교적 교회'라는 용어를 사용하지 않았다.

선교적 교회의 관점에서 나아가야 할 현실적 도전과 목회 방향을 여섯 가지로 설명하겠다.

2. 한국 사회 그리고 한국교회와 신학의 현재

21세기 현상이 그렇듯이 유례없는 압축 성장을 이룬 한국은 근대화의 물결과 제4차 산업혁명의 급변 속에서 다양한 도전과 위기에 직면해 있다. 오늘날 한국 사회의 문제를 살피면 포스트모던 사회의 다원적 구조와 인식변화, 저출생과 초고령화, 다문화적 변화, 디지털 스마트 시대, 비혼주의의 부상, 개인주의와 나노 현상, 혈연·지연·학연 중심의 연고주의적 인정주의와 성공지향주의, 사회적 지위와 권위를 중시하는 집단이기주의, 정치적 양극화와 종교적 결탁, MZ세대의 가치관 부상, 탈종교 및 탈기독교 현상, 환경오염 및 기후변화, 미래에 대한 불확실성 등을 들 수 있다.

특히 코로나19 이후 한국 사회는 한국교회를 사회적 혐오의 대상으로 전락시키기까지 했다. 그런데도 비대면이 해제되고 대면의 시기를 맞은 한국교회는 다시 전통적이고 보수적인 목회 패러다임을 고집함과 동시에 비대면 당시 비중 있는 역할을 했던 온라인의 중요성을 간과하고 있다. 이에 목회데이터연구소와 희망친구기아대책이 합작으로 한국 사회의 전반적인 분위기와 한국 개신교의 상황을 살펴 한국교회의 목회 방향을 담은 『한국교회 트렌드 2023』을 출간한 것은 참으로 반가운 일이다. 그러면 이 책이 말하는 한국교회 트렌드는 무엇일까? 그것은 다음의 표와 같다.

플로팅 크리스천 (Floating Christian)	여러 교회를 떠돌아다니며 자유로운 신앙생활을 추구하는 크리스천
SBNR (Spiritual But Not Religious)	교회를 벗어나 홀로 신앙생활을 하며 영적인 것을 추구하는 크리스천
하이브리드 처치(Hybrid Church)	온라인과 오프라인의 장점을 균형 있게 활용하는 교회
몰라큘 라이프(Molecule Life)	넓고 다양한 관계에서 필요한 관계만 추구하는 생활
액티브 시니어(Active Senior)	연령과 상관없이 활동적이며 새로운 시도를 하는 노인 세대
쫓아가면 도망가는 MZ (Millennial Generation)	최신 트렌드와 이색적인 경험을 추구하며 끊임없이 변화하는 젊은 세대
올라인 교육(All-Line Education)	온라인, 오프라인 가정의 신앙 교육을 아우르는 교육
퍼블릭 처치(Public Church)	교회의 공공성을 강조하고 지역사회와 연계하며 신뢰를 회복하는 교회
격차 교회(Polarization Church) 서바이벌 목회(Survival Ministry)	코로나로 심하게 벌어진 대형 교회와 소형 교회의 양극화 현상
기후 교회(Climate Church)	태초의 원형과 창조 질서 회복을 위해 앞장서는 교회

이 표에 따라 현대 그리스도인들의 특징을 살피면, ① 기존 제도권 교회의 속박에서 벗어나 자유롭게 신앙생활 하길 원한다. ② 넓고 많은 관계보다 깊고 느슨한 관계를 원한다. ③ 새로운 변화와 활동을 끊임없이 추구한다. ④ 교회 안을 넘어 교회 밖 교육에 대한 필요성을 느낀다. ⑤ 문턱을 높이거나 폐쇄적인 교회가 아니라 세상과 연대하고 공존하면서 사회적 영향력을 행사하길 원한다. ⑥ 환경과 기후에

대한 우려와 함께 지구를 살리는 일에 앞장서길 원한다.

다음으로 살펴볼 다른 책은 『목회트렌드 2024』이다. 이 책은 현대 교회가 추구해야 할 목회 방향으로 네 가지7를 강조하는데, 그것은 ① 브랜드 교회, ② 콘텐츠 교회, ③ 소통하는 교회, ④ 창의적 교회다. 각 유형을 간략히 정리하면 다음과 같다.

목회 트렌드 2024

브랜드 교회 (church brand)	마케팅(실용주의적 방법론과 같은)을 접고 하나님의 형상이라는 영적 브랜딩(교회성)으로 목회를 시작하라
콘텐츠 교회 (content church)	시대 문화에 걸맞은 옷을 입고 다양한 세대에게 접근해 성경의 이야기를 나눌 수 있는 성경 스토리 콘텐츠를 많이 만들어라
소통하는 교회 (connected church)	소통의 시대에 한 손에는 성경, 다른 손에는 SNS라고 말할 정도로 세상과 소통하는 성육신적 방식으로 접근하라
창의적 교회 (creative church)	견고한 교리와 근본주의에서 벗어나 비판을 수용하고, 공감하면서 사랑받고 존경받을 수 있는, 소위 세상보다 좋은 존재가 돼라

사실 한국 목회자나 신학자라면 이런 내용을 한 번만 훑어봐도 현대 트렌드에 걸맞은 목회 패러다임이 무엇이며, 이에 따라 사역의 전환도 시급하다는 것을 쉽게 알 수 있다. 하지만 오늘날 한국교회는 두 책에서 말하는 현대 그리스도인들과 현대 사회의 요구를 충분히 수용할 만큼의 힘이 턱없이 부족하다. 어쩌면 이런 트렌드는 말 그대로 트렌드이기에 서울과 수도권, 대도시를 제외하면 이런 방향으로 목회하기가 좀처럼 쉽지 않다.

---

7 김도인·이경석·박윤성 외 6인, 『목회트렌드 2024』 (파주: 글과길, 2023).

그런데도 더욱 안타까운 것은 이런 노력과 검증된 데이터가 있고 새로운 전환의 필요성을 충분히 느끼면서도 대부분 한국교회는 현실에 안주하거나 과거의 잘못을 답습하듯 여전히 외적 성장과 방법론적인 것에 더 관심이 높다는 것이다. 교회의 본질로부터 자연스럽게 흘러나오는 참된 교회(the true church)의 모습을 살펴 현금의 목회적 어려움을 갱신과 개혁, 성찰과 변화의 기회로 삼지 않고 "어떻게 하면 좀 더 거대해질까?", "어떻게 하면 개체교회의 교인 수를 더 늘릴 수 있을까?"에만 혈안이 된 것만 같다. 그래서 계속해서 나타나는 문제가 외적 성장에 대한 집착, 교회 건물의 비대화, 목회자와 중직자들의 윤리적 문제, 교회 공동체의 내부적 갈등, 목회자 세습, 교단 정치를 위한 행보와 같은 것들이다. 상황이 이렇다 보니 목회자들과 성도들은 서로에게 교회 부흥과 성장의 책임을 전가하면서 문책하고 힐난하기에 바쁘다. 이처럼 전반적인 한국교회의 모습이 이렇다 보니 세상에서 떳떳하게 자신이 기독교인임을 나타내기가 부끄러울 정도다.

게다가 코로나19 이후 추락한 한국교회는 한국 사회가 트집 잡기에 딱 좋은 사회적 요인처럼 인식돼 버렸다. 언론과 드라마 등 매스컴에서는 이를 놓칠세라 점점 기독교의 이미지를 기피의 대상으로 설정해 각인시키는 것처럼 보인다. 그러니 참된 교회의 모습을 잃어버린 한국교회가 세상을 향해 복음을 전하거나 여러 가지 사회봉사를 통해 소금과 빛의 역할을 감당하고는 있지만, 이런 다양한 노력과는 달리 기독교에 대한 한국 사회의 부정된 담론과 인식은 너무 매정하고 견고하다. 급기야 한국의 목회신학자와 선교신학자들은 1990년대 중후반부터 줄곧 침체한 한국교회에 참된 교회의 모습을 알려 본질적 교회로 살아가도록 유럽과 북미의 새로운 선교적 모델 운동을 제안하는 중이다. 최근에 활발히 이뤄지고 있는 선교적 교회 개척 및 운동이나 새로운 선교적 모델 운동으로 일터교회와 같은 것들이 그러한 유형이며, 선교적의 의미로 일어나고 있는 교회 운동으로 풀뿌리 운동, 마을 목회, 사회적 교회, 공적 교회, 생태(녹색) 교회와 같은 것들이 있다. 이 운동들이 추구하는 신학을 살피면 하나님의 선교적 관점에서 모이기에 힘써 양적으로 성장하는 교회보다 세상을 위한 '성육신적 교회' (incarnational church)로 흩어져 하나님의 창조 세계를 돌보는 교회 운동이라고 말할 수 있다.

그런데 좀 더 살펴볼 것은 이런 선교적 교회 운동의 기본 신학이 복음 전도와 사회적 책임을 모두 포함하는 통전적 선교를 말하지만, 창조 세계의 샬롬을 더 추구하는 에큐메니컬 신학에 가까우며, 구두 복음 전도보다 복음 증거로서 대사회적 봉사와 섬김을 삶의 예배로 더 강조한다는 점이다. 그러다 보니 오늘날 한국교회의 선교신학적 논의와 연구는 한국 기독교에 대한 한국 사회의 부정적 담론과 함께 증언적 복음 전도보다 대사회적 책임과 기능으로서 복음 이해와 일상적 실천을 중시하는 분위기로 흐르고 있다.

하지만 한국교회와 한국 신학을 향해 필자가 말하고 싶은 것은 세계적인 세속 도시로 알려진 뉴욕 맨해튼 한복판에서 변증법적 구두 복음 전도와 복음 운동을 통해 한 도시의 변화를 일으키고 있는 리디머장로교회(Redeemer Presbyterian Church)의 사역과 영향력에 주목할 필요가 있다는 것이다. 적어도 세속화로 본다면 한국 사회와 문화는 뉴욕만큼 세속화가 진행되었다고 볼 순 없다. 그렇다면 한국교회는 맨해튼에서도 기독교적 영향력을 행사하고 있는 리디머교회가 어떤 교회이며, 설립자인 팀 켈러의 목회관과 사역 방향에 대해 도전받아야 한다. 왜냐하면 세속화의 정도를 차치하더라도 동시대를 살아가는 리디머교회의 영향력보다 한국교회의 영향력은 턱없이 부족하기 때문이다. 또 현재 한국교회는 한국 사회로부터 엄청난 지탄을 받고 있기 때문이다. 그리고 한국교회는 내부적으로도 서로를 향해 손가락질을 일삼을 만큼 말 못 할 상황이 너무도 복잡하게 얽혀 있다.

더구나 한국교회는 전통적인 교회 성장 운동 창시자들의 의도와 뜻을 왜곡한 채 외적 성장과 대형 교회만을 꿈꿔 왔고, 상대적으로 오늘날에는 참된 교회의 본질로서 하나님의 선교를 추구하는 선교적 교회 운동을 펼치면서 세상을 향한 선교적 흩어짐을 강조하는 것이 한국교회와 신학의 분위기다. 그러나 코로나19 이후 한국교회는 내적 공동체성의 회복이 절실한 데다가 세상을 위한 흩어짐으로써 선교적의 의미를 이해조차 못 하는 것처럼 보인다. 그렇다면 이런 상황에서 선교적과 창조 세계의 샬롬을 추구하는 에큐메니컬 선교의 의미가 보수적인 복음주의 신학에 기초한 한국교회의 신학과 정서에 적합할까? 과연 내적 공동체성에 적신호가 켜진 지금의 한국교회에 에큐메니컬 선교의 의미는 깊이 공감되고 수용될까? 물론 이런 필자의 생각은 선교적 교회 개척과 운동, 새로운 선교적 모델 운동이 한국교회에 조건 없이 적합하지 않다는 말이 아니다. 오히려 이런 선교적 운동들이 한국교회에서 전개되는 것은 매우 기쁜 일이다. 그러나 한국교회의 신학적·정서적 적합성을 고려한다면, 복음주의적 관점의 선교적 교회 운동이 함께 전개될 필요가 있다는 말이다. 이런 차원에서 리디머교회의 복음 운동은 한국교회에 유의미하다.

달리 말해서 리디머교회가 전개한 변증법적 복음 전도와 복음 운동으로 통합적 사역은 한국교회가 살펴야 할 중요한 교회 운동의 한

지점이라고 생각한다. 곧 1990년대 중후반부터 계속 침체하여 헤어나지 못하는 한국교회는 복음의 증언으로서 '사도적'의 의미 그리고 교회 성장 운동과 결을 달리하지 않으면서 하나님의 선교에 동참하는 '선교적'의 의미를 균형 있게 살필 줄 알아야 한다. 이런 뜻을 가지고 3장에서는 '사도적'의 의미와 '선교적'의 의미를 살펴본 다음, 조지 헌터의 사도적 교회와 찰스 밴 엥겐의 선교적 교회 그리고 팀 켈러의 복음 이해와 함께 사도적-선교적 교회의 유형으로서 리디머교회의 목회 방향에 대해 살펴보겠다.

3. 참된 교회의 길, 사도적-선교적 교회

1) '사도적'의 의미

'사도적'은 기독교 역사에서 참된 교회의 교리적 의미를 논할 때마다 등장한 중요한 용어다. 니케아 신경(Niceno-Constantinopolitan Creed)은 "하나인 거룩하고 보편적이고 사도로부터 이어오는 교회를 믿나이다"(We believe… one holy catholic and apostolic Church)라는 문구를 통해 참된 교회의 속성을 네 가지로 확정한다. 그런데 여기서 "사도로부터 이어오는"이라는 표현은 통일성, 보편성, 거룩성과 짝을 이루는 사도성(apostolicity)을 말하는데, 이것이 바로 헌터가 주장한 '사도적'의 근거다.[8]

---

8 최동규, "조지 헌터의 사도적 교회론과 존 웨슬리의 사역," 「선교신학」 51(2018): 237-238.

전통적으로 교회를 사도적이라고 할 때, 그것은 근본 교회가 사도들의 사역 위에 세워졌음을 말한다. 이것은 사도적 교회의 의미가 사도들이 아니라 그들에게 부여한 내외적 '기능'에 있다는 뜻이다. 이런 맥락에서 크레이그 밴 겔더(Craig Van Gelder)는 교회의 본질로서 사도적의 의미를 복음 메시지와 조직적 발전을 위해 부여받은 '청지기직'으로 이해한다. 그래서 그는 하나님의 권위가 교회의 메시지를 통해 교회 안에서 가시화되고, 다시 그것은 구조와 사역을 수행하는 과정에서 가시화된다9고 말한다. 그러니까 교회의 본질적 기능인 사도성은 교회 내 복음의 메시지가 울려 퍼짐으로써 하나님의 권위가 세워짐과 동시에 교회의 모든 구조와 사역 방식에서도 복음이 드러나야 한다는 말이다. 따라서 사도적이라는 용어의 초점은 사도들이 아니라 그들이 마땅히 행해야 할 '기능'에 있으며, 그중 '복음 선포'는 절대적이다.

이런 이유로 벤 엥겐은 사도성을 설명할 때 요한복음 13장 20절 (영접)10과 20장 21절(파송)11을 언급하면서 교회는 여기에 나타난 그리스도의 사역과 역할을 본받아야 한다고 주장한다. 그것은 성부께서 성자를 세상에 보내시고, 예수께서도 제자들을 세상에 보내심으로써 사도직의 삶을 살게 하신 것처럼 교회도 예수께서 맡겨 주신 사명을 따라 그리스도의 몸으로서 사도적 삶을 살아야 한다는 말이다. 이런 차원에서 벤 엥겐은 교회에 주신 성령의 은사를 살피는데, 그의 주장

---

9 크레이그 밴 겔더/최동규 역, 『교회의 본질』(서울: CLC, 2015), 82; Ibid., 238.

10 "내가 진실로 진실로 너희에게 이르노니 내가 보낸 자를 영접하는 자는 나를 영접하는 것이요 나를 영접하는 자는 나를 보내신 이를 영접하는 것이니라"

11 "예수께서 또 이르시되 너희에게 평강이 있을지어다 아버지께서 나를 보내신 것 같이 나도 너희를 보내노라"

은 이 은사들이 모두 세상에서 교회가 감당해야 할 사역이라는 것이다. 결국 이것은 예수께서 교회에 사도적 사명과 사도직을 양도하셨다는 뜻이고, 이처럼 양도된 사도직은 초대교회를 지도했던 제자들에게서 발견된다. 곧 진리를 새롭게 선포하고 예수의 행함과 같은 기적을 행함으로써 바른 진리를 보여 주는 것과 못 걷는 사람이 일어나고, 죽은 자가 살아나고, 가난한 자에게 복음이 전파되는 것이다.[12] 하지만 이것은 사도들을 통해 나타난 신비한 일들이 오늘날에도 똑같이 재현돼야 한다는 말이 아니라 그들의 사도적 기능이 교회 구조와 사역 그리고 모든 교회 구성원을 통해 안팎으로 나타나야 한다는 말이다. 그래서 바울은 사도행전 13장 2-3절과 46-47절에서 메시아적 선교를 위해 사용되었던 사도직 용어를 그의 동역자에게까지 확대 적용한다. 여기서 사도행전 13장 47절인 "주께서 이같이 우리에게 명하시되 내가 너를 이방의 빛으로 삼아 너로 땅끝까지 구원하게 하리라"는 모든 교회가 그리스도의 사역을 계승한 사도들처럼 세상 한 가운데에 복음을 밝혀 드러내는 증언과 구현을 위한 선지자, 제사장, 왕으로서의 직능을 감당해야 한다는 뜻이다.

이 세 가지 직능을 간략히 살피면, 선지자는 공중, 사회, 종교적인 필요를 채워주는 일을 했고, 제사장은 사람들의 개인적인 일과 영적인 일들을 도왔으며, 왕은 조직과 국가적인 필요를 채우는 일을 감당했다. 그리고 이 세 종류의 직분과 사역은 신약 시대로 와서 그리스도께 맡겨졌는데, 이에 대해 페리(Lloyd M. Perry)와 쇼척(Norman Shawchuck)은 "예수께서 자신을 대신해 각 지역의 모든 교회가 이것

---

12 찰스 벤 엥겐/임윤택 역, 『하나님의 선교적 교회』 (서울: CLC, 2014), 205-208.

을 잘 감당하도록 '세 직분-한 사역'(three-in-one ministry)의 지속적인 진행을 위해서 '목회자'를 부르셨다"고 말한다.13

한편 선교적 교회의 관점에서 마이클 프로스트(Michael Frost)와 앨런 허쉬(Alan Hirsch)는 크리스텐덤(Christendom) 교회가 선교적으로 변하려면 사도적 리더십으로의 전환이 중요하다고 말한다. 그들은 이런 전환 없이 선교적 교회의 등장은 불가능하며, 설령 생겨나 생존하려 해도 리더십 구조의 결여로 지속이 불가능하리라 전망한다.14 둘의 생각을 좀 더 살피면 이들은 사도적 리더십을 에베소서에 나타난 두 매트릭스, 곧 리더십과 사역으로 구분하여 기존의 5중 사역을 사도(apostle), 선지자(prophet), 복음 전하는 자(evangelist), 목사(shepherds), 교사(teacher)라는 용어로 바꾸어 "APEST"로 명명한다.15

물론 프로스트와 허쉬는 교회의 수적 성장을 추구하는 끌어모으는(attractional) 방식의 교회가 아닌 하나님의 선교를 위한 성육신적 교회로서 교회의 모든 구성원을 교회 밖으로 끄집어내는(extractional) 선교적 교회론을 주장하지만, 여기서 강조점은 이 모두(끌어오든 끄집어내든)가 선교로 부름을 받은 자들의 공통된 주요 '기능'이라는 점이다. 따라서 교회는 전체 공동체가 사도적이고 복음 전도적이어야 한다는 것이 두 사람의 공통된 주장이다.16 이런 의미로 사도적의 본질적 기

---

13 Lloyd M. Perry and Norman Shawchuck, *Revitalizing the Twentieth Century Church* (Chicago: Moody, 1982), 143; Ibid., 210-211에서 재인용.

14 마이클 프로스트·앨런 허쉬/지성근 역, 『새로운 교회가 온다』 (서울: IVP, 2016), 299.

15 Michael Frost and Alan Hirsch, *The Shaping of Things to come* (Peabody, MA: Hendricson, 2003), 165-181; Alan Hirsch, "What is APEST?" https://www.thefor ottenways.org/what-is-apest.aspx 허쉬는 APEST를 '사도적 환경'(Apostolic Evinment)이라고 말한다.

16 프로스트와 허쉬는 교회로 모이게 하는 구조를 '경계 구조'(bounded sets)라고 말하고,

능과 사역은 다음과 같이 정리할 수 있다.

(1) 교회의 전 구성원은 그리스도께 부름을 받아 훈련된 사도로서 제자
라는 강한 소명 의식을 위한 제자훈련과 소그룹 양육을 실행한다.
(2) 훈련된 교회의 전 구성원은 다시 세상을 향해 파송된 사도들처럼 그
리스도를 알지 못하는 모든 불신자에게 복음 증언의 선포력을 행사
한다.
(3) 세상 속 그리스도인들은 자신의 일상에서 그리스도의 성품적 사랑
과 희생적 섬김을 통해 세상 문화를 하나님 나라의 복음 문화로 바
꾸는 초월적 힘을 발휘한다.
(4) 어떤 상황에서도 복음이 스며들 수 있도록 문화적 적합성을 연구함
으로써 가장 성육신적인 선교 방법이 무엇인지 모색하고 실행한다.

어찌 보면 사도적은 선교적 의미와 일맥상통하는 것처럼 보인다.
하지만 엄밀히 말하면 사도적은 창조 세계의 샬롬을 추구하는 에큐메
니컬적 선교보다 '복음 전도'와 '제자 삼기'에 초점을 둔 복음주의적 선
교의 의미가 짙다.

2) '선교적'의 의미

'선교적'의 의미를 올바로 이해하기 위해선 이 용어가 사용된 역사
적 배경을 살피는 것이 적절하다. 초기 '선교적'이라는 용어는 '선교

모인 그들을 세상으로 파송하는 구조를 '중심 구조'(centered sets)라고 표현한다. Ibid.,
301, 306-307.

활동'을 지칭할 때 사용되었다. 이는 1883년 존 본(C. E. John Bourne)의 책『리빙스턴의 죽음에서 1882년까지의 아프리카 발견과 모험의 영웅들』(*The Heroes of African Discovery and Adventure, from the Death of Livingstone to the Year* 1882)에서 중부 아프리카의 '선교적 주교'(Missional Bishop)로서 토저(A. W. Tozar)를 "투지가 넘치는 목사"로 표현하면서부터였다. 이후 1907년 선교적이라는 용어는 홈스(W. G. Holmes)의 책『유스티니아누스와 테오도라의 시대: 서기 6세기의 역사』(*The Age of Justinian and Theodora: A History of the Sixth Century AD*)에서 성직자들의 활동, 곧 모든 지역과 민족이 성직자들의 신조를 따르게 한 "선교적 활동"(Missional activities)으로 간주하면서 "미셔널"이라는 용어를 사용하게 되었다.[17]

그런데 이 용어가 초기 선교적 투지에서 선교적 활동으로 이어졌다가 좀 더 조직적 차원으로 발전하여 사용된 것은 1977년 린그렌(Alvin J. Lindgre)과 쇼첵이『당신의 교회를 위한 경영론』(*Management for Your Church*)에서 조직의 사명 및 시스템과 함께 모든 교회 조직의 존재 이유와 활동의 목적 그리고 성취하여 얻으려는 기대가 무엇인지를 질문하게 되면서였다. 그리고 다시 선교적은 1990년 캘러헌(Kennon L. Callahan)이 저서『효과적인 교회 리더십』(*Effective Church Leadership*)에서 "미셔널"을 "선교적 구조"(missional structures)라는 조직의 방식으로 사용하기에 이르렀다.

이처럼 선교적의 의미는 여러 과정을 거치면서 점점 본질적이고 신학적으로 발전하게 되었다. 이것은 1983년 두보스(Francis DuBose)

---

17 크레이그 밴 겔더 · 드와이트 J. 샤일리/최동규 역,『선교적 교회론의 동향과 발전』(서울: CLC, 2015), 91-92.

의 저서 『보내시는 하나님』(*God Who Sends*) 안에 "보내심: 선교적 신학으로서의 성경신학"(The Sending: Biblical Theology as Missional Theology)이라는 한 부분에서 "선교적"을 "보내시는 하나님의 선교"에 연결하여 사용하게 되면서부터였다. 그러면서 "선교에 관한 신학(a theology of mission)이 아닌 선교적 신학(a missional theology)으로서 신학이 선교학적으로 이해될 필요가 있다"라고 여기게 되었다.18

오랜 역사를 거쳐 오늘날에 이르게 된 "선교적"의 의미는 현재 '하나님의 선교'라는 본질적 용어로 사용되고 있으며, 보쉬(David J. Bosch)와 뉴비긴을 통해 온전한 구원을 위한 "삼위일체 하나님의 선교"(The Mission of the Triune God)로 이해되고 있다. 이것은 지금껏 교회를 통한 선교로서 선교의 주체가 교회에서 하나님께로 전환하는 계기가 되었음을 의미한다. 이러한 현대 선교신학적 관점에서 교회는 더는 선교의 주체가 아닌 '하나님의 선교'를 위한 도구적(instrumental)이고 표상적(representational)인 의미로 이해되고 있다. 그런데 이를 좀 더 올바로 이해하기 위해서는 그 역사적 배경도 함께 살피는 것이 좋다.

세상을 하나님의 선교적 무대로 인식하게 된 것은 1910년 에든버러 세계선교대회(Edinburgh World Missionary Conference)를 기점으로 존 모트(John R. Mott)의 『이 세대 안에 세계의 복음화』(*the Evangelization of the World in This Generation*)를 통해서였다. 이후 선교적 인식이 급변한 것은 1952년 IMC(International Missionary Council, 국제선교협의회, 이후 'IMC') 빌링겐 선교대회에서 요하네스 호켄다이크(J. C. Hoekendijk)가 제시한 전통적 선교관의 문제와 칼 하르텐슈타인(Karl Hartenstein)

---

18 Ibid., 94-95.

의 "하나님의 선교" 개념이 공식적으로 채택되면서부터였다. 이것은 전통적인 교회 중심의 선교에서 "삼위일체 하나님의 선교"로 기존 패러다임의 전환을 요구하면서 교회 간 협력과 연대에 대한 논의 그리고 에큐메니컬 운동이 본격화한 계기가 되었다.[19] 반면 이것은 현대 선교신학을 정립하는 변혁의 사건이면서 복음주의와 에큐메니컬 진영의 첨예한 논쟁의 시작점이기도 했다.

그러나 1961년 뉴델리에서 IMC와 WCC(World Council of Churches, 세계교회협의회, 이후 'WCC')가 통합한 이후 1975년 WCC 나이로비 제5차 대회에서 복음화와 인간화가 모두 중요하다는 "통전적 선교신학"(holistic Missiology)의 개념이 주목받게 되었고,[20] 이후 WCC는 선교와 전도에 대한 공식 성명서로 1982년 중앙위원회에 의해 승인된 "선교와 전도: 에큐메니컬 확언"(Mission and Evangelism: An Ecumenical Affirmation) 문서를 통해 예수의 복음은 '영적 복음'과 '물질적 복음'을 분리하지 않고 이 둘을 포함하는 통전적 선교의 신학적 당위성을 주장하기에 이르게 되었다.[21] 이런 과정을 건너오면서 통전적 선교에 대한 두 진영의 합일점은 2000년대에 접어들어 더욱더 확고해졌다. 곧 복음 전도와 사회적 책임의 우선성 문제는 더 이상 논의 대상에서 제외되었다. 그런데도 통전적 선교신학은 구원의 문화를 복음의 문화

---

19 임희모, "에딘버러 선교사대회와 한국교회의 선교신학 정립: 1910년 에딘버러 세계선교 사대회 100주년 기념 2010년 한국 대회 자료집을 중심으로," 「선교신학」 27(2011), 256.

20 김태연, "1910년~2010년 현대 선교의 흐름 평가 — 자비량/전문인 선교의 입장에서," 「신학과 선교」 36(2010), 13.

21 세계교회협의회, "선교와 전도: 에큐메니컬 확언," 세계교회협의회/김동선 역, 『통전적 선교를 위한 신학과 실천』 (서울: 대한기독교서회, 2007), 56.

로 확장했다는 놀라운 업적을 남긴 것으로 평가되지만, 이것이 가진 한계를 말하면, 발단에서 알 수 있듯이, 그 성격이 외부적인 것에 초점이 맞춰져 있다는 점이다. 이런 맥락에서 오늘날 선교적 교회를 지향하는 주장들은 주로 통전성을 온전성(integrity, 내외적 균형과 통합)의 의미보다 외부적 의미로 이해하는 경향이 있다.

결론을 맺으면, 사도적은 교회 안에서 디다케적 가르침과 행정력을 행사하면서 밖으로는 파송된 사도들처럼 케리그마적 증언과 사도적 봉사를 통해 복음을 증언하는 것으로서 초점은 복음 전도와 제자 삼기다. 그래서 사도적은 교회를 중시하며, 복음주의적이고 구속사적으로, '하나님-교회-세상'(하나님→교회→세상)의 순서로 하나님의 선교 방향을 이해한다. 하지만 선교적은 선교적 활동과 조직적 구조의 역사를 거치면서 교회의 선교가 아닌 하나님의 선교로서 세상에서의 삶과 일터를 비롯해 궁극적으로는 창조 세계의 샬롬에 초점을 둔다. 이런 까닭에 선교적은 교회가 아닌 하나님 중심으로 에큐메니컬적이고 약속사적으로 '하나님-세상-교회'(하나님→세상←교회)의 순서로 하나님의 선교 방향을 이해한다.

3) 조지 헌터의 사도적 교회

헌터는 사도적이라는 용어가 교회 전통에서 중요하지만, 현대 교회들이 아무렇게나 붙일 만한 용어가 아니라고 말하면서 이 용어와 함께 복음 증거와 제자 삼기를 강조한다.[22] 그러면서 몇몇 교회[23]를

---

22 조지 G. 헌터 3세/한대훈 역, 『불신자들에게 열린 교회가 성장한다』 (서울: 서로사랑, 2007), 33-39.

사도적 교회로 부르는데, 그 이유는 다음과 같다.

    (1) '사도'라는 말의 어원적 의미와 초대교회 사도들의 경험처럼, 그들
       의 리더들은 자신들과 자신들의 교회가 교회에 다니지 않는 잠재적
       그리스도인에게 복음을 전하려는 목적으로 하나님께 '부름' 받고
       '보냄' 받았다고 믿고 있다.
    (2) 그들의 신학과 말씀은 초대 사도적 기독교의 복음에 중심을 둔 것으
       로, 전통 교회에서 볼 수 있는 편협한 독단주의나 애매한 유신론 혹
       은 틀에 박힌 도덕주의 같은 것들이 아니다.
    (3) 초대교회 사도들과 그들의 공동체와 같이, 이 교회들은 오래된 복
       음의 진리를 대상 그룹에 전하기 위해 그들의 언어와 문화를 받아들
       이고 있다.
    (4) 이들 교회는 분명하게 우리가 초기 사도적 기독교에서 볼 수 있는
       몇몇 중요한 점들이 비슷하다. 재세례파, 경건주의, 종교개혁 가운

---

23 헌터는 사도적 교회로서 다음 9개 교회를 소개한다. (1) 프레이저 기념 연합감리교회
   (Frazer Memorial United Methodist Church, 앨라배마, 몽고메리), (2) 뉴 호프 커뮤니
   티 교회(New Hope Community Church, 오리건주, 포틀랜드), (3) 윌로우크릭 커뮤니
   티 교회(Willow Creek Community Church, 일리노이주, 베링턴), (4) 기쁨의 공동체
   교회(Community Church of Joy, 애리조나주, 글렌데일), (5) 새들백 공동체 교회
   (Saddleback Valley Community Church, 캘리포니아주, 오렌지카운티), (6) 브래디
   교회(The Church on Brady, 캘리포니아주, 이스트 LA), (7) 새 찬양 교회(New Song
   Church, 캘리포니아주, 웨스트 코비나), (8) 깅햄스버그 연합 감리교회(The Gingha-
   msburg United Methodist Church, 오하이오, 팁 시티)이다. Ibid., 35-36. 그리고 헌터
   는『사도적 교회』(The Apostolic congregation)에서 (9) 리디머장로교회(Redeemer
   Presbyterian Church, 뉴욕주, 뉴욕)를 촉매(catalytic) 및 확장 성장(proliferation
   growth)형 사도적 교회로 언급한다. 조지 G. 헌터 3세/전석재·정일오 역,『사도적 교회』
   (서울: 대서, 2014), 80-88.

데 나타난 감리교 사도적 운동 또한 제3세계의 성장하는 많은 교회
가 그러하다.[24]

이런 뜻에서 헌터는 사도적 교회가 새로운 형태가 아닌 지속할 교
회의 모습이며, 선교 상황에서는 더 그렇다고 말한다.[25] 같은 맥락에
서 그는 사도적 교회의 10대 특징을 다음과 같이 언급한다.

(1) 사도적 교회는 끊임없이 믿는 자들을 견고히 세우고 성경을 추구한다.
(2) 사도적 교회는 훈련되어 있고 전심으로 기도하며, 하나님께서 응답
    으로 역사하실 것을 기대한다.
(3) 사도적 교회는 교회에 다니지 않는 잃어버린 잠재적 그리스도인들
    을 이해하고, 사랑하며, 긍휼히 여긴다.
(4) 사도적 교회는 지상 명령에 순종하며, 이것을 단순한 의무가 아닌
    사명이자 특권으로 여긴다. 사실, 그들의 가장 주된 일은 복음을 들
    어 보지 못한 이들이 믿음을 받아들이도록 하는 것이다. 전도란 교
    회의 다른 사역들과 비교될 수 있는 그런 단순한 사역이 아니다.[26]
(5) 사도적 교회는 사람들이 어떻게 제자가 될 수 있는지에 대한 동기
    부여된 충분한 비전이 있다.
(6) 사도적 교회는 전도 대상의 언어와 음악, 문화 스타일들을 수용한다.
(7) 사도적 교회는 모든 믿는 자들과 구도자들을 소그룹에 참여시키기
    위해 힘쓴다.

---

24 조지 G. 헌터 3세, 『불신자들에게 열린 교회가 성장한다』, 40.
25 Ibid.
26 Ibid., 41.

(8) 사도적 교회는 모든 그리스도인을 그들의 은사에 따라 일반 성도 사역에 참여시키는 것을 중요하게 여긴다.

(9) 사도적 교회의 교인들은 정기적인 목사의 보살핌을 받는다. 그들은 목양 사역에 은사가 있는 누군가와 정기적으로 대화를 나눈다.

(10) 사도적 교회는 교회에 다니지 않는 비그리스도인들을 위한 많은 사역에 관여한다.[27]

위의 내용들을 종합하면 사도적 교회는 교회의 모든 리더에게 '부름'과 '보냄'의 신학이 뿌리내린 교회로서 이런 정체성을 가진 목회자는 모든 그리스도인이 성경을 추구하게 하면서 일반 성도 사역에 참여하게 한다. 또 초대교회에 나타난 전심의 기도와 함께 하나님의 역사적 응답을 소망하고, 궁극적으로는 교회 안팎을 넘어 하나님을 믿지 않는 모든 대상자에게 복음을 전하기 위해 그들이 이해할 수 있는 언어, 음악, 문화 방식을 띄고 다가간다.

이런 이해와 함께 헌터는 맥가브란의 교회 성장 운동이 중시한 복음 전도(한 문화 내에서)와 선교(타 문화)의 주목적으로 복음의 의미 전달과 제자 삼기, 특히 새로운 제자의 재생산을 의미심장한 삶의 변화로 이해한다. 그래서 이들이 그리스도의 몸이라는 공동체에 합세할 때 나타나는 표시가 교회의 수적 성장이다.[28] 또 교회 성장학 전통에서 교회는 '이 땅의 소금'과 '세상의 빛'으로서 복음 전도와 사회적 명령 모두를 추진하도록 정해진 두 길이 있지만, 세상의 타락한 사회 가운데서 소수의 기독교인은 영향력을 가질 수 없으므로 교회가 하나님

---

27 Ibid., 47.

28 조지 G. 헌터 3세, 『사도적 교회』, 46.

나라의 백성으로 충분히 자라 절대적 다수를 이룰 때 큰 영향력을 행사할 수 있다고 주장한다. 이런 까닭에 헌터는 복음과 그 윤리를 전달하는 복음 전도가 헌신적 백성(하나의 사회적 운동을 지배하도록 도와줄 군대)을 공급해 준다고 말한다.29

같은 맥락에서 헌터는 비기독교 종족을 전도하는 사도적 교회 회중이 공통으로 따르는 원리를 열 가지로 언급하는데, 그것은 ① 문화적 적합성, ② 정서적 적합성, ③ 소그룹, ④ 일반 성도 사역, ⑤ 그룹·사역자·회중·지도자 확산, ⑥ 사회적 네트워크 확산, ⑦ 봉사활동 사역들, ⑧ 기본적 사회 봉사활동, ⑨ 사회적 의식, ⑩ 세계 선교 참여30이다. 그리고 이 열 가지 원리는 그가 나열한 사도적 교회의 10대 특징31과도 맞아떨어진다. 이런 내용을 총망라해서 헌터의 교회론을 이해하려면, 저서『사도적 교회』의 마지막 부분, 곧 "만약 우리의 두려움이나 불편을 무릅쓰고 잃어버린 사람들을 구출하려고 항상 결단하기만 한다면, 기독교는 전 세계에 영향을 주는 운동이 될 것이다"32라는 문장에서 아주 잘 읽을 수 있다. 그래서 헌터는 복음 전도적으로 성장하는(평범한 지혜로 성장하는) 교회들에게 드는 전략적 활동을 사도적 활동33이라고 말하면서 다음의 스무 가지를 제안한다.

---

29 Ibid., 32.

30 Ibid., 2장 참조.

31 최동규는 헌터의 사도적 교회의 열 가지 특성을 다음과 같이 정리한다. (1) 성경의 원리를 따름, (2) 뜨거운 기도 생활, (3) 불신자들에 대한 사랑, (4) 복음 전도에의 열심, (5) 뚜렷한 비전, (6) 문화적 적합성, (7) 소그룹 중심, (8) 일반 성도 사역의 활성화, (9) 정기적인 목회적 돌봄, (10) 비기독교인들을 위한 다양한 사역. 최동규, "조지 헌터의 사도적 교회론과 존 웨슬리의 사역," 243.

32 조지 G. 헌터 3세,『사도적 교회』, 315.

33 Ibid., 192.

(1) 방문자들에게 반응하라.

(2) 교인들의 네트워크 안에 있는 교회에 출석하지 않은 사람을 끌어들여라.

(3) 신입 교인과 새 회심자들의 네트워크를 넘어서서 접촉하라.

(4) 불신자들과 함께 사역하면서 대화하라.

(5) 당신이 염두에 두고 있는 사람들과 관계를 맺어라.

(6) 귀 교회의 능동적인 교인과 같은 사람을 전도하라.

(7) 어떤 종교, 철학 혹은 이데올로기가 퍼져나가고 있는 집단이 수용적일 수 있다.

(8) 어떤 종교, 철학, 이데올로기가 쇠퇴하는 집단이 수용적일 수 있다.

(9) 인구 유동이 수용성을 널리 보급한다.

(10) 변천하는 문화 가운데 있는 많은 사람은 수용적으로 된다.

(11) 기독교인의 네트워크 안에 있는 사람들은 낯선 사람보다 더 수용적일 것이다.

(12) 만일 당신이 그들의 필요를 충족시켜 줄 수 있다면, 그들은 수용적으로 될 것이다.

(13) 자기들의 삶에 만족하지 못하는 사람들이 수용적일 수 있다.

(14) 변화를 경험하는 사람은 안정된 사람보다 더 수용적이다.

(15) 계층보다 대중을 목표로 삼아라.

(16) 가족과 족장의 우두머리를 대상으로 하라.

(17) 더 광범위한 사회 단위의 여론 지도자들을 대상으로 하라.

(18) 종교가 없는 사람을 대상으로 하라.

(19) 달란트, 자원을 가진 사람을 대상으로 하라. 혹은 당신의 운동이 필요할 사람을 접촉하라.

(20) 불가능한 사람을 대상으로 하라.[34]

이처럼 위 제안에서 알 수 있듯이 헌터는 교회 성장 운동의 가장 중요한 해답으로 수용적인 사람들과 먼저 접촉하고 다가가기를 권한다. 하지만 복음 전도는 언제나 불신자에게 열려 있어야 하므로 그것은 수용성이 없어 보이는, 소위 불가능한 사람에게로 향해야 한다. 그래서 헌터는 "기독교는 잃은 자들을 위한 종교다"라는 테드 터너(Ted Turner)의 말을 인용한다. 또 받아들이기 매우 어려운 말이지만, 사도들 가운데 두어 명은 식인종들에게도 전도했음을 밝힌다.[35]

그래서 헌터는 추수 신학의 관점에서 복음 전도라는 하나의 목표에 관해 모든 교회와 그리스도인이 천국의 시민을 만드는 일을 위해 주님과 합세하도록 부르심을 받았다고 말한다. 나아가 세상이 필요로 하는 기독교인 시민들을 만들고, 거대한 숫자로 세상을 다르게 만들어 갈 운동을 일으키기 위해 하나님과 합세하도록 부르심을 받았다고 말한다. 이에 그는 효과적인 전도의 실제가 어떻게 일어나는지 살피면서 비기독교인 복음화를 위한 네 가지 주제인 4C, 곧 공동체(community, 다양한 신앙 공동체), 동정(compassion, 비언어적 행위로서 사랑의 동정심), 관계(connections, 친척, 친구, 농민 사회 등 하나님의 다리로서 사회적 네트워크), 대화(conversations, 진실한 쌍방 대화)를 소개한다.[36]

결론을 맺으면, 헌터의 사도적 교회는 전통적인 복음주의 신학과

---

34 Ibid., 174-192.

35 Ibid., 192.

36 헌터는 진실한 쌍방 대화가 되기 위해 해야 할 것으로 (1) 대화에 초점을 맞추고 멈추기, (2) 대화를 안전하게 만들기, (3) 공감하면서 듣기, (4) 설득력 있으면서도 거칠지 않게 말하기 등의 대화 기술에 대한 가르침을 언급한다. Ibid., 202-238.

교회 성장학적 관점을 견지하는 교회다. 그러나 이 교회는 양적 성장만 추구하는 대형 교회의 그것과 다르다. 사도적 교회는 교회 안팎을 떠나 모든 비그리스도인을 향해 성육신적으로 다가가는 '복음 중심'의 선교적 교회를 말한다. 이로써 나타난 교회의 수적 성장은 개체교회의 성장만 위한 것이 아닌 하나님 나라의 성장과 직결된다. 이 점에서 사도적 교회의 강조점은 창조 세계의 샬롬보다 '교회의 성장'이며, 이것의 초점은 하나님의 왕국적 성장을 위한 '회심 성장'에 있다.

4) 찰스 벤 엥겐의 선교적 교회

벤 엥겐은 "선교적 교회의 본질인 통일성, 성결성, 보편성, 사도성과 함께 교회가 하나님 나라의 역동성을 가질 때 비로소 하나님 나라를 위한 선교적 교회로 존재할 수 있다"고 주장한다.[37] 그런데 그는 이에 앞서 교회와 선교의 상관관계를 주의 깊게 살피기를 권한다. 왜냐하면 이 둘은 불가분리의 관계로 독자적 이해가 불가능하기 때문이다. 그래서 그는 "교회의 참모습을 갖지 못한 선교는 신적 사도성 (divine apostolate)을 바르게 표현하지 못한 것이다. 교회 없는 선교는 선교하지 않는 교회처럼 괴물 같은 기형아일 뿐이다"라고 말한 뉴비긴의 견해에 동의한다.[38] 이런 관점에서 벤 엥겐은 뉴비긴과 같이 호켄다이크의 영향을 받은 유럽과 북미의 환원주의(reductionism)를 비판한다. 그는 이것을 교회의 본질적 특수성과 구별됨이 철저하게 세속화된 사회운동주의자들에게 잡아먹혔다고 표현한다.[39] 같은 맥락

---

37 찰스 벤 엥겐, 『하나님의 선교적 교회』, 38.
38 Ibid., 40-44.

에서 벤 엥겐은 뉴비긴처럼 교회를 사랑하고 하나님 선교의 성경적 순서(하나님-교회-세상)를 새로운 순서(하나님-세상-교회)로 바꾼 것은 선교에 참여하는 교회의 역할을 빼앗는 결과를 초래하는 극단적인 비관주의라며 비판한다.[40] 한마디로 그에게 교회와 선교는 떼려야 뗄 수 없는 동전의 양면이다. 이처럼 그의 참된 교회는 신적 사도성을 바르게 표현하는 선교적 존재이기에 교회의 관심과 주제는 선교적 사명 완수를 위한 거점, 곧 지역사회로 귀결된다. 이런 이해로 벤 엥겐은 선교적 본질의 개념을 지역과의 관계에서 살피면서 에베소서에 나타난 지역 교회의 사도성과 교회의 위치를 현세와 내세 사이의 창조적 긴장 사이에 놓는다.[41]

또한 벤 엥겐은 영원한 실제로서 선교적 교회의 본질을 가시화하는 다섯 가지 방법을 제시한다. 그것은 ① 세상을 위한 존재로서의 교회, ② 억압받는 자들과 함께함, ③ 선교, ④ 선포하는 증거,[42] ⑤ 숫자적 성장에 대한 갈망이다. 여기서 중요한 것은 보편성과 사도성의 관점에서 교회는 '세상을 위한 존재'로 '보냄을 받은' 존재이기에 그리스도의 주되심(하나님의 통치와 권세의 총괄을 위한)을 드러내는 우주적인 범주로 이해해야 한다는 점이다. 풀어서 말하면 참된 교회의 사도성은 교회가 위치한 거점을 선교적으로 해석해야 하지만, 각 지역 교회는 세상을 위해 보냄을 받은 존재이므로 그곳에서 하나님의 우주적 통치

---

39 Ibid., 46.

40 Ibid., 196.

41 Ibid., 97.

42 Charles Van Engen, *God's Missionary People: Rethinking the Purpose of the Local Church* (Grand Rapids, MI: Baker, 1991), 68; 최동규, 『미셔널 처치』 (서울: 대한기독교서회, 2017), 87에서 재인용.

와 권세를 가시화하는 보편적 교회여야 한다는 말이다.

한편 그의 교회에서 중요한 것은 저서 『참된 교회의 성장』(*The Growth of the True Church*)에서 논증한 "수적 성장의 갈망"(the yearning for growth)이다. 이것은 구약적 하나님의 우주적 관심, 신약에 나타난 모으심, 잃은 양을 찾으심, 온전케 하심, 성장케 하심 등과 같은 양적인 의미로서 인류 전체가 구원받아 하나님의 백성으로 유입되어야 함을 뜻한다.[43] 그리고 이 개념은 참된 교회의 네 가지 신조적 속성을 뚜렷이 보여 주는데, 곧 ① 유일한 교회(the one church, 통일성)는 모든 사람과 모든 것이 연합하기를 갈망하고(골 1장), ② 거룩한 교회(the holy church, 성결성)는 모든 사람에게 하나님의 거룩함을 전하기를 열망하고, ③ 보편적 교회(the catholic church, 보편성)는 사랑하는 성도들이 더 많이 포함되기를 갈망하고, ④ 사도적 교회(the apostolic church, 사도성)는 모든 족속으로 제자 삼기를 갈망한다.[44] 그래서 그의 참된 교회는 하나 되게 하고, 성화시키고, 화해시키며, 그리스도의 활동을 선포[45]하면서 '수적 성장을 계속 갈망하는 선교적 지역 교회'다.

그렇다면 참된 교회로서 선교적 지역 교회가 존재하는 궁극적인 목적은 무엇일까? 벤 엥겐은 교회의 존재 목적이 교회의 참모습과 본질을 정의하는 것으로 이해하면서 지난날 교회가 어떠했는지 역사적 관찰도 중요하지만, 교회는 이것을 넘어 하나님께서 원하시는 뜻에 합당한 존재가 되기 위해 어떠한 교회가 될 것인지와 지금 현존하는

---

43 Charles Van Engen, *The Growth of the True Church: An Analysis of the Ecclesiology of Church Growth Theory* (Amsterdam: Rodopi, 1981), 136-160.

44 찰스 벤 엥겐, 『하나님의 선교적 교회』, 137-140.

45 찰스 벤 엥겐/박영환 역, 『미래의 선교신학』 (인천: 바울, 2006), 174.

교회를 통해 하나님의 뜻을 발견할 수 있어야 한다는 린드그렌(Alvin Lindgren)의 지적을 언급한다.46 그런 다음 그는 "교회는 이 세상 안에서 구속함을 받은 공동체로서 교회의 본질로부터 발전된 교회의 목표를 확실히 정해야만 한다. 이 시점에서 다시 우리는 성경으로 돌아가 교회가 존재 이유를 밝혀 주는 성경적 용어들을 기억해 보자. 이 가운데 네 단어… 코이노니아(koinonia), 케리그마(kerygma), 디아코니아(diakonia), 말투리아(martyria)이다"라고 명시한다. 그래서 벤 엥겐은 선교적 교회의 성도들이 세상 안에 있는 지역 교회에서 코이노니아, 케리그마, 디아코니아, 말투리아를 실천하는 사역에 동참할 때 선교가 이루어진다고 주장한다. 그러면서 이 단어들에 담긴 성경적 의미를 다음과 같이 말한다.47

(1) 코이노니아: "서로 사랑하라"(요 13:34-35; 롬 13:8; 벧전 1:22)
(2) 케리그마: "예수님은 주님이시다"(롬 10:9; 고전 12:3)
(3) 디아코니아: "이 지극히 작은 자 하나에게"(마 25:30, 45)
(4) 말투리아: "나의 증인이 되리라, 하나님과 화목하라"(사 43:10, 12, 44:8; 행 1:8; 고후 5:20)

벤 엥겐의 주장은 바로 이것이 신약 시대 교회에 나타난, 예수 그리스도를 중심으로 모인 무리의 자화상이라는 말이다. 또 그는 마태복음 28장 20절, 곧 "너희와 항상 함께하리라"라는 구절을 인용하면서 예수 그리스도께서 함께하시는 그리스도인들의 모습은 네 가지 속

---

46 찰스 벤 엥겐, 『하나님의 선교적 교회』, 146-147.
47 Ibid., 148-149.

성이 나타나는데, 이런 사람들의 공동체야말로 성경적으로 참된 교회라고 주장한다.[48] 그것은 ① 왕이 다스리는 공동체, ② 왕권 통치의 중심지, ③ 왕의 통치를 선행하는 길잡이, ④ 왕의 통치에 대한 지식을 전파하는 교회다.[49]

이런 차원에서 벤 엥겐은 하나님 나라의 관점을 교회로 국한하는 것은 하나님의 통치와 모든 다른 영역에 대한 잘못을 범하는 것이므로 교회 안에서 이뤄지는 하나님 나라를 넘어 '하나님 나라를 위한 교회'가 되어야 함을 주장한다. 하지만 선교적 교회는 어떤 인간적 유토피아를 향하지 않는다. 또 개인 구원, 완전한 교제, 정의, 진리, 기쁨, 사랑, 영적 일체화만을 위해 나아가지도 않는다. 교회는 이보다 더 우주를 다스리고 통치하는 왕 되신 하나님께로 나아간다. 동시에 시작과 끝을 지향하고 성장하면서 교회의 머리이자 만왕의 왕이신 그리고 '알파요 오메가'이신 예수 그리스도를 향해 나아간다. 그래서 교회는 교회의 실상을 가르치는 것이 아닌 하나님 나라를 위한 존재로서 더 근본적이고, 더 완벽하고, 더 잘 펴져 나가는 하나님 나라를 가르치면서 동시에 그 나라의 성장을 추구하도록 이끄는 참된 선교적 지역 교회다.[50]

결론을 맺으면, 벤 엥겐의 선교적 교회는 니케아 신경의 네 가지 속성과 함께 하나님 나라의 역동성으로 '수적 성장을 갈망'하는 교회다. 참된 교회는 하나님 나라의 성장을 위해 계속해서 성장을 추구하는 교회로서 자신의 거점에 안주하지 않고, 끊임없는 비평적 상황화

---

48 Ibid.
49 Ibid., 185-192.
50 Ibid., 193-194.

를 통해 생동하고 약진하는 역동적 등가적인 교회다. 그 때문에 참된 교회는 하나님으로부터 선택받아 파송된 선교적 지역 교회로서 선교하는 교회 그 이상도 그 이하도 아니다. 따라서 본질적인 참된 교회는 거점에 대한 선교적 해석과 정체성을 가지고 그리스도를 통해 양도된 사도직, 곧 선지자, 제사장, 왕, 치료자, 자유롭게 하는 자의 직분으로 사역하면서 주변 문화와의 관계 안에서 하나님 나라의 성장을 갈망할 때 본질적으로 존재한다고 말할 수 있다.

5) 사도적-선교적 교회로서 리디머장로교회

이 절에서는 사도적-선교적 교회의 한 유형으로 팀 켈러가 설립한 리디머장로교회를 살펴볼 텐데, 이에 앞서 설립자 켈러가 말하는 복음과 교회의 사명을 이해하는 것은 매우 중요하다. 이는 사도적-선교적 교회로서 리디머교회의 신학과 교회론을 이해하기 위한 근거이며, 특히 리디머교회가 복음주의적인 선교적 교회임을 명확히 하는 부분이기도 하다.

먼저 켈러는 복음을 로잔의 총체적 선교[51]처럼 개인 구원과 세상 구원의 두 복음으로 이해한다. 여기서 전자의 초점은 회심, 변화, 새 사람이고, 후자의 초점은 온 세상의 재창조다. 안성용에 의하면 켈러는 말씀 사역으로 개인 구원을 위한 복음 전도와 제자화를, 행동 사역으로 세상 구원을 위한 사회 정의와 문화 사역의 적극적 참여를 촉구

---

51 안성용은 팀 켈러의 복음을 설명하기 위해서 전도와 사회적 책임의 관계에 대한 선언으로 '로잔 언약(Lausanne Covenant)과 『전도와 사회적 책임에 대한 로잔의 입장』에서 내용을 발췌한다. 안성용, 『팀 켈러의 복음 이해와 교회의 사명』 (서울: CLC, 2022), 25-26.

한다. 그래서 세상 구원의 복음 없이 개인 구원의 복음만 강조하면 제자도를 모르는 이기적인 그리스도인을 낳고, 개인 구원의 복음 없이 세상 구원의 복음만 강조하면 그리스도와 전도를 상실한다고 말한다.[52]

또한 그에게 상황화는 특정 시기와 지역에서 사람들이 삶에 갖는 여러 질문에 대해 그들이 이해할 수 있는 언어와 형태로, 비록 그들이 듣고 싶어 하지 않고 심지어 반대할지라도, 그들이 힘 있게 느낄 수 있는 호소와 논증으로 '성경의 답'을 제시하는 것이다. 그 때문에 켈러가 말하는 건전한 상황화란 새로운 문화에서 복음의 메시지가 해당 문화에 불필요하게 외래적인 것이 되지 않게 하면서 동시에 성경적 진리의 도전성이나 공격성이 없어지거나 흐려지지 않게 하는 것이다.[53]

그런데도 그에게 개인 구원의 복음은 세상 구원의 복음을 이끄는 토대로 우선성을 갖는다. 왜냐하면 복음의 핵심은 '하나님의 은혜'로서 이는 인간의 교만과 두려움의 문제를 해결하여 내면적 변화를 일으켜 세상의 구원을 위한 행동 사역을 가능케 하기 때문이다. 이런 까닭에 세상 구원의 복음은 개인 구원의 복음 없이 올바로 기능하거나 홀로 설 수 없다. 곧 행동 사역은 사람을 구원할 수 없지만, 구원받은 기독인의 필수 증거이기에 복음은 동전의 양면처럼 '공생 관계'다. 이런 관점에서 켈러는 복음을 중심으로 복음 전도와 사회적 책임의 균형을 말한다.

---

52 Ibid., 172-174; Timothy J. Keller, "The Gospel in All Its Forms," in *Gospel in Life*, 1, accessed September 28, 2017 참조.

53 팀 켈러 · 엔데 크라우치 외/오종향 역,『도시를 품는 센터처치』(서울: 두란노, 2018), 41-42.

그리고 켈러는 복음이 사회 정의를 촉진하는 이유를 세 가지로 말한다. 복음은 ① 정의의 중요성에 대해 깨닫게 하고, ② 빈자에 대한 긍정적 시각을 갖게 하며, ③ 빈자에게 그리스도 안에 있는 존귀한 정체성을 부여하기 때문이다. 또 복음은 건강한 문화 참여 사역을 촉진하는데, ① 그리스도인이 문화를 완전히 새롭게 고칠 수 있다는 승리주의를 무너뜨려 겸손하게 비그리스도인과 협력하게 함으로써 그리스도인이 비그리스도인과 공공선을 위해 겸손히 협력게 하고, ② 회피주의를 공격하여 개인의 경건 문제를 넘어 세상 문제에 관여케 함으로써 죄의 결과로 타락한 세상 문화에 저항하면서 동시에 세상의 구속과 회복을 바라보게 한다.[54]

같은 맥락에서 켈러는 초대교회가 보여 준 사회적 책임과 역할을 강조하면서 세상의 통념을 바꾸는 현대 교회의 사회적 자세로 다섯 가지 공동체를 주장한다. 그것은 ① 다민족 교회를 세우는 공동체, ② 빈자 돌봄과 정의 추구의 공동체, ③ 공손한 자세로 소통하는 화평 공동체, ④ 생명 존중 공동체, ⑤ 대항적 성문화 공동체이다. 이와 더불어 그는 공적 영역에 남아있는 신실한 기독교인이 되기 위해 삶의 전 영역에서 신앙과 일의 통합을 이루길 강조한다. 그래서 교회는 전 교인을 훈련해 그들 신앙과 일터의 활동이 통합되도록 도와야 할 사명이 있다.[55] 결국 켈러는 교회의 궁극적인 사명을 '제자 삼는 것'으로 못 박는다. 이처럼 그가 교회의 사명을 다소 간략히 정의한 것은 교회만이 할 수 있고, 해야 하는 일에 대한 그의 의지를 보여 준다.

---

54 켈러가 말하는 복음의 세 가지 핵심에 대해서는 Timothy J. Keller, "The Gospel in All Its Forms," 5를 참조하라. 안성용, 『팀 켈러의 복음 이해와 교회의 사명』, 177-179.
55 팀 켈러, 『탈 기독교 시대 전도』, 63-73, 88-98.

그러면 그가 말하는 그리스도의 제자는 어떤 사람일까? 세 가지로 정리할 수 있는데, ① 복음 전도, ② 이웃에 대한 정의와 자비의 실행, ③ 신앙과 직업을 통합하는 사람이다. 또 교회의 근본 사명은 모든 사람을 이런 제자로 훈련하는 것이다. 그래서 켈러는 교회가 사회 문화 변혁을 위하거나 직접 이것에 참여하는 것이 아니라 이바지한다고 말한다. 곧 교회는 모든 그리스도인을 말씀으로 훈련하고, 그들이 사적이고 공적인 삶의 모든 영역에서 성경적 세계관을 갖고 살 수 있도록 돕는 역할을 감당하는 존재56라는 말이다.

이런 관점에서 사도적-선교적 교회의 한 유형으로서 리디머교회와 켈러의 목회론에 대해 살펴보겠다. 이것은 먼저 리디머교회의 비전, 곧 "모든 민족을 위한 거대한 도시를 건축하는 것-이는 개인의 회심, 공동체 형성, 사회 정의, 뉴욕에 대한 문화적 갱신을 가져다주고 이를 통해 전 세계의 갱신을 가져다주는 복음운동을 통한 것"57이라는 문구에서 보다 선명히 드러난다. 이는 그의 저서『도시를 품는 센터처치』(Loving the City)에서 소개하듯이 '복음', '도시(문화)', '운동(사역)'의 세 가지 축으로 구성되는데, 이것은 그가 추구하는 목회론의 핵심이다. 그렇다면 리디머교회가 무엇을 중심으로 목회를 진행하는지 좀 더 실제적인 목회 핵심 가치관에 대해 살펴보겠다.

첫째, 리디머교회의 목회는 '복음 중심적'이다. 켈러의 복음은 복음의 결실과 복음 운동의 일상적 열매를 넘어 지역을 그리스도께로 돌아오게 하는 것까지 부흥에 포함한다. 그래서 지역에 대한 고민과 숙제는 지역 사역자들에게 주어진 것이며, 이것은 복음의 '파종-경작-

---

56 안성용,『팀 켈러의 복음 이해와 교회의 사명』, 180-181.
57 조지 G. 헌터 3세,『사도적 교회』, 83.

추수'의 생태계적 선순환(부흥)을 열망하는 기독교 지도자들의 대화, 토론, 배움 안에서 협업을 요청한다.[58] 특히 그에게 '복음의 상황화'는 매우 중요하다. 이것은 특정 문화에 대한 복음의 소통과 사역이 복음 자체의 본질과 독특성을 타협하지 않으면서 번역·적용하는 것으로, '상황화된 복음'은 명료하고 매력적이면서 회개를 요청하고, 문화에 적응하면서 세속 문화에 맞선다.[59]

둘째, 리디머교회의 목회는 '도시 중심적'이다. 이것은 도시에 대한 성경적 정의와 긴장, 도시의 구속사적 이해, 도시 사역의 도전과 기회, 도시 복음 사역의 실제적 이슈들을 다루면서 마치 바벨론의 유배된 이스라엘처럼, 초대교회와 바울의 선교 전략처럼 현대 교회와 그리스도인들이 복음의 효과적인 전파를 위해 세속 도시 중심에 살면서 도시를 위해 기도하고, 포용하고, 번영(섬김)을 추구하고, 동시에 대항 문화적인 선교 공동체로 살아갈 것을 요청한다.[60]

셋째, 리디머교회의 목회는 '문화 중심적'이다. 켈러는 교회가 복음적인 문화로 도시를 이끌어야 하는데도 오늘날 교회들이 현대 문화에 대응하지 못해 위기를 맞고 있다고 지적한다. 그래서 켈러는 통합적인 관점에서 다음 그림[61]과 같이 네 개의 축과 모델을 설명한다. 이를 간략히 살피면 ① 탁월한 세계관 축은 변혁주의(Transformationist) 모델로 신 칼뱅주의, 종교적 우파, 신정론주의자–재건주의자들이 이에 속하고, ② 공공선 축은 적절성(Relevance) 모델로 구도자 교회, 이

---

58 팀 켈러·엔디 크라우치 외/오종향 역, 『도시를 품는 센터처치』, 36-37.
59 Ibid., 42.
60 Ibid., 194-196.
61 Ibid., 388.

머징 교회, 자유주의-기성 교단, 해방 신학이 이에 속하고, ③ 대항 문화로서 교회 축은 반문화적(Countculturalist) 모델로 신 재침례주의, 신 수도원주의, 재침례교도, 아미쉬가 이에 속하며, ④ 겸손과 탁월성 축은 두 왕국(Two Kingdoms) 모델로 루터교 두 왕국, 개혁주의 두 왕국이 이에 속한다.

따라서 켈러는 위의 그림을 이렇게 정리한다. 각 모델에는 저마다의 장단점이 있기에 타협적 균형이 아니라 "동시적이면서 통시적으로 통제되는" 균형이 필요한데 당연하게도 이것이야말로 성경의 요구라고 말한다. 왜냐하면 각각의 모델은 중추적인 진리가 분명히 있지만 충분하지는 않기 때문이다.62

넷째, 리디머교회의 목회는 '선교적 공동체 중심적'이다. 켈러는 뉴비긴의 주장이기도 한, 곧 "세상 구원의 사명은 교회의 미션이며, '교회의 양적·질적 성장'이라고 가르친 맥가브란의 입장에 우호적이지만, 에큐메니컬 진영의 흐름이 교회의 필요성을 점점 약화했다"라는 말을 언급한다. 또 회심, 교회 성장, 기독공동체의 성숙이 선교의 중심 역할을 한다는 뉴비긴의 말도 언급한다. 그래서 켈러는 선교적인 것을 전도적, 성육신적, 상황화, 상호적, 공동체적이라고 주장한다. 하지만 이것은 오늘날 이해되는 선교적의 광의적 의미보다 다소 협의한 복음주의적이고 교회 중심적인 이해라고 말할 수 있다.63 이러한 교회 이해는 앞서 언급한 것처럼 하나님 나라를 교회 안에서만 이루려는 것이 아니라 하나님 나라와 세상을 위한 교회로 존재케 하기 위한 것이므로 교회 중심적 선교라는 말이 하나님 중심적 선교와 충돌한다고 해석하는 것은 왜곡이다. 다시 말해서 뉴비긴처럼 켈러가 말하는 교회의 선교는 하나님 나라의 선교를 위해 교회의 본질이 선교여야 한다는 말이기에 근본적으로 교회의 선교를 하나님의 선교와 대치하는 것으로 이해하는 것은 비관적 환원주의적 해석이라고 볼 수 있다.

다섯째, 리디머교회의 목회는 '통합과 균형 중심적'이다. 켈러는 기본적으로 복음이 말씀, 실천, 공동체를 통해 선포된다고 말한다. 그래서 제자 훈련은 개별적 회심과 함께 그리스도인 공동체, 사회 정의, 도시에서의 문화 갱신을 위해 필요하며, 이를 위한 사역 접점들의 통합과 균형 있는 자원 사용은 매우 중요하다. 따라서 그는 깊이 있는

---

62 Ibid., 386-390.
63 팀 켈러·팀 체스터 외/오종향 역, 『운동에 참여하는 센터처치』 (서울: 두란노, 2018), 41-55.

기독공동체의 경험과 함께 복음으로 변화된 신자 수와 빈자를 돌보는 신자 수가 비례적으로 증가해야 한다고 주장한다. 나아가 수천의 새 교회를 형성한다면 세상 사람들을 주께로 인도하고, 도시 전체의 공익 추구가 더 가능하다고 말한다.[64] 덧붙이면 이것은 맥가브란과 헌터의 주장과도 같다.

여섯째, 리디머교회의 목회는 '하나님 나라 운동 중심적'이다. 켈러는 운동과 제도의 차이점과 운동의 네 가지 핵심 성격(비전, 희생, 유연성, 자발성)을 정리하면서 교회는 건전한 기관을 넘어 생명력과 역동성을 가진 재생산적 운동을 해야 한다고 주장한다. 그래서 그는 조직화한 유기체인 교회가 부흥과 수적 성장을 함께 이뤄가야 한다고 말한다. 이로써 나타나는 기존 교회의 갱신, 자연스러운 교회 개척과 자립은 다시 '복음 도시 운동'(gospel city movement)이 되어 하나님 나라를 위한 '복음 생태계'(gospel ecosystem)를 이루게 된다는 것이 그의 결과론적 설명이다.[65]

결론을 맺으면, 리디머교회의 목회는 철저히 '복음' 중심적이다. 그래서 리디머교회의 모든 사역은 복음주의적으로 복음 전도와 제자 삼기가 핵심이다. 이런 맥락에서 상황화는 '문화의 상황화'라기보다 '복음의 상황화'로 이해된다. 또 복음의 대상자가 많은 도시는 언제나 교회의 목표이며, 복음은 불신자들을 이끌기 위해 문화의 옷을 입는다. 그리고 교회는 복음 선포와 추수를 위해 선교적 공동체로 움직이

---

64 사역 접점들은 (1) 하나님(전도와 예배를 통해), (2) 사람(공동체와 제자도를 통해), (3) 지역사회(자비와 정의를 통해), (4) 일터(신앙과 직업의 통합을 통해)로 네 가지다. Ibid., 164-166, 170-171.

65 Ibid., 299-303, 312, 330, 368-369.

면서 사역의 접점들과 통합적 균형을 이룬다. 나아가 교회는 건전한 제도적 기관을 넘어 도시(지역사회)를 하나님의 나라로 만들기 위해 생명력과 역동성 있는 재생산적 운동에 계속 참여한다. 이로써 교회는 점점 부흥을 통한 갱신과 개척을 통해 수적 성장을 추구함과 동시에 도시 복음화 운동으로 확장해 감으로써 복음 생태계를 이뤄간다. 그리하여 도시 전체는 하나님 통치의 장소로 변하고, 복음의 영향력은 세계를 향해 뻗어간다. 이것이 팀 켈러가 말하는 교회 부흥 운동이다.

이처럼 켈러에게 선교적은 복음적인 것으로 세상 문화의 변혁과 창조 세계의 샬롬을 이뤄내는 에큐메니컬적 선교보다 그것에 '이바지' 하는 선교에 가깝다. 켈러는 마치 맥가브란처럼 의도적으로 복음의 선교(적) 범위를 절제(축소)하면서 교회의 수적 성장(교회 성장학적 관점에서 이해할 수 있는, 마치 벤 엥겐이 주장했던 수적 성장을 열망하는 참된 교회처럼)과 선교를 분리하지 않는다. 그래서 리디머교회는 '복음적 사도성'으로 성장하면서 하나님 나라 운동을 위한 선교적 개척과 확장을 이뤄간다. 헌터는 리디머교회를 사도적 교회에 포함하지만, 이것은 필자가 리디머교회를 사도적이면서도 선교적인, 곧 사도적-선교적 교회로 보는 신학적 지점이다.

그렇다면 이상에서 살펴본 대로 한국교회가 사도적(인) 선교적 교회가 되기 위해 현재 시급하게 눈을 돌려야 하는 목회 방향은 무엇일까? 다음 장에서는 사도적-선교적 교회를 향한 한국교회의 실제적 도전과 목회 방향을 여섯 가지로 살펴보겠다.

4. 사도적-선교적 교회를 향한 한국교회의 실제적 도전과 목회 방향

1) 교회 성장 운동과 선교적 교회 운동의 통섭

리디머교회는 미국 내 가장 세속 도시로 알려진 뉴욕 맨해튼에서 생명력 있는 교회 중 하나로 유명하다. 특히 리디머교회가 각 지역과 세계 교회에 주목받는 대표적인 두 가지 이유를 들면, 하나는 탈종교화 시대에도 담력 있게 세속사회와 문화 안으로 들어가는 성육신적인 선교적 교회라는 것이다. 다른 하나는 에큐메니컬 신학이 짙은 현대 선교신학적 분위기에도 여전히 리디머교회는 이 시대 사람들에게 복음을 설득력 있게 증언하기 위해 구두 복음 전도를 추구한다는 것이다. 이런 점에서 리디머교회는 복음 전도가 그 사회 문화에 걸맞은 '변증법적 선포'일 때 효과적임을 증명한 '복음주의적 선교적 교회'라고 말할 수 있다.

언급한바 팀 켈러는 복음의 두 가지 의미로 개인 구원과 사회 구원을 분리하지 않는다. 복음은 동전의 양면처럼 둘 모두를 포함하지만, 켈러는 복음을 더 강조한다. 이런 차원에서 리디머교회는 통전성 있는 사역을 진행하면서도 복음의 우선성과 전 성도의 제자화를 강조한다. 또 이를 통한 교회의 내적 변화와 성장은 다시 도시 복음 운동을 위한 수많은 교회 개척(설립) 사역으로 확대된다. 그래서 켈러는 이런 확대 과정에도 본디 교회는 세상과 구분된 선교적 존재이므로 문화적 혼합주의를 경계하면서 동시에 기독교 우의의 문화 비판 능력을 갖추길 요구한다. 곧 건전한 비판 능력을 갖춘 복음의 증언이야말로 세상 속에서 본연 그대로 복음의 역동성을 발휘할 수 있다는 것이 그의 주장이다.

따라서 먼저 교회는 내적으로 세상의 통념을 기독교적 가치관으로 바꾸기 전에 디지털 세대에 대항적으로 답할 수 있는 교리 문답을 훈련받아야 한다. 이런 훈련 과정에 임하면서 세상으로 흩어진 모든 그리스도인은 자신의 신앙과 일을 통합함을 통해 그리스도인의 복음적 영향력을 행사할 수 있다.[66] 이렇게 통전적으로 균형 있는 사역을 계속하다 보면 도시 안에는 그리스도인의 수가 점점 증가하게 되고, 이런 추세는 한 도시를 하나님 통치의 지역으로 바꾸어 가는 운동으로 전개된다. 결국 모든 지역 교회가 구두 복음 전도를 통한 증언과 같이 구현하는 일상과 일의 통합 사역은 한 도시를 부흥케 하는 '지역 복음 선교 운동'으로 확대된다. 그래서 헌터는 리디머교회를 사도적 교회의 한 유형이라고 주장하면서 교회 성장학적 관점에서 촉매 및 확산 성장형 교회로 칭한다.[67] 이런 측면에서 리디머교회는 선교적 공동체 운동을 전개하지만, 그 신학적 배경은 복음주의적이다.

이상의 것들을 살펴볼 때 헌터의 사도적과 켈러의 복음 이해가 다소 에큐메니컬의 선교 의미보다 협의적인 것은 사실이다. 하지만 이 것 때문에 이들 교회론에 한계를 지적하면서 오늘날 기독교가 따르지 말아야 할 이유는 전혀 없다. 오히려 현재 한국 선교신학이 추구하는 선교적 교회론이 다소 에큐메니컬적임을 고려한다면 또 한국교회 목회 현장의 신학적 적합성, 곧 대부분 한국교회가 보수적인 복음주의 신학에 기초함을 고려한다면, 한국에서 선교적 교회 운동은 복음주의

---

66 팀 켈러, 『탈기독교시대 전도』, 75-98.
67 조지 G. 헌터 3세, 『사도적 교회』, 87.

적 차원의 논의와 추구가 더 적절하다. 더구나 근본적으로도 본디 교회는 모이고 흩어지는 두 가지 형태로 존재한다. 따라서 한국교회와 한국 신학이 하나님 선교의 양방향을 모두 인정하면서 편협한 선교신학과 교회론에서 벗어나 건강하고 균형 잡힌 교회론을 정립하기 위해서는 두 교회 운동의 조화와 협력은 꼭 이뤄져야 한다.

그런데 여기서 한 가지 짚어볼 것은 한국교회와 신학이 이해하는 교회 성장학이 상당 부분 왜곡되어 있다는 점이다. 물론 교회 성장학을 비판 없이 옹호하려는 것은 아니다. 교회 성장학의 아버지로 알려진 맥가브란이 그토록 '교회 성장'을 추구한 것은 하나님 나라와 무관한 개체교회만의 성장을 위한 것이 아니다. 협의적이긴 하지만 맥가브란은 교회 성장을 철저히 하나님의 선교적 관점에서 이해했고, 이를 위해 교회가 반드시 성장해야 한다는 주장은 하나님에 대한 그의 충성심에서 비롯된 것이었다. 하지만 그의 잘못이라면, 양적 성장을 이루지 못한 교회를 잘못된 교회, 건강하지 못한 교회로 치부함으로써 결과로써의 양적 성장에 집착했다는 점이다. 그러다 보니 맥가브란의 주장에 많은 질타가 있었던 것도 사실이다. 이에 후계자였던 와그너가 기존 선교 개념에 창조 세계를 향한 문화 위임을 포함하면서부터 교회 성장학적 선교 개념이 좀 더 현대 선교신학적으로 균형을 잡기 시작했다. 물론 그도 복음의 우선성을 강조했지만.

그런데도 한국교회에서 교회 성장학이 부정적으로 비치는 이유는 와그너 또한 그의 말년에 집착했던 신사도 운동의 여파가 크다. 사실 이것은 그가 오순절 집회에서 경험한 치유 사건 이후 성령과 은사에 대해 깊은 관심을 두게 되면서 이를 교회 성장 운동과 연계함으로써 신사도 운동으로 이어졌던 것이고, 이 운동에서 나타난 신비주의적 사역이 점점 불거지면서 교회 성장학이 현대 신학에서 천대받게 된 것이다. 하지만 이후 교회 성장학의 행보는 교회 건강론이라 불리는 성장 이론으로 독일의 크리스티안 슈바르츠의 "자연적 교회 성장학"(Theology of Natural Church Development)으로 흐르게 되었다. 한편에선 이것도 또 다른 노선의 교회 성장 운동으로 보는 신학적 주장도 있지만 말이다.

여하튼 맥가브란에 의해 초기 교회 성장학이 외적 성장에 집착했다면, 와그너는 복음의 의미에 문화 위임을 포함함으로써 교회 성장학적 선교 개념의 균형을 이뤘고, 다시 이것은 슈바르츠를 통해 내적 건강이 외적 성장으로 이어진다는 생명체적 개념에서 건강론적 교회 성장 운동으로 전개되었다. 그러니까 전통적인 교회 성장학자로 불리는 세 사람의 개념을 통합적으로 이해하면 교회 성장학 또는 교회 성장 운동은 하나님 나라와 무관한, 개체교회의 성장만을 위한 이론과 운동이 아니다. 이런 이유로 하나님 나라의 성장을 위한 교회 성장학적 핵심 가치는 '회심'이다. 이런 차원에서 교회 성장학이 강조하는 성장 유형도 불신자가 복음을 수용함으로써 얻는 '회심 성장'이고, 세계 복음화를 위해 전 신자는 예수 그리스도의 제자로 성장해야 한다는 것이 이 이론과 운동이다.

그러니까 하나님 나라의 성장을 이끄는 선교가 되려면 교회의 성장은 필수다. 비유적으로 교회 성장이 역동성을 가진 기차라면, 선교는 기차가 역동적으로 달려야 할 방향으로서 철로로 표현할 수 있다.[68] 따라서 교회 성장과 선교는 하나님 나라의 성장을 위한 파트너

---

68 김신구, 『통섭적 목회 패러다임』 (고양: 나눔사, 2023), 147.

다. 마치 교회 성장은 복음주의 운동으로만 이해하고, 사회적 책임, 문화 위임, 창조 세계의 샬롬까지 아우르는 선교적 교회는 에큐메니컬 운동으로만 이해해 서로를 양분하는 것은 오히려 하나님 나라의 성장과 구현에 방해가 된다. 이것은 교회 운동사적 흐름과 관련한 신학적 구분 중 일부이지 이런 구분이 오늘날의 현장에서도 그대로 나타나 둘이 협력을 추구하지 않는다면 참된 교회의 모습을 발견하기는 어려울 수밖에 없다. 이런 이해로 필자는 두 교회론과 교회 운동을 달리 보면서 둘의 '통섭'을 주장하는 것이다. 그러니까 이런 이해 없이 사도적과 선교적이 어떻게 통섭할 수 있냐고 반문하는 것은 교회 운동사적 흐름에 대한 이해가 부족하다고 볼 수 있다.

따라서 보수적이고 복음주의적인 신학적 토양 위에 세워진 한국교회가 현재의 상황을 극복하면서 새로운 선교적 공동체로 살아가려면 헌터와 켈러가 주장한 복음주의적 차원의 선교적 교회를 지향하는 것이 좀 더 한국교회에 적절하다. 이런 차원에서 한국교회가 사도적-선교적 교회가 되려면 교회 성장 운동과 선교적 교회 운동이 왜 통섭해야 하는지에 대한 이해가 먼저 필요하다. 곧 하나님 나라의 성장을 이끄는 참된 교회의 모습은 교회의 성장과 선교를 분리해선 안 된다. 두 교회 운동은 하나님의 원뜻에서 출발한 것이므로 둘은 이미 선교적이다. 그러므로 한국교회는 두 이론이 상생할 수 있음을 이해함으로써 호혜적으로 결합한 목회 방향을 추구해야 한다.

2) 전 성도 제자 훈련과 양육으로서 '추수꾼 리바이벌' 운동

벤 엥겐은 전기 개혁자들의 입장에서 교회 생활과 예배 중에 복음이 말과 행함으로 선포되면 세상 사람들은 그리스도를 알게 된다고 말한다. 그러면서 교회의 네 가지 속성을 역동적인 방향으로 유도한 에이버리 덜레스(Avery Dulles)의 지적을 다음과 같이 언급한다.

> 확실히 복음은 유일하고 거룩하다. 모든 사람을 향해 선포해야 할 보편성이 있다. 이것은 절대로 '다른 복음'(갈 1:6 참조)이 될 수 없기에 항상 '사도적'이다. 복음을 생활화한 교회는 이러한 특성을 드러낸다. 스스로 이러한 본질적 특성을 나타내 보여 주지 못하는 교회는 복음적인 교회가 아니며 말씀에 의해 심판을 받는다.[69]

그런데 이런 주장과는 달리 후기 개혁자들은 교회의 특성을 세상에서 이루어져야 하는 사역 그 자체보다 어떤 일이 일어나는 특정 장소, 곧 물리적인 특별 장소로 이해했다. 나아가 이들은 교회의 특성들마저 오용했다. 다시 말해 참된 교회의 네 가지 속성을 제대로 정의하지 못했다. 이로써 종교개혁 후기 개신교는 자성하지 않았고, 교회는 역동적인 역할을 계속 상실했다. 결국 교회는 내향적이면서 세상을 향해 배타적인 존재로 전락해 버리고 말았다.[70]

이런 상황이 지속되자 한스 큉(Hans Küng), 헤리뜨 꼬르넬리스 베르까우어(G. C. Berkouver), 덜레스, 루이스 벌코프(Louis Berkhof), 칼 바르트(Karl Barth)와 같은 개혁주의 신학자들은 실체를 측량하는 방법으로 교회의 네 가지 속성을 은사와 사역을 함께 표현하는 단어들

---

69 Avery Dulles, *Model of the Church* (Garden City, N.Y.: Doubleday, 1974), 126-127. 찰스 벤 엥겐, 『하나님의 선교적 교회』, 105에서 재인용.

70 찰스 벤 엥겐, 『하나님의 선교적 교회』, 106.

로 재점검해야 한다고 주장했다. 그중 사도성은 사도적인 복음을 생활 속에서 적용하여 사도처럼 살게 하고 세상을 향해 사도로 보냄을 받은 자로서의 일을 감당해야 한다는 의미인데,[71] 이에 대해 벤 엥겐은 예수 그리스도 교회의 사도성을 "선포하는 힘"이라고 말한다. 곧 교회는 주님을 알고 사랑하고 섬기기에 서로를 알고 사랑하고 섬기며, 사도들과 선지자들의 가르침에 기초하여 증거하고 동원하고 가르치는 제자들의 공동체이므로 세상에 하나님의 말씀을 선포하는 존재라는 것이다.[72] 또한 큉은 사도직을 수행하는 활동의 예로서 "복음의 선포와 증언, 시대와 국가를 초월하여 지속되어 온 세례 행위, 기도하고 성만찬을 함께 나누는 공동체, 교회 설립, 공동체 육성과 전 세계 교회들과의 연합"을 말한다.[73]

결국 본질적인 교회는 예수 그리스도를 믿고 구원받은 하나님의 백성이 궁극적으로 무엇을 지향해야 하는지를 분명하게 말해 준다. 이것은 통일성, 보편성, 거룩성에 의해 형성된 내적 힘이 자연스럽게 교회 밖인 세상을 향해 흘러넘칠 수밖에 없음을 일러준다. 이때 흘러넘침의 의미가 바로 '사도성'이다. 그래서 최동규는 참된 교회의 농도를 측정하기 위한 다섯 가지 기초 질문을 다음과 같이 제시한다.

---

71 Ibid., 108-109.
72 사도성을 "선포하는 힘"으로 이해한 벤 엥겐은 사도성의 여덟 가지 은사를 (1) 가르침, (2) 제자 삼음, (3) 교훈을 받음(고전 11:23), (4) 신학화함, (5) 천국 열쇠를 가짐(마 16:19), (6) 증거함, (7) 동원함, (8) 보냄(행 13:1-3)이라고 말한다. Ibid., 116-117.
73 정지련, "한스 큉의 교회론," 『교회론』, 한국조직신학회 편 (서울: 대한기독교서회, 2009), 292. 최동규, 『미셔널 처치』, 87에서 재인용.

(1) 성경을 가르치는 교육 프로그램이 얼마나 있는가?

(2) 교인들은 복음 전도의 사명에 대해서 얼마나 인식하고 있는가?

(3) 목회자의 설교에서 복음 전도에 관한 설교의 비중은 어느 정도인가?

(4) 복음 전도를 위해 어떤 활동들을 하고 있는가?

(5) 한 해 동안 전체 교인 대비 수세자 수의 비율은 얼마나 되는가?[74]

이런 맥락에서 헌터와 켈러(비록 그가 정치적이고 근본주의적인 상징성으로 복음주의자보다 정통파로 불리길 원했지만)는 복음주의자로서 복음 전도와 제자 삼기를 중시한다. 이처럼 복음 신학을 토대로 한 교회는 내적 변화로서 제자 훈련을 통해 성장하고, 외적 증거로서 세상을 위해 선교적으로 확산한다. 이것은 기독교의 본질로서 존 웨슬리(John Wesley)가 말한 "내적인 은혜의 외적인 표지"라는 말과도 일맥상통한다. 따라서 사도적-선교적 교회를 향한 한국교회의 두 번째 도전과 목회 방향은 모든 성도를 비공식적 사도(또는 선교사)[75]로 세우는 '전 성도 제자 훈련과 양육'을 계속 진행하는 것이다. 그래서 켈러는 일반 성도 사역의 역동성(The Lay Ministry Dynamic)을 말하면서 "전교인 복음 사역"(every-member gospel ministry)을 강조한다.[76]

그런데 여기서 잠시 생각할 것이 있는데, 홍성욱은 성도 사도직, 성도 교회, 성도 운동이라는 의미와 함께 일반 성도와의 파트너십을 선뜻 실행하지 못하는 현실적인 위험성으로 세 가지를 지적한다. 그것은 ① 교회 질서의 문란과 분열 가능성, ② 이단적 사상의 유입 가능

---

74 최동규, 『미셔널 처치』, 87-88.
75 팀 켈러, 『운동에 참여하는 센터처치』, 92-96.
76 Ibid., 96-103 참조.

성, ③ 목회자 권위 상실 가능성이다. 이런 이유로 그는 성도 동역화를 위한 네 가지 원칙, 곧 ① 기능과 은사로서의 구분, ② 공적 위임의 사역 범위 안에서의 사역, ③ 은사에 따른 사역, ④ 꾸준한 훈련을 제시한다.77 말하자면 일반 성도와의 사역은 교회의 공적 구조와 제도 안에서 자율성과 역동성이 검증된 움직임이어야 한다는 주장이다. 한편 켈러는 성도 사역의 역동성을 위한 환경적 준비로 세 가지 최소 요인을 말한다. 그것은 ① 관계적 진실성이 있는 신자들(이웃 참여, 동료·협력자·친구들에게 참여), ② 목양적 지원(대부분 솔직함과 용기만으로 가능한 것들: 비공식적 일대일, 준비되고 의도된 일대일, 그리스도인 공동체의 경험, 믿음의 나눔), ③ 안전한 공간이다.78

그렇다면 한국교회는 복음 전도와 제자 삼기를 위한 전 성도 제자 훈련과 양육을 어떻게 진행해야 할까? 먼저 여기서 염두에 둘 것이 있는데, 현재 한국교회는 다음 세대에 적신호가 켜진 상태라는 점이다. 오래전부터 한국교회는 다음 세대를 위한 목회 계획과 전략을 갈구해 왔고, 전문성 있는 목회자를 애타게 찾아왔지만, 그 갈증은 여전히 해소되지 못한 상태다. 이제 한국교회는 고령화, 인구절벽, 비혼주의 등 여러 시대적·사회적·문화적 어려움을 어떻게 극복해야 할까? 이런 상황에서 필자는 '남은 자'에 대한 선교신학적 이해가 필요하다고 생각한다. 더욱이 한국 사회보다 노인 세대층으로의 진입(분포도 포함)이 5%나 빠른 한국교회는 새로운 활로로서 남은 자(액티브 시니어처럼)에 대한 새로운 해석과 시각이 요청된다. 달리 말해 추수꾼 리바이

---

77 홍성욱, "평신도 동역화(Partnership)와 교회 성장," 「선교신학」 7(2003): 107-110.
78 켈러는 목양적 지원에 있어서 세속적 내러티브에 대항할 교리 문답이 필요함을 언급한다. 팀 켈러, 『운동에 참여하는 센터처치』, 106-127; 『탈기독교시대 전도』, 74-87.

벌 운동의 하나로서 한국교회는 "고령 친화적 교회"[79]로의 전환이 필요하다.

이 용어를 잠시 살펴면 고령 친화적 교회는 나이 듦과 상관없이 모두가 존중받는 평등 안에서 은퇴 이후의 삶을 소명으로 살아갈 여건과 지원체계를 갖춘 교회를 말한다. 고령의 연령층이 모두 참여할 수 있는 교회 공간, 시니어의 특성과 욕구에 최적화된 프로그램과 경제활동, 노인을 위한 전 생애 교육 및 학습 기회, 공식 및 비공식적 자원봉사 등을 제공할 수 있는 차원의 교회 등을 의미한다. 또 소외 및 취약 노년층에 대한 지원체계를 통해 세대 간 상호작용을 이끄는 연령통합 프로그램 개발에도 힘을 기울이는 교회를 말한다. 오해하지 말 것은 이런 노력이 말 그대로 고령 친화적 교회로 나감을 의미하는 것이지 마치 교회의 노화를 뜻하는 것은 아니다. 오히려 초고령화 시대 고령 친화적 교회로의 전환을 통해 시니어들을 활성화[80]하고, 그들의 가족, 다음 세대, 나아가 초고령화 사회와 연결점이 되어 사회 구원에 영향력을 행사할 수 있는 선교적 접점을 만들어 나가야 한다는 말이다. 그래서 시니어를 교회의 핵심 사역자로 삼아 임파워링 하고, 그들의 여가를 자원화[81]함으로써 생애 전체가 신앙 경주가 되어 그들이 달려가야 할 길을 잘 완주하도록 주체성을 북돋우는 자기 주도성과 자립성에 기반한 '액티브 시니어' 복음 운동이 일어나야 한다는 말이다.

또한 남은 자에 대한 선교신학적 이해는 다시 변증법적 복음 사역

79 지용근·김용수·조성실 외 7인, 『한국교회 트렌드 2023』 (서울: 규장, 2022), 152-153.
80 Ibid.
81 Ibid., 153-165.

(문화적·정서적 적합성을 띤)을 위한 전 성도 제자 훈련으로 이어져야 한다. 그래서 그들을 세상의 추수꾼으로 파송하는 '추수꾼 리바이벌 운동'으로 전개되어야 한다. 이를 위해 교회는 영성, 가용 인원, 세대, 공간, 재정 등 교회의 총자본을 점검하고, 역동적인 복음 사역을 위해 어떻게 교회 자본을 효과적으로 활용할 것인지 합리적으로 논의해야 한다. 그리고 평생 복음 학습을 통해 교회 전 구성원의 복음 전도적 증언과 삶의 복음적 실천을 목회 철학, 비전, 전략과 맞닿은 목회 구조로 만든 다음 그에 따라 목회가 전반적으로 운영되도록 해야 한다.

한편 한국교회의 새로운 전도 패러다임과 방향의 관점에서 최동규는 한국 상황에서의 새로운 전도 패러다임으로 ① 복음의 본질로서의 성육신적 섬김, ② 낮은 자리에서 이루어지는 약함의 전도, ③ 착하고 따뜻한 전도, ④ 삶의 이야기가 있는 전도[82]를 주장한다. 또한 하도균은 방법론적 접근을 세 부류로 나눠서 ① 수용적 부류에는 체계적으로 복음을 제시하고, ② 무관심한 부류에는 흥미 있는 소그룹으로 초대하고, ③ 적대적인 부류에는 좋은 관계 형성을 위해 힘써야 한다고 말한다.[83]

결론을 맺으면, 교회는 어떤 상황이든 그 상황을 초월하여 잃은 자를 되찾으려는 추수의 몸부림을 쳐야 한다. 교회는 종말론적 실재로서 복음 전도의 소임을 마지막 날까지 다할 때라야 사도적이고 선교적인 본질적 공동체라고 말할 수 있다.

---

82 최동규, "한국 개신교 전도의 문제점과 대안 모색,"『한국교회 전도의 새로운 방향』, 한국선교신학회 편 (서울: 대한기독교서회, 2023), 159-167.

83 하도균, "세속화 시대의 효율적인 복음 전도에 관한 연구,"『한국교회 전도의 새로운 방향』, 한국선교신학회 편 (서울: 대한기독교서회, 2023), 224-228.

3) 전인성과 기능성을 겸비한 탄력적 소그룹 운동

복음주의적 선교적 교회라는 관점에서 사도적-선교적 교회에 교회 성장학적 의미를 담는 것은 필요하다. 이런 차원에서 건강하고 균형 잡힌 탄력적 소그룹 형성을 위한 두 가지 고려점은 '전인성'과 '기능성'이다. 먼저 전인성에 대해 살피면, 제3 교회 성장학자(또는 교회 건강론자)로 알려진 슈바르츠는 소그룹을 "축소된 교회", "교회의 축소판"이라고 표현하면서 성장하는 교회는 성도 간의 친밀한 교제, 실제적 도움, 강한 영적 교류가 활발히 일어나는 전인적 소그룹을 형성한다고 주장한다. 이 소그룹은 머리, 가슴, 손의 상호 양육과 기능을 균형 있게 수행하는 공동체로서 전인적 기능은 전인적 소그룹을 위해 절대적으로 요구된다. 물론 슈바르츠는 전인적 기능이 가능한 사람만 그룹원 자격으로 못 박지는 않지만, 건강한 소그룹을 위해 전인성은 꼭 이루어져야 할 조건이다. 그래서 슈바르츠는 상생하는 소그룹을 위한 세 가지 학습 요소로 ① 정보(지식), ② 적용(실천), ③ 변화의 연결 관계와 순환을 중시한다.[84] 이는 그룹원 모두가 서로의 정보나 이야기를 자유롭게 나누고 실천함으로써 개인의 변화를 넘어 서로의 변화를 위한 촉매자로서 하나의 연결된 순환이 소그룹에서 이뤄져야 한다는 말이다.

그렇다면 이 부분을 현재 한국교회의 상황과 대조해 보자. 한국 사회가 코로나19로 사회적 거리 두기를 해제한 것은 2022년 4월 18일이었다. 그러나 우리 사회는 2년이 넘게 변화된 일상이 코로나 이전으

---

84 크리스티안 슈바르츠/박연우 역, 『자연적 교회 성장, 한국교회를 바꾼다』(서울: NCD, 2007), 41-42, 116-117.

로 돌아갈 수 있을까 물었을 때 불가능하다는 것이 공통된 인식이다. 현실을 살피면, 코로나19 이후 언택트 방식으로의 삶 전환과 사람 간 접촉이 없이도 가능한 비대면 방식의 상거래와 상품 주문이 이루어졌고, 온라인 회의는 점점 더 큰 비중을 차지하면서 재택근무의 선호가 높아졌다. 문제는 이런 비대면의 증가가 사람 간 관계를 약화한다는 것이다.[85] 이처럼 전염병 및 사회적 재난과 더불어 편의 제공의 명분으로 이뤄진 과학 문명의 급변은 우리 사회의 또 다른 사회적 단절과 고립을 낳고 있다. 우울감, 무기력함, 분노, 짜증, 스트레스, 불안감, 소외감, 자살, 1인 가구의 증가, 비혼주의와 함께 연고주의에 근간을 둔 동창회, 향우회, 친족 모임은 조금씩 약화하지만, 살롱(salon) 형태의 모임은 부상하고 있다. 그래서 전문가들은 현대 사회가 김난도가 말한 나노 사회(nano society)처럼 원자들이 다시 최소 단위로 결합하여 분자와 같이 최소한의 모임을 유지하는 몰라큘 라이프 형태를 취하리라 전망한다.[86] 말하자면 넓고 다양한 관계에서도 필요한 관계만 추구하는 생활 방식이 현대인의 삶에 자리 잡을 것이라는 말이다.

이런 시대 문화적 상황에서 현대 교회가 건강한 공동체를 형성하려면 소규모 형태, 곧 소그룹 모임을 적극적으로 활용하는 것이 효과적이다. 그룹 내 모든 구성원의 자세는 서로를 향한 자발적인 사랑과 배려에서 우러난 이해와 동정심에서 출발해야 하고, 그럴 때 그룹원 간의 소통은 자연스럽게 문턱을 낮추고 경계를 뛰어넘게 된다. 또한 소그룹이 그룹원들의 신앙을 지탱할 힘이 있다면 그룹원들 삶의 변화와 신앙적 열심은 물론 소그룹의 역동성도 향상할 수 있다. 이런 소그

---

85 지용근·김영수·조성실 외 7인, 『한국교회 트렌드 2023』, 105.
86 Ibid.

룹 분위기는 그들의 모임을 공동의 공간으로 인식하게 하여 삶의 소통과 격려를 비롯해 개인을 넘어 모두의 성숙을 북돋우는 촉매제가 되어 생명력 있는 소그룹으로 성장을 이끌 수 있다.

한편 현상학적으로 현대 사회가 탈종교화하면서 한국교회는 점점 가나안 성도와 플로팅 크리스천이 증가하는 추세다. 이런 상황에서 교회가 전인성 있는 소그룹을 확대해 간다는 것은 교회 됨을 드러내는 필연적 증거다. 또한 소그룹의 활성화는 실제로 현장 예배의 참석을 유도하는 효과적인 방법이기도 하다. 따라서 한국교회는 소그룹이 단순히 기독교인의 수적 증가를 위한 방편이 아니라 기독교의 본질로서 삼위일체 하나님의 공동체적 희생과 예수 그리스도적 성품 그리고 보혜사 성령의 하나 되게 하심을 소그룹을 통해 훈련하고 경험하는 전인적 소그룹 형태의 교회 구조와 사역으로의 전환이 필요하다.

다음 기능성에 대해 살피면, 우드워드(JR Woodward)와 댄(Dan White)은 선교 공동체의 문화 형성을 위한 환경적 중요성으로 제자 훈련 소그룹에 필요한 본질적 환경을 다섯 가지로 언급한다. 그것은 ① '학습' 환경으로 일상에서 하나님의 미래 삶의 의미를 가르쳐 하나님의 이야기 속에 살게 하고, ② '치유' 환경으로 상처 극복과 그룹원 간 화해 구현을 통해 공동체의 상황이 통전적이게 하고, ③ '환영' 환경으로 모든 사람, 특히 사회적 약자들에게까지 식탁 교제를 확대하고, ④ '해방' 환경으로 개인적·사회적 죄의 해방을 경험하면서 성령의 권능 안에서 빈자와 억눌린 자의 편에 서며, ⑤ '번성' 환경으로 제자, 사역자, 선교 단체들을 배가함으로써 이웃과의 네트워크를 통해 '보냄 받음'에 걸맞은 삶을 살도록 돕는 것이다.[87]

그런데 여기서 학습과 치유 환경은 소그룹의 기능임과 동시에 전인성과도 중복되는 기능인데, 이 외 환영, 해방, 번성 환경은 그 기능이 소그룹 내에서보다 외부자를 향하는 선교적 기능이라고 볼 수 있다. 그래서 환영, 해방, 번성 기능은 외부자의 상황에서 이뤄지기도 하지만, 외부자를 초청하여 소그룹 안에서도 그 수행이 가능하다. 이때 초청된 외부자는 소그룹을 통해 학습과 치유 환경을 경험하면서 이후 하나님께서 바라시는 삶의 진정한 의미를 발견하고, 내면적 상처를 극복함으로써 소그룹의 공동체원이 될 수 있다. 하지만 먼저 소그룹은 이런 과정이 이루어지기 전에 초기 구성된 그룹원들 간의 학습과 치유가 이뤄진 상태에서 불신자와 사회적 약자를 소그룹으로 초청하는 것이 더욱더 안전하다.

따라서 학습과 치유 환경은 우드워드와 댄이 말한 소그룹[88]의 기능적 측면에도 포함할 수 있지만, 이를 좀 더 구체화하기 위해서는 소그룹의 내적 기능으로 학습과 치유 환경을 따로 구분하는 것이 좋다. 그런 다음 외부자를 향한 소그룹 기능으로 환영, 해방, 번성을 논한다면, 소그룹은 단지 내적 친밀성과 치유에 머무르는 것을 넘어 선교적 기능으로서 하나님 나라를 직접 체험하고 구현하는 축소된 교회가 될 수 있다. 그러므로 교회 안의 작은 소그룹들은 먼저 내적으로 학습(교사적 은사), 치유(목회자적 은사)의 전인적 교제와 기능을 수행하면서 외적으로는 환영(전도자적 은사), 해방(예언자적 은사), 번영(사도적 은사)의 선교적 기능을 함께 실행함으로써 전체 교회는 점점 건강하고 탄력성

---

87 JR 우드워드·댄 화이트 Jr/이후천·황병배·김신애 역,『선교적 교회 운동』(고양: 올리브나무, 2018) 277-282.

88 우드워드와 댄은 이 다섯 가지 기능적 소그룹을 "다른 사람들이 속할 수 있는 따뜻하고 친절한 공간으로서의 선교적-성육신적 공동체"로 명명한다. Ibid., 261.

있는 사도적이고 선교적인 공동체로 존재할 수 있다.

정리하면, 한국교회는 제자 훈련과 양육으로서 추수꾼 리바이벌 운동의 원활한 전개를 위해 방만한 사역들을 소그룹 중심 체제로 전환하고, 그룹 내 전인적 학습과 치유를 통한 점진적 성숙을 꾀해야 한다. 나아가 모든 소그룹은 복음 전도적 환영으로 불신자를 초대하고, 번식, 배가, 재생산의 세포 분열식 분립을 통해 선교적 확산 운동을 이어가야 한다. 곧 교회가 사도적이고 선교적인 본질을 가지고 계속 성장하려면 전인성과 기능성을 겸비한 탄력적 소그룹 수가 많아져야 한다.

4) 가나안 성도 되찾기 운동

사도적 교회가 잃어버린 그리스도인을 되찾는 추수 신학을 강조한다는 점에서 가나안 성도[89]에 대한 관심은 필히 우선되어야 한다. 종교 사회학자들은 사회 문명의 발달이 종교의 역할과 기능을 축소해 탈종교화를 초래함으로써 세속화의 가속을 야기할 것으로 예측한다. 이처럼 한국 사회도 고도성장과 문명의 발달로 종교 쇠퇴기에 들어선 것으로 보인다. 이와 관련하여 기독교에서 주목받는 큰 문제 중 하나는 '가나안 성도의 증가'다.

한국기독교목회자협의회에 따르면, 2012년 가나안 성도는 10.5% 수준이었지만, 2017년에는 23.3%로 12.8%나 증가했다.[90] 특히 코

---

89 정재영은 가나안 성도를 다르게 "소속 없는 신앙인들"이라고도 표현한다. 정재영, "종교 세속화의 한 측면으로서 소속 없는 신앙인들에 대한 연구," 「신학과 실천」 39(2014), 575.

로나19 이후 가나안 성도 수는 급증했다. 2020년 12월에는 현장과 온라인 예배를 전혀 드리지 않은 신자가 12%였으나 21년 6월에는 10%로 감소했다가 22년 4월에는 다시 11%로 늘어났다.[91] 또 사회적 거리 두기가 해제되고 현장 예배가 재개된 22년 4월에는 주일 현장 예배 참석률이 코로나19 유행 이전의 73% 수준으로 나타났다. 여기에 온라인 예배를 드린 수를 포함하더라도 팬데믹 이전 참석자의 80%만 주일예배에 참석한 것으로 나타났다.[92] 이런 결과는 가나안 성도가 코로나19 유행 이전보다 20% 정도 증가했다고 추측할 수 있는 증거가 된다.[93]

특히 교회에 소속된 구성원 중에는 현장 예배를 드리는 사람, 소속 교회 온라인 예배를 드리는 사람, 예배를 드리지 못한 사람, 다른 교회 예배나 방송 예배를 드리는 사람이 모두 포함되어 있고, 가나안 성도의 수를 빼고 교회에 소속되어 있다고 답한 79.8%의 사람 중 약 42.6%는 현장 예배에 나가지 않는 것으로 조사되었다. 그러니까 교회에 소속되어 있지 않다고 대답한 20.2%와 교회에 소속되어 있다고 답한 사람 중 현장 예배에 나가지 않는 42.6%를 합하여 이를 전체 개신교인 기준으로 환산하면 54.2%에 해당된다.[94] 이처럼 현재 한국교

---

90 한국기독교목회자협의회, "2018년 분석리서치: 한국인의 종교생활과 신앙생활 의식조사," 「한국인의 종교생활과 신앙의식 조사 1차 발표회 자료집」, 30.

91 교회갱신협의회, "한국교회 코로나 추적조사(4차) 결과," 「교갱뉴스」 (2022.6.1.), http://www.churchr.or.kr/news/articleView.html?idxno=10871.

92 Ibid; 이경선 · 하도균, "'가나안 성도'의 교회 이탈 특징에 따른 효율적인 전도 전략," 『한국교회 전도의 새로운 방향』, 한국선교신학회 편 (서울: 대한기독교서회, 2023), 257.

93 이경선 · 하도균, "'가나안 성도'의 교회 이탈 특징에 따른 효율적인 전도 전략," 257.

94 『한국교회 트렌드 2023』에서는 'SBNR'이라는 용어를 써서 영적이지만 종교적이지 않다는 의미로 이들을 가나안 성도로 지칭한다. 그래서 이들은 플로팅 크리스천과 밀접히

회는 크리스천의 정체성과 영성의 범주가 넓어지고 있는 것으로 판단되지만, 교회에 출석하지 않지만 크리스천이라고 생각하는 사람들, 교회에 소속되어 있지 않지만 온라인 예배를 드리는 사람들, 출석 교회가 있지만 매주 예배를 드리지 않는 사람들, 출석 교회 온라인 예배를 드리는 사람 중 교회 출석 여부와 크리스천의 정체성이 분리되고 있다.[95] 이런 상황과 더불어 가나안 성도 수의 증가 문제는 현재 한국교회의 주요 현안이다.

하지만 하도균과 이경선은 현재 한국교회의 크리스천 정체성과 영성 범주의 스펙트럼이 넓더라도 가나안 성도는 분명 복음 전도의 대상이기에 최종적으로 이차적 복음 전도에 주력해야 한다고 말한다. 따라서 가나안 성도가 복음 전도의 대상이라면 그들을 과연 '성도'라고 할 수 있는지 의문스럽다고까지 말한다. 물론 가나안 성도 중에는 구원의 확신을 분명히 갖고 구원받은 자의 삶을 살고 있다는 통계도 있지만, 구원의 확신이 불확실하여 무종교적 특성을 나타내는 사람도 있기에 가나안 성도를 일반적인 성도로 이해해서는 안 된다는 것이 두 신학자의 주장이다. 이런 상황과 연관하여 현대 사회는 종교가 있던 사람이 종교를 이탈하여 다시 무종교인으로 돌아가는 종교적 흐름, 이른바 탈종교 시대가 되었다.[96] 그래서 하도균과 이경선은 가나

연관되어 있지만, 교회를 나가지 않는다는 점이 다르다. 이 책에서는 여전히 SBNR의 형태가 교회를 벗어나 홀로 신앙생활을 하면서 영적인 것을 추구하기에 개인적으로 신앙생활을 유지하는 것으로 설명한다. 지용근·김용수·조성실 외 7인, 『한국교회 트렌드 2023』, 54. 하지만 이에 대한 하도균과 이경선 이해는 다르다. 이 부분은 본문을 참조하라.

95 Ibid., 55.
96 이경선·하도균, "'가나안 성도'의 교회 이탈 특징에 따른 효율적인 전도 전략," 265.

안 성도를 다시 교회 공동체로 이끄는 것을 넘어 궁극적으로 영혼 구원의 복을 누리고 그리스도의 온전한 제자로 성장하여 세상에서 하나님의 통치를 실현하며 살아가도록 돕는 것을 "가나안 성도 전도"라고 말한다.[97]

이런 관점에서 두 학자는 가나안 성도 전도 전략을 세 가지로 제시한다. 그것은 ① '종교 성향을 고려한 전략'으로, 그들의 종교 성향에 따라 구원에 대한 확신, 교회 복귀 의사, 복귀 거부의 이유가 다르고, 교회 이탈 시간이 길수록 종교 성향도 점점 종교 다원주의, 일반 유신론적 신앙, 무신론적 신앙으로 변해가기에 반드시 종교 성향을 반영한 전도 전략이 필요하다는 것이다. ② '중간 지대 마련 전략'으로, 교회 안에서 상처와 실망을 경험한 가나안 성도가 교회가 아닌 일상에서 복음을 재확인하고, 다시 교회 공동체의 필요를 느끼게 하려면 중간 지대가 필요하다는 것이다. 그 한 지대로 온라인 공간[98]이 있다. ③ '커뮤니티 형성 전략'으로, 가나안 성도의 발생을 예방하고, 그들이 마음껏 신앙적으로 성장할 수 있도록 그들을 향한 열린 마음, 사랑, 섬김의 태도가 마련돼야 한다는 것이다.[99]

안타까운 것은 상황이 이런 데도 대부분 한국교회 목회자들은 코로나19를 지나면서 더 전통적인 방식을 고수하는 것처럼 보인다. 다시 말해 주일 현장 예배만 고집하거나 온라인을 점점 활용하지 않겠다는 목소리가 커지고 있다. 이는 이전의 방식으로 돌아가겠다는 것

97 Ibid., 264.
98 교회갱신협의회, "한국교회 코로나 추적조사(4차) 결과," 「교갱뉴스」 (2022.6.1.) http://www.churchr.or.kr/news/articleView.html?idxno=10871.
99 Ibid., 277-283.

으로 이해된다. 하지만 현재 한국교회는 기존의 패러다임을 재고해야 할 갈림길에 서 있다. 가나안 성도를 비롯해 부평초(浮萍草)형 크리스천들은 더 이상 제도권 교회 안으로 들어오려 하기보다 그 반대 성향을 보인다.

따라서 한국교회는 문화적·정서적 적합성을 띤 변증법적 복음 전도를 통한 불신자 전도와 함께 가나안 성도 되찾기 운동을 적극적으로 펼쳐 나가야 한다. 이는 교회 이탈의 문제도 있지만, 아직 이들은 공식적으로 성도이고, 종교 성향의 변화 양상을 고려할 때도 기독교에 대한 수용성과 교회 복귀의 가능성이 높기 때문이다. 더구나 가나안 성도를 되찾는 것은 한국교회의 역동성은 물론 교회 개혁과 갱신, 나아가 교회의 본질적 건강성을 위해서도 효과적인 대안이 될 수 있다.

5) 다극적 협력을 위한 '기독교 혼합 생태계' 구축 운동

현재 한국교회는 탈종교와 탈기독교 시대를 맞으면서 제도화된 관습 극복, 교회 개혁의 필요성과 함께 새로운 형태의 비제도권 교회 수가 증가하고 있다.[100] 특히 인구절벽과 고령화로 인한 다음 세대의 급격한 감소, 사회보다 빠른 교회 세대층의 고령화, 새로운 형태의 선교적 교회 개척과 운동, 이중직 목회와 같은 주제들은 한국교회의 뜨거운 감자다. 그런데 여기서 주목해 볼 것은 지금의 한국교회 상황을 돌파하려는 새로운 운동의 공통 목표가 '하나님 나라'라는 것이다. 달

---

100 정재영, "비제도권 교회의 특징에 대한 연구," 「신학과 실천」 74(2021) 895, 904.

리 말해서 공동의 비전, 곧 하나님 나라에 대한 강한 신념을 가진 사람들은 교단, 조직, 환경이 다르더라도 동역하려는 협력 개방성이 있다. 이들의 자발적인 협력은 공동의 목표를 이뤄감과 동시에 정보와 지식을 공유함으로써 함께 성장하고 함께 확장을 이뤄나갈 수 있다는 이점이 있다. 이런 이유로 90년대 중후반 이후 줄곧 침체 중인 한국교회는 최근 회자하는 선교적 교회 운동에 집중할 필요가 있다.

이 운동을 잠시 살피면 새로운 선교적 모델들은 교회 건물을 초월해 복음을 드러낼 수 있는 공공장소(공원, 주차장, 도서관, 카페, 마을회관, 시장, 일터 등)에서 새롭게 교회를 개척하는 양상을 보인다. 그래서 '교회로 나올 가능성이 없는 사람들'(unchurched people)과 관계를 맺고, '찾아가' 복음을 전하는 방식에 초점을 둔다. 이 점에서 새로운 선교적 모델들은 유기체적으로 비공식적 · 관계적 · 수평적 · 협력적 상호 관계를 맺으면서 풀뿌리 중심적 사역과 운동을 전개하는 특징이 있다.[101]

그 때문에 현재 한국교회가 역동적 등가적인 교회로 존재하기 위해서는 교단, 조직, 제도 등의 울타리를 뛰어넘는 다극적 협력 네트워크를 구축함으로써 선교적 접점들을 확보해 나가는 것이 중요하다. 무엇보다 한국교회는 하나님 나라를 구현하기 위해 제도권 교회, 새로운 선교적 모델들, 비제도권 교회의 구조적 형태와 상관없이 모두가 삼위일체 하나님의 공동체로서 유기체적 공생, 나아가 상생이 가능한 '기독교 혼합 생태계'(christian mixed ecology)를 이뤄가야 한다.

---

101 주상락은 '교회의 새로운 표현들 운동'(the fresh expressions movement)으로 '유기적 교회'가 선교적 교회 운동에 포함되지만, 큰 차이점인 교단과의 연결성을 언급하면서 둘을 비교 · 분석한다. 하지만 여기서 '유기적'이라는 용어의 사용은 '유기적 교회'(교단과 연결되지 않음)와 아무 연관성이 없다. 주상락, "인구절벽 시대에 대안적 교회개척," 「신학과 실천」 66(2019): 545-546.

아울러 기독교 혼합 생태계가 필요한 또 다른 이유는 코로나19 이후 교회의 공공성을 비롯해 지역사회와 연계하여 신뢰를 회복하는, 소위 퍼블릭 처치의 필요성과 중요성을 절감하기 때문이다. 이 뜻을 잠시 살피면 퍼블릭 처치는 교회의 공적 책임을 강조하는 차원에서 코로나19 기간 중 교회의 대응에 대한 사회적 비난을 돌아보며 긍정적인 사회적 연대와 마을목회 등을 통해 낮아진 신뢰를 다시 세우는 선교적이고 공적인 교회를 말한다.[102] 그러니까 한국교회는 단순히 종교적 문턱을 낮추는 것을 넘어 세상 안에서 성육신적으로 움직이는 존재로서 지역사회와 맞닿은 공적 접점이 필요하다는 말이다. 이는 앞서 언급한 새로운 선교적 모델들이 기존의 교회 건물을 초월해 공공장소에서 교회를 개척하려는 선교적 의미와도 부합한다.

따라서 현재 한국교회에서 선교적 교회 운동이 출발 단계임을 고려한다면 한국의 새로운 선교적 모델과 퍼블릭 처치들은 여러 환경적 다름을 뛰어넘는 개방된 논의와 연대를 위해 동역자적 네트워크를 마련해야 한다. 기독교 공동체 간의 호혜적 연결은 각 공동체의 약점을 보완해 실수를 줄일 뿐만 아니라 지속적인 상호작용을 통해 서로를 상생케 함으로써 자연스럽게 혼합 생태계를 형성케 한다. 또 지역사회에서도 계속 영향력을 행사함으로써 선교적 공동체로서의 임무 수행을 위한 환경까지 구축할 수 있다. 이는 선교적이고 공적인 차원의 새로운 교회 모델들이 영혼 구원과 창조 세계의 샬롬을 추구하는 삼위일체 하나님의 공동체로 연합할 때 사명 완수를 위한 용이한 환경들을 확보할 수 있다는 뜻이다. 따라서 중요한 것은 기독 공동체 간

---

102 지용근 · 김용수 · 조성실 외 7인, 『한국교회 트렌드 2023』, 217, 220.

파트너십과 네트워킹 능력이다. 그리고 이렇게 형성된 혼합 생태계는 하나의 생명체처럼 움직이기에 공동체 신학, 지속 가능한 삶, 경제적 자립, 인간관계의 갈등 해결과 지도력, 노동 신학 등을 실천 과제로 두어야 한다.103 특히 서로를 향한 이해와 대화, 지역사회를 향한 공동의 선교 비전은 굳게 지켜야 할 기본자세. 이런 맥락에서 켈러는 각 교회가 도시 전반의 교회와 사역 단체들의 운동 일부가 되어야 한다고 말하면서 상호 자극이 되는 협력 관계로 존재해야 함을 주장한다.

그런데 이런 켈러의 생각은 한 종류의 교회가 도시 전체를 전도할 수 없다는 데에 기초한다. 한 도시를 전도하려면 다른 신념과 관습을 가진 교회들이더라도 협력의 자세가 필요하다는 것이다. 그는 이런 관점을 "범 교회성"(catholicity)이라고 말하면서 신학적 특징을 공유하는 교단들과의 지속적인 협력도 중요하지만, 지역 수준에서 다른 교회들과 협력하는 방향으로 사역이 돌아가야 한다고 주장한다. 그에게는 이것이야말로 범 교회성을 실현하는 분명한 방법이다.104 그래서 켈러는 우리의 교회들과 사역자들이 복음 도시 운동을 위해 형성해야 할 것이 "복음 생태계"105라고 말한다. 여기서 중요한 것은 조직들, 개인들, 사상들, 영적 힘과 인간적인 힘이 상호의존적으로 균형을 이뤄야 한다는 점이다. 이러한 켈러의 복음 생태계는 다음의 그림처럼 "도시를 위한 복음 에코시스템"106으로 세 개의 동심원 안에서 설명된다.

---

103 조용훈, 『마을공동체와 교회공동체』 (서울: 동연, 2017), 181-191.
104 팀 켈러 · 팀 체스터 외, 『운동에 참여하는 센터처치』, 361-362, 364.
105 Ibid., 369.
106 Ibid., 371.

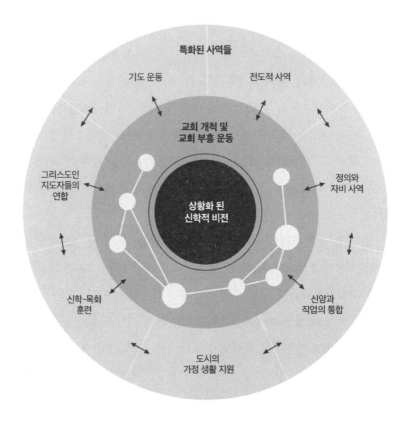

특화된 사역들

기도 운동　　　전도적 사역

교회 개척 및
교회 부흥 운동

그리스도인
지도자들의
연합

정의와
자비 사역

상황화 된
신학적 비전

신학-목회
훈련

신앙과
직업의 통합

도시의
가정 생활 지원

　　그림을 간단히 살펴보면 첫 번째, 생태계 가장 안쪽에 있는 원은 복음을 소통하고 구체화하는 방법으로 상황화된 신학적 비전이 위치한다. 두 번째, 확장된 원은 교회 개척을 비롯해 기존 교회를 복음으로 갱신함으로써 각 교단과 전통들 안에서 부흥 운동이 일어나게 한다. 마지막 세 번째, 제일 바깥에 위치한 가장 큰 원은 특화된 사역들로 전도적 사역, 정의와 자비 사역, 신앙과 직업의 통합, 도시의 가정생활 지원, 신학-목회 훈련, 그리스도인 지도자들의 연합, 기도 운동 등이 교단을 초월하여 교회 개척 및 교회 부흥 운동과 함께 동시다발적으

로 이뤄지면서 특화된 사역 간의 지속적인 상호교류를 통해 서로에게 영향을 끼친다.[107]

정리하면, 지금의 한국교회는 선교적 교회와 새로운 선교적 모델 운동이 막 전개되는 시작 단계다. 따라서 한국교회는 기존의 제도권 교회와 새로운 선교적 모델들 간의 적극적인 격려와 소통이 더욱 필요하다. 하지만 목회 구조나 형태와 상관없이 본래 교회는 하나의 거룩하고 보편적인 사도적 교회로서 공동의 비전과 목표가 있음을 인식해 언제나 원활한 네트워크와 역동적 협력이 이뤄지도록 기독교 혼합 생태계를 강화해야 한다. 이는 선교적 상황화 신학의 차원에서 오늘날 사회와 문화가 다극적이기에 전 세계, 각 지역에 존재하는 모든 교회가 시대 문화에 걸맞은 옷을 입고 존재하면서 서로 협력하고 상생할 수 있는 구조로서 기독교 혼합 생태계 구축 운동이 전개·구현되어야 한다는 말이다.

6) 하나님 나라 구현을 위한 실천적 영성과 운동

사도적-선교적 교회의 관점에서 모든 그리스도인의 일상은 불신자 전도 및 제자 삼기와 함께 지역사회를 하나님 통치의 장소로 이끄는 선교적 접점이 되어야 한다. 이를 위해 가장 중시해야 할 것은 시대 문화적인 변증법적 복음 전도이고, 이것이 통전적 설득력을 갖도록 활용되어야 할 곳이 바로 그리스도인들 삶의 전 영역인 가정, 학교, 일터, 공공장소인 지역사회다. 이런 이해에서 그리스도인의 일상은

---

107 Ibid., 372-375.

교회의 공동 비전을 위한 복음 운동의 선교적 구심점이며, 다시 이것은 지역 회심과 희년적 정신을 추구함으로써 지역사회의 거룩한 변화를 이끈다. 그래서 교회는 복음의 상황화를 위한 사회문화적·경제적 그물망을 형성하면서 지역의 사안들을 지역 교회와 그리스도인들의 사안으로 이해함으로써 복음의 변증과 능력을 동시에 드러내는 증거의 장으로 삼아야 한다.

그렇다면 사도적-선교적 교회는 복음 전도의 필연적이고 일상적인 증거를 위해 어떤 영성이 필요하고, 다시 이러한 영성은 어떤 운동으로 전개되어야 할까? 그것은 다음의 네 가지, 곧 ① 화해와 치유, ② 환대, ③ 사회복지, ④ 공공성을 통해 살펴볼 수 있다.

이에 대해 하나씩 설명하면, 먼저 화해와 치유의 차원에서 교회는 고통과 아픔을 안겨다 준 가해자에 대한 새로운 해석이 필요하다. 다시 말해서 지금껏 적대자가 더는 적대자가 아닌 동료와 친구로 바뀌는 인정적 해석과 적용으로 세상을 그리스도의 사랑으로 품을 수 있어야 한다. 하지만 화해의 추구는 상호인정과 공존자적 평화의 과정임과 동시에 수용자에게는 고통의 과정이다.[108] 그래서 정보라는 "자기수용의 경험이 치유만을 목표로 하지 않고, 수용자의 건강한 자아형성의 훈련 과정"이라고 말한다.[109] 결국 자기수용의 가능은 심층적 내면에 뿌리박힌 상처를 극복하고, 깊은 고통의 흔적과 경험을 넘어 자기 점검과 성찰의 과정을 통해 타인과 화해하는 능력의 성숙을 의

---

108 John Paul Lederach, *The Journey toward Reconciliation* (Scottdale, Pennsylvania & Waterloo, Ontario: Herald Press, 1999), 10. 김경은, "화해사역을 위한 화해의 영성," 「신학과 실천」 36(2013), 453에서 재인용.

109 정보라, "제13발표: 자기수용과 화해에 관한 실천신학적 고찰," 「제75회 한국실천신학회 정기학술대회 발표집」 (2020), 485.

미한다.

따라서 한국교회가 충분한 화해와 치유의 영성을 가지기 위해서는 복음을 통한 하나님과의 관계적 화해로서 하나님께 용서받음에 대한 이해와 수용에서 출발해야 한다. 곧 화해와 치유에 대한 하나님과의 개인적 경험은 모든 인간관계의 회복으로 이어지는 시작점이라고 볼 수 있다. 이런 관점에서 레더라크(John Paul Lederach)는 "re-storying 과정을 통해 다른 미래를 향한 전환이 가능하다"고 주장한다.[110] 곧 re-storying은 과거를 단지 과거의 한 사건으로만 여기는 것이 아니라 그것을 재해석하여 현재 자기와의 연관성 안에서 새롭게 의미를 발견하는 것을 말한다. 이처럼 교회는 하나님의 사역 안에서 자신의 삶을 재조명하고 재해석하는 과정을 통해 화해와 치유의 영성을 함양할 수 있고, 그럼으로써 분열과 갈등의 사회를 화해와 치유의 사회로 구현해 갈 수 있다는 뜻이다.

둘째, 환대의 차원에서 교회는 기독교의 환대가 조건적 보상이 아닌 값없이 이루어진 하나님의 전적 구원에 기인하며, 이 전적 구원은 되갚음 없는 전적 무상의 은혜로 온 세계 사람에게 주어진 것임을 먼저 알아야 한다. 이것은 교회의 환대가 지역사회를 시혜적 대상이 아닌 교회의 목회적·선교적 정체성을 일깨우고, 세상과 화평을 원하시는 하나님의 선교적 관점으로 해석해야 한다는 말이다. 이런 선교적 해석은 모든 교회가 모든 지역사회와 공존하는 선교적 지역 교회로서 더 성숙한 교회가 되게 하며, 지역민을 기독교 환대의 대상으로 여겨

---

110 John Paul Lederach, *The Moral Imagination: The Art and Soul of Building Peace* (Oxford: Oxford Universtiy Press, 2005), 147-148. 김경은, "화해사역을 위한 화해의 영성," 471-472에서 재인용.

적극성과 역동성을 가지고 접근케 한다. 또한 지역사회 선교를 위해 감수해야 할 여러 현실적 난제를 회피하는 것이 아닌 극복할 과제로 인식함으로써 지역사회에 대한 선교적 비전을 세우고, 지역사회를 타자가 아닌 공생하고 협력해야 할 이웃과 친구로 받아들이게 한다. 이런 맥락에서 몰트만(Jürgen Moltmann)은 "하나님은 세상의 모든 고통에 방관하시거나 내버려 두지 않으시고 함께 고통받으시는 분"이심을 주장한다. 곧 하나님의 고통은 두 가지 소망으로, 하나님의 사랑만이 모든 악을 이긴다는 종말론적 승리에 대한 소망과 하나님의 영원한 기쁨에 참여할 창조 세계에 대한 소망으로 결부된다.[111] 따라서 교회는 지역의 상처와 아픔, 좌절과 불안의 소리를 연민의 마음으로 경청하고, 직접 다가가 그들을 품고 돌보는[112] 사도성과 선교성을 통해 하나님 나라를 구현할 수 있다.

셋째, 사회복지의 차원에서 김성철은 "기독교 사회복지를 기독교의 근본 정신인 이웃 사랑과 봉사와 헌신을 통해 열악한 처지에서 살아가는 사람들의 물질적·신체적·정신적 고통을 양적·질적으로 완화하고, 생활상의 곤란을 개선함으로써 그들 삶의 질을 높이고, 성경적 정의를 실천하며, 상실한 하나님의 형상을 회복하는 기독교인의 체계적인 노력으로 정의한다."[113] 그래서 기독교 사회복지는 인간을 영생으로 인도하고, 하나님의 형상을 회복하는 일련의 구원 사업(salvation work)으로서 하나님의 사업(God's work), 하늘의 사업

---

111 다니엘 L. 밀리오리/신옥수·백충현 역, 『이해를 추구하는 신앙: 기독교 조직신학 개론』 (서울: 새물결플러스, 2016), 240.
112 김성호, "사랑의 공동체의 '포기', '기도', '용서'," 「신학과 실천」 81(2022), 645.
113 김성철, 『기독교사회복지론』 (파주: 21세기사, 2017), 8; 남희수, 『기독교사회복지론』 (서울: CLC, 2013), 131-132.

(heaven's work), 거룩한 사업(holy work)으로 표현할 수 있다.[114] 여기서 교회는 구제, 봉사, 사회복지 사업을 위한 전문기관은 아니지만, 창조 세계의 회복과 보전을 원하시는 하나님의 선교적 관점에서 볼 때 이러한 것들은 교회의 근본 의무이자 사명, 교회 됨이 가진 덕목의 사회적 표현이다. 따라서 교회는 사회적 영역으로 지역사회에 관심을 가지고, 하나님의 사랑과 공의가 흐르도록 나눔과 섬김 사역을 지속함으로써 하나님 나라를 구현할 수 있다.

그래서 김성철은 기독교 사회복지를 위한 교회 사역의 유형을 크게 세 가지로 구분하여 설명한다. 나열하면 ① 교회가 독립적으로 사회복지재단을 설립하여 시설을 갖추고 지역사회에서 사회봉사 활동을 전개하는 모형, ② 교회 자체에 여러 형태의 자원(시설, 인적 자원, 재정, 조직 등)을 이용하여 사회봉사를 실천하는 모형, ③ 교회가 직접 사회봉사 시설이나 프로그램을 갖추지 않지만, 교인들을 지역사회에 대한 선교적 책임과 사명자로 동기화하고 훈련함으로써 봉사의 기회를 창출하여 제시하는 모형이다. 이 외에도 교회는 지역사회 자원을 활용하는 다양한 연계 사업을 통해 기독교 사회사업을 실시할 수 있다.[115]

하지만 간과할 수 없는 것은 한국교회가 사회복지 사역을 전문성 있게 실행하기에는 현실적 한계가 많다는 점이다. 자원이 매우 부족한 교회를 비롯해 자원이 풍부한 교회일지라도 지역민과 지역사회의 복지 욕구 충족과 복지증진의 기독교적 의지가 없다면 교회를 통한 하나님 나라의 복음은 가시화될 수 없다. 따라서 먼저 교회는 사회복지에 대한 거룩한 소망과 실천적 의지를 확고히 하고, 교회가 가진 역

---

114 김성철, 『기독교사회복지론』, 8.
115 Ibid., 9.

량 안에서 지역사회와 소통하면서 지역사회의 복지 증진에 점진적으로 힘쓰는 것이 필요하다. 그다음 지역민과 함께 지역사회의 어려움을 해결하기 위한 공동 연대의 공간을 마련하고, 해결 과정에서 교회의 역량뿐만 아니라 지역사회의 자원과 국가의 지원을 적극적으로 활용함으로써 '더불어 사는 공동체'를 만들어 가는 방향으로 전개하는 것이 바람직하다. 아울러 성령께서 지역사회의 온전한 치유와 회복을 위해 필요한 힘을 공급해 주실 것을 믿고 소망함으로써 전 성도가 계속해서 기도해야 한다. 이런 과정에서 교회는 성령께서 지역사회에 필요한 다른 자원들까지 제공하실 것을 기대하고 수용할 믿음의 준비가 필요하다.

넷째, 공공성 차원에서 교회는 그리스도인들과 지속적인 협력을 통해 교회의 공적 자원들, 가령 예배당, 교육관, 주차장과 같은 물리적 공간은 물론 인적 자원과 네트워크를 동원해 생명력 있는 지역사회를 만들 수 있다. 또한 사회복지나 공공서비스의 차원을 넘어 지역 축제, 문화유산의 보존, 시민 교육 과정을 통해 건강한 지역사회를 세워나갈 수 있다. 말하자면 교회는 지역 재생과 재개발의 공공성을 확보함으로써[116] 기독교의 정체성과 가치관, 윤리 의식과 이해 방식, 접근법과 대안 마련을 통해 세상일에 답하는 사도적-선교적 교회로 공생할 수 있다.

이런 맥락에서 장성배는 "문화의 시대에 선교란 문화의 종교성을 다시 회복하도록 돕는 것이어야 한다"[117]고 말하고, 찰스 크래프트

---

116 김승환, "도시 재생 사업과 도시교회의 공적 참여에 관한 연구," 「신학과 실천」 83(2023), 572.
117 장성배, "문화의 시대 속에서 기독교적 대답의 한 시도," 「기독교사상」 496(2000), 22.

(Charles H. Kraft)는 "하나님은 인간들의 문화를 통하여 관계 맺기를 원하시며 각 사회의 다양한 문화를 주의 깊게 다루시기에 우리 역시 타문화를 하나님의 관점에서 다루어야 한다"[118]고 말한다. 따라서 적절한 기준 아래 교회 공간을 다양한 문화공간으로 지역사회에 내어주는 문화적 활용이나 교회가 지역사회와 함께 공적 문화 공간을 건립해 지역사회의 발전을 위해 활용해 나가는 것은 지역사회를 살기 좋은 곳으로 만드는 것임과 동시에 교회의 이미지에도 많은 긍정적 변화를 꾀할 수 있다. 이처럼 오늘날 지역 교회는 하나님 나라 구현을 위해 지역사회와의 접촉점을 찾고, 다양하고 지속성 있는 기독교 문화로서 공공성을 확보해 나가는 것이 필요하다.[119]

하지만 짚어볼 것은 에큐메니컬 신학자들이 보기에 이 정도의 하나님 나라 구현 운동은 충분치 않거나 여전히 보수적이고 전통적인 것으로 이해할 수 있다. 왜냐하면 창조 세계의 보전으로 화해와 치유, 환대, 사회복지, 공공성은 생태신학적 의미까지 아우르지 못한다고 판단할 수 있기 때문이다. 그러나 언급한바 사도적-선교적 교회는 에큐메니컬 신학보다 복음주의 신학에 가깝다. 따라서 초점은 복음 전도와 제자 삼기를 통한 세계 복음화와 하나님 통치에 있다. 이를 고려한다면 사도적-선교적 교회의 관점에서 하나님 나라 구현을 위한 네 가지 실천적 영성과 운동은 협의적이라기보다 복음주의적 선교적 교회가 중시하는 선교적 의미로 이해할 수 있다.

---

118 찰스 크래프트/안영권·이대헌 역,『기독교 문화인류학』(서울: CLC, 2005), 891; 신성임, "네팔 힌두교의 고유특징에 따른 선교적 제언,"「선교신학」 57(2020), 157.
119 김신구, "지역사회 선교를 위한 에큐메니컬 운동과 지역 교회의 과제,"「신학과 선교」 65(2023): 71-72.

5. 나가는 말

대체로 현금의 한국교회는 기독교의 본질에서 벗어난 세속적 가치관에 눈이 멀어 온전한 복음의 의미와 모습을 왜곡시킨 대가를 톡톡히 치르는 중이다. 이런 상황에서 한국의 수많은 신학자와 현장 목회자는 유럽과 북미에서 발족한 선교적 교회 운동과 새로운 선교적 모델 운동을 전개하느라 열심이다. 이는 유럽과 북미 기독교가 급격히 쇠퇴한 것처럼 탈기독교 시대에 맞닿아 가는 한국교회가 더는 침체의 늪에서 허우적거릴 것이 아니라 성육신적이고 선교적인 방식을 통해 참된 교회로 존재하려는 응전이기에 반갑기 그지없다. 하지만 지금까지 한국교회가 유례없는 큰 성장과 함께 구축해 온 교단적·제도적 구조와 이에 몸담은 목회 현장들은 여전히 교단 중심적이고 보수적인 복음주의 신학에 기초하고 있음을 생각하지 않을 수 없다. 이런 이유로 현재 한국교회가 실시하는 선교적 교회 운동과 새로운 선교적 모델 운동이 한국 상황과 충돌하지 않으려면 한국 목회 현장에 대한 신학적·정서적 적합성과 효과적인 적용을 위한 실천신학적 연구가 좀 더 대대적으로 이뤄질 필요가 있다.

따라서 필자는 한국교회가 전개 중인 선교적 교회와 새로운 선교적 모델 운동이 대체로 흩어짐을 강조하는 에큐메니컬 교회 운동에 가깝다고 보고, 이와 함께 전개되어야 할 운동이 복음주의적 교회 운동이라고 생각한다. 물론 복음 전도와 사회적 책임에 대한 통전적 논의는 모두 포괄하는 것으로 이미 결론이 났지만, 한국교회의 선교적 교회와 모델 운동은 유럽과 북미의 선교적 이론과 운동을 소개하면서 한국교회도 이를 구현해야 한다는 입장에 가깝지, 복음 전도와 사회적 책임의 균형에 대한 논의와 시도는 전무한 수준처럼 보인다. 다시 말해서 균형과 견제의 부실은 한쪽으로 치우칠 가능성을 가지며, 이 것이 실재할 때는 뉴비긴, 스나이더, 벤 엥겐이 지적한 비관적이고 환 원주의적인 선교 사상에 기초한 선교신학과 교회론을 펼칠 가능성이 있다. 결국 이것은 또 다른 차원의 교회론적 갈등과 충돌을 야기할 여 지가 있다.

그렇다면 현재 한국교회의 선교신학적 논의와 방향 그리고 새로 운 선교적 모델 운동이 과연 균형 있는 선교적 교회로의 견인 역할을 잘 수행한다고 말할 수 있을까? 물론 지금의 도전을 조건 없이 비판하 는 것은 절대 아니다. 언급한바 필자는 이 운동에 대해 격한 찬사를 보낸다. 하지만 균형 있는 교회로 이끌려면 통전적 선교의 개념을 넘어 어떻게 복음 전도와 사회적 책임을 공동체적이면서 사회적이고 지구 적으로 드러낼 것인지, 어떻게 이 둘을 조화롭게 실천할 것인지에 대 한 고민과 실행이 어우러져 나타나야 한다.

그러므로 필자는 다소 에큐메니컬 신학적 색채가 짙은 한국의 선 교적 교회와 모델 운동은 복음주의 운동과 균형을 이루면서 두 갈래 로 전개될 필요가 있다고 본다. 그래서 이런 뜻을 담아 시도한 것이 '사도적'과 '선교적'의 결합이다. 아울러 한국교회가 좀 더 고려할 것은 세속화와 범죄 도시로 유명한 뉴욕 맨해튼에서 지금도 기독교 영향력 을 크게 행사하고 있는 리디머교회의 설립자 팀 켈러가 복음의 우선 성을 더 강조했다는 점이다(현대 신학이 복음 전도와 사회적 책임을 모두 포괄 하는 것으로 결론지었더라도, 그래서 다시 거론하는 것이 고리타분하다고 느낄지라 도). 따라서 한국교회는 현대 신학이 통전적 선교로 복음 전도와 사회 적 책임에 경중을 따지지 않더라도 복음의 우선성을 가지고 한 도시를 하나님 통치의 도시로 이끄는 리디머장로교회의 신학과 사역을 면밀히 살필 필요가 있다. 이런 뜻에서 필자는 통섭적 교회의 한 유형으로 사도적 성장과 선교적 확대를 통해 하나님 나라의 성장을 추구하는 복음주의적 차원의 '사도적-선교적 교회'를 한국교회에 제언한다.

4 장

마을목회

: 초고령사회 농촌 교회의 대안 플랫폼

_ 오경환

최근 한국 사회와 교회는 인구 감소와 고령화 문제로 아우성친다. 그로 인해 지금까지 정의되던 '노인'의 개념도 수정이 불가피해졌다. 과거에는 노인 연령 기준을 60세 전후 시기로 봤다면, 현재는 법률적 관점에서 노인에 대한 용의는 정의되지 않지만, 연금 등의 지급 대상에 해당되는 65세 이상인 자를 노인으로 규정하고 있다.[1] 현대 사회의 급격한 변화 속에 노인은 자기 정체성과 역할 상실로 이어져 도태의 위기에 몰린 상황이다.

이런 변화 속에 농촌은 더 절망적이다. 대부분 노인은 농사를 통해 자급자족하고, 외롭게 홀로 사는 1인 가구가 많아 생활의 모든 일을 손수 해결하며 살고 있다. 그리고 도시와 다르게 외부로부터 도움을 받기 위한 환경이 조성되지 않아 모든 일을 스스로 해결하는 삶은 주거환경에 따라 육체적, 심리적 고단함과 고독한 삶으로 그려진다. 또한 농촌지역의 노인복지사업은 다양성을 추구하고 있으나, 실제로 농촌 노인들의 생활 속에서 얼마나 실제적으로 활용되고 있는지 의심스

---

1 국민건강보험법에서도 "65세 이상인 자"에 대해서 보험료를 경감해 주며 또한 기초노령연금법에서 "기초노령연금 지급대상자는 65세 이상인 자"로 규정한다. 국민건강보험법 제66조의 2항과 기초노령연금법 제1조와 제3조를 참고할 수 있다.

럽다. 노인들이 신청하는 복지 프로그램은 조건이 까다로워 행정적 신청 자체가 불가할 때가 많으며 환경적 여건과 노화에 따른 건강상의 문제로 쉽게 접근하기가 어렵다. 그래서 고령의 노인들이 모여 사는 농촌 사회에서 마을을 벗어난 사회복지 외에 대부분 사업에서 실효성을 거두기가 쉽지 않다. 반면에 지리적, 환경적 요인은 마을의 중요성을 부각시키며 농촌 노인에게 삶의 울타리가 된다.

마을은 자연과 가까운 환경이며 오랜 역사를 지닌 공동의 공간이다. 마을의 사회적, 물리적 환경은 고령화된 농촌에서 계속 살아가는데 오히려 도시보다 더 많은 장점을 가진다. 특히 이웃 간의 강한 유대감과 지역사회 구성원 간의 오랜 관계망에 기초한 공동체 문화가 남아 있어 노인의 안전망 구축과 희로애락을 제공해 준다. 이처럼 마을의 중요성이 새롭게 인식되는 상황에서 필자는 농촌지역의 위기 상황을 해결하기 위해 대안 플랫폼으로서 마을목회를 제시한다. 선교적 관점에서 마을목회의 필요성과 기능, 대안 플랫폼으로 어떤 역할을 수행하는지 알아보고자 한다.

1. 들어가는 말

농어촌교회가 어렵고 힘들다는 말은 이제 익숙한 자기 고백이 되었다. 여러 원인을 찾을 수 있지만, 그중 가장 심각한 원인은 고령화와 인구 감소다. 현재 고령화에서 초고령화 시대로 진입을 앞두고 농어촌교회 목회자들은 "10~20년 이후에 우리 교회는 없어집니다"라고 공공연하게 이야기한다. 그만큼 농어촌교회는 미래를 장담할 수 없는 상황에 놓여 있다.

얼마 전 기독교대한감리회(이하 '기감') 선교국에서 「2023 감리회 농어촌 목회자 및 교회 실태 조사 자료집」을 발표했다.[2] 설문 조사 내용 중 농어촌 현실에서 가장 심각한 문제는 '농어촌 인구의 고령화'가 92.3%, 다음이 '농어촌 인구 감소'가 81%로 가장 응답이 많았다.[3] 기독교대한성결교회(이하 '기성') 농어촌부에서도 「농어촌교회 실태 조사 보고서」를 발간했다.[4] 농어촌 지역의 고령화, 인구 감소 등 10년 후에는 농어촌교회 존립이나 목회자 수급 문제 등이 심각해질 것이란 조사 결과가 나왔다. 이런 결과는 '기감'이나 '기성'만의 문제가 아니다. 대한예수교장로회총회(통합)는 2018년 마을목회를 총회 주제로 제시했고, "예장 마을 만들기 네트워크"를 통해 농어촌뿐 아니라 도시에서도 지역사회 속에서 교회의 역할과 기능에 대한 이론과 현장의 괴리감 폭을 줄이고 있다. 또한 예장통합 영남지역 15개 노회에 대한 "농어촌 목회자 및 교회 실태 조사" 자료에도 농어촌교회 교인 중 60대 이상 고령층이 89%나 차지하는 것으로 나타났다.[5]

농촌 사회를 살펴보면 농촌은 도시에서 제공될 수 없는 다양한 향토 음식, 문화 체험, 자연경관 등 공공재를 제공한다. 최근에는 거주지를 떠나 일주일살이, 한달살이가 유행이다. 복잡하고 삭막한 도시를

---

2 기독교대한감리회 선교국 농어촌선교위원회, 「2023년 감리회 농산어촌 목회자 및 교회 실태 조사 자료집」, 2023.

3 Ibid., 14.

4 남원준, "농어촌부, 농어촌교회 실태 조사 보고서 발간," 「성결 신문」 (2023.3.15.). 참고로 「농어촌교회 실태 조사 보고서」의 요약본이 기독교대한성결교회 117년 차 총회 대의원들에게 배포될 예정이다.

5 목회데이터연구소, "코로나19 이후 농어촌교회 현황," *number* 141(2022), 2.

벗어나 체험과 힐링을 위해 농촌에서 생활한다. 그뿐만이 아니라 편리한 교통 인프라를 통해 다양한 여행 플랫폼을 제공한다. 농촌의 사회서비스 제공에도 불구하고 한국 경제가 겪고 있는 저성장이 장기화하면서 소득 양극화로 인해 농촌 사회는 심각한 경제적 어려움을 겪고 있다. 사회경제적 문제는 자연스럽게 농촌 사회와 연결된다. 농촌 사회는 초고령화의 위기에 인구 감소까지 겹치면서 지역의 노동력 상실, 노인들의 고독, 외로움, 질병, 사회적 단절로 인한 역할 상실로 이어진다. 그 결과 심리적, 정서적 문제는 삶 전반에 부정적 영향을 주고 있다.

이런 상황 가운데에서 농촌 사회 위기를 극복하기 위해 교회의 역할이 중요하다. 왜냐하면 교회는 지역사회에 속해 있고, 지역사회는 '마을'이기 때문이다. 교회의 입장에서 마을은 언제나 복음 전도를 위한 변함없는 우선순위다. 코로나19 이후 교회의 공공성이 강조되면서 교회는 내적인 시선에서 외적인 시선으로 확대되고 있으며, 교회는 마을과 호흡하고, 마을 속에서 선교적 사명을 다할 때 세상과 접촉점을 마련할 수 있다.

마을목회에 대해 누군가는 아직 생소하게 느낄 것이다. 마을목회를 단지 이론적으로 접근할 것이 아니라 실제적이고 적용할 수 있는 실천적 목회 방안으로 보아야 한다. 농촌 교회가 마을목회로 전환하기 위해 다음과 같은 자료를 찾을 수 있다. 현재까지 마을목회의 다양한 연구가 진행되고 있는데, 간단히 살펴본다면, 정재영 교수(실천신학대학원대학교, 종교사회학)는 종교사회학적 관점에서 시대에 필요한 사역으로 마을목회를 구체적으로 자료화해서 분석했으며, 조용훈 교수(한남대학교, 조직신학)는 농촌의 마을 공동체 운동 관점에서 체계적인

연구를 진행했고, 황홍렬 교수(부산장신대학교 은퇴 교수, 선교학)와 한국
일 교수(장신대학교 은퇴 교수, 선교신학), 황병배 교수(협성대학교, 선교학)
는 선교적 교회 관점에서 마을목회를 강조한다. 황병준 교수(호서대학
교, 실천신학과)는 고령사회 속에 농촌 교회의 위기를 진단하고 새로운
목회 모델을 연구하고 제시한다. 구약 전공자인 강성열 교수(호남신학
대학교, 구약학)는 광주·전남 지역 농어촌목회자협의회 요청으로 2008
년부터 '농어촌선교연구소'를 설립하고 지속해서 농촌 교회를 돕는 많
은 사역을 해 왔고, 꾸준히 농촌 교회의 복지 사역, 의료 사역, 사회적
기업 탐방 등을 소개하고 있다. 그 외 다수의 학자가 연구한 마을목회
이론과 실천적 방안들을 묶어 출간된 도서와 여러 자료 등을 통해 확
인할 수 있다. 이처럼 지금까지 마을목회에 관한 연구를 종합해 보면,
첫째는 마을목회에 관한 이론적 연구다. 둘째는 마을목회의 이론과
실제 지역 교회에서의 마을목회 사례를 소개한다. 셋째는 마을목회
이론과 사례를 분석한 통섭적 연구다.

　　마을목회에 대한 선행연구를 살펴보면, 마을목회의 신학적 근거
와 도시와 농촌지역의 구분 없는 사례, 예를 들어 마을 공동체 운동,
사회적 기업, 지역사회를 위한 사회복지 사업 등 다양한 마을목회의
실천 방안들을 소개한다. 하지만 농촌에서 마을목회를 실천하는 현실
적 문제 앞에 막연한 사례 또는 오랜 기간 지역 교회가 마을에서 차지
한 위치에서 이룬 기반을 바탕으로 실현된 여러 목회 활동은 마을목
회에 접근하기 어렵게 한다. 이런 점에서 필자의 글이 농촌 교회 목회
자가 소수의 성도를 통해서도 충분히 마을목회가 실현될 수 있는 실
천적 목회 전략을 제시한다는 점에서 기존의 연구와 분명한 차별성을
가진다.

이에 필자는 초고령사회 농촌 교회의 대안 플랫폼으로서 마을목회를 다루고자 한다. 이는 교회의 고령화는 농촌뿐 아니라 한국교회 전체의 숙제이기 때문이며, 초고령화된 농촌에 대한 상황 인식과 침체에 빠진 농촌 교회의 대응 전략이 한국교회 상황에 시사하는 바가 크다고 보기 때문이다. 따라서 저자는 초고령사회와 농촌 교회의 현실을 살펴보고, 마을의 의미와 마을목회의 기능과 역할을 살펴볼 것이다. 그리고 마을 공동체로서 농촌 교회 활성화 목회 전략을 통해 실천 대안을 제시하고자 한다.

2. 초고령사회 속 농촌 교회의 현실

우리는 어제 다르고, 오늘 다른 시대를 살아간다. 한국 사회는 산업화, 도시화를 통해 빠르게 성장하면서 동시에 사람들의 의식과 생활에도 큰 변화를 가져왔다. 농촌은 전통적 가족 제도가 무너지고, 도시로 이주한 가족 대부분은 핵가족의 모습을 띠었다. 무너진 공동체 의식과 강한 개인주의적 성향은 가족 내의 자체 부양 기능이 약화했고, 지역 구성원 대부분을 차지하는 노인 자신의 인식 변화로 자녀에게 짐이 되지 않고자 동거를 원하지 않는 경향도 나타났다. 이러한 경향은 노인이 자립하기에 치명적 악영향을 끼쳤다.

1) 초고령 농촌 사회

한국은 초고령사회 속에 100세 시대를 앞두고 있다. 인구 고령화는 전 세계적으로 정치, 사회, 경제, 문화 등 모든 분야에서 수많은 변화를 가져왔다. 강유나(한국보건사회연구원 연구위원)는 "유럽의 경우 생산적 노화 중심의 고령자 정책을 강조하고, 2000년도에 들어서는 활동적 노화(active ageing) 패러다임으로의 전환"을 소개한다. 여기서 "활동적 노화"란 사회, 경제적 활동에 참여하고자 하는 노인들의 요구와 능력을 나타내는 새로운 표현이다.[6] 또한 UN은 제2회 세계 고령화회의(The Second World Assembly on Aeging)에서 "고령사회 정책 대상인 노인을 수동적이고 의존적인 대상이 아닌 적극적이고 독립적인 주체로 변화할 것과 세계보건기구(WHO)도 활동적 노화 패러다임을 발표하면서 건강하고 독립적인 노년기를 보장하기 위한 사회경제적인 기회 제공과 물리적 환경조성을 제시"하고 있다.[7]

통계청 자료에 따르면, 노인 인구 비율이 2000년에 7%를 넘었고, 2016년 인구주택총조사 전수 집계 결과에 따르면, 약 677만 명으로 유소년 인구(약 676만 명)를 추월한 것으로 나타났다. 2020년 통계청 자료에도 유소년 인구와 생산연령인구는 감소하고 65세 이상 고령인구는 전체 인구의 16.4%로 증가했다. 고령인구가 유소년 인구보다 많은 시도는 17개 시, 도 중 14개(82.4%), 229개 시, 군, 구 중 196개(85.6%)에 달하는 것으로 보고됐다.[8] 이런 추세로 볼 때 한국의 노인 인구는 2026년 약 21%를 넘어 '초고령사회'로 전망한다. 의료 기술의 발달과 삶의 수준이 향상됨에 따라 평균수명이 늘어나는 일은 자연스

---

6 서용석·은민수·이동우, 『사회변동과 사회복지정책』(서울: 고려대학교출판부, 2008) 참고.

7 강은나, "인구 고령화와 노인 일자리 사업의 방향," 「고령사회의 삶과 일」 1(2021), 7.

8 통계청, "2020 인구총조사 통계정보보고서," 109. https://www.narastat.kr/metasvc/index.do?confmNo=101001.

러운 현상이다. 그러나 노후 준비를 잘했다면 경제적으로 여유롭고 편안한 삶을 살겠지만, 현실적으로 안정된 노후를 누리는 노인은 많지 않다. 우리나라의 노인 빈곤 수준은 OECD 국가 중 가장 높은 수준이며, 2006년 52.3%에서 2016년 65.5%까지 증가했다. 2020년 통계청 기준 노인빈곤율은 38.9%로 노인 빈곤 측정 이후 처음으로 40% 이하로 떨어진 일이 정부 성과로 발표될 정도로 높은 노인 빈곤 수준을 보여 준다.9

초고령사회 노인에게는 다음과 같은 심각한 문제가 발생한다. 첫째는 경제적인 불안정이다. 빈곤한 노인은 다른 세대 또는 성별과 비교했을 때 더 큰 사회 보장 혜택을 받는다. 하지만 고령화가 급속히 진행되면서 사회복지제도 등 노후 대비를 위한 제도적 기반의 정비 속도가 고령화 속도를 따라오지 못하고 있다. 둘째는 건강이 안 좋아 더 이상 경제활동을 할 수가 없다. 과거 자녀 세대를 통한 노인 부양 의식이 약화되면서 사적 소득원 의존도가 감소되고 있다. 셋째는 노후 준비의 부족이다. 노후 준비를 가로막는 주된 원인은 자녀 교육비, 결혼 비용, 출산과 양육, 높은 의료비 등 과도한 지출을 꼽을 수 있다. 젊었을 때의 지출은 무엇보다 자신을 위한 준비이기보다 가족을 위한 희생이라 생각했다.

앞서 설명한 초고령사회에서 노인 문제는 도시뿐 아니라 농촌에서 더 심각한 양상을 보인다. 도시화와 산업화는 핵가족화와 노령화 사회 구조에서 노인의 지위와 역할에 엄청난 변화를 가져왔고 또한 자녀들의 교육, 결혼, 직장 그리고 자신의 배우자 사별은 농촌에서

---

9 e-나라지표, "65세 이상 인구의 상대적 빈곤율 추이," https://www.index.go.kr/unity/potal/main/EachDtlPageDetail.do?idx_cd=1024.

1인 가구가 증가하는 원인이 되었다. 1인 가구 증가는 고독사 문제로 부각된다. 그리고 농촌지역의 초고령화 현상은 농업 노동력의 부족으로 이어지고 산업화와 도시화는 젊은 청년들의 농촌 이탈을 가져왔다. 무엇보다 농촌은 임산부와 영유아를 위한 병원은 전무한 실정이다.

한편 농촌 남성의 국제결혼이 증가하면서 다문화 가정의 비율이 꾸준히 증가하고 있다.[10] 새로운 가정 형태인 다문화 가정은 서로 다른 문화와 생활 양식으로 인해 가정불화와 갈등의 소지가 크며, 농촌지역의 다문화 가정은 경제적 빈곤과 차별적 시선, 문화적 소외와 같은 고통의 중심에 있다. 또한 부모의 이혼이나 재혼으로 인해 생겨난 조손가정의 증가는 차별과 빈곤을 대물림하게 만들고 있다.[11] 그나마 다행인 것은 농촌은 아직 공동체 의식이 남아있고, 주변 독거노인의 안부를 묻고, 농사일을 거들며 서로가 외로움을 덜어주는 노력을 기울이고 있다는 것이다. 이와 같은 돌봄은 다문화 가정도 예외일 수 없다.

2) 농촌 교회의 현실

농촌 사회와 같이 한국교회 성도 대부분 비중을 차지하는 연령이 노인임을 감안한다면, 교회의 목회 대상인 노인 인구가 지속해서 증가

---

10 통계청, "2021년 다문화 인구동태 통계," https://kostat.go.kr/ansk/. 다만 2021년 다문화 혼인은 13,926건으로 전년 16,177건보다 2,251건 약 13.9%가 감소했다. "농어촌지역의 인구·산업·일자리 동향과 전망"에서 농어촌에서 결혼할 남성의 수가 감소했음을 보여 준다.

11 조용훈, "지역 공동체 운동을 통한 농촌 교회 활성화 방안 ― 마을 기업을 중심으로," 「장신논단」 4(2017) 참고.

하는 것이며, 이들이 겪는 사회경제적 문제는 곧 교회의 문제와도 연결된다. 과학기술 발달에 따른 한국 사회의 고령화는 '장수 혁명'으로 불린다. 아울러 성경의 관점에서 노인의 연장된 수명은 '하나님의 은총'이 이뤄진 것이지만, 이것이 꼭 교회의 축복일 수만은 없다.[12] 이런 고민은 지역 교회가 노인 사역을 위한 역할의 중요성이 부각되고 있음을 의미한다.

과거, 한때는 농촌 교회도 부흥한 시기가 있었다. 교회학교에서는 학생들의 찬양 소리가 울려 퍼졌고, 앉을 자리가 없을 정도로 시끌벅적했다. 교회학교뿐만 아니라 주일예배를 드릴 때도 동네 이웃들이 당연하다는 듯 교회에 모여 예배드리고 식사하며 교제했다. 하지만 시간이 흐르면서 교회가 과거의 모습은 온데간데없이 사라지고 마치 유럽의 교회처럼 빈자리가 남아도는 실정이다. 농촌의 상황에 따라 농촌 교회도 변하기 시작했다. 농촌 사회는 농촌 교회와 깊은 관련이 있으며, 농촌 사회의 해체는 곧 농촌 교회의 해체로 이어졌다.

목회데이터연구소의 「예장통합총회 영남지역 15개 노회의 농어촌교회 848개 중 221개 모바일 조사」에 따르면, 농어촌교회 절반이 50년 이상 된 교회라는 통계가 나왔다. 또한 목회자 연령은 60대 이상이 46%이며, 40대 연령층은 11%에 지나지 않았다. 전국 평균 60대 이상이 37%인 것에 비하면 농어촌교회 목회자가 상대적으로 농촌 사회의 고령화에 탑승했다고 볼 수 있다. 그리고 농촌 교회 절반의 목회자가 월 사례비 150만 원 미만인 것으로 조사됐다. 사례비가 없거나 99만 원 이하의 사례비를 받는 목회자가 39%로, 농어촌 목회자의 열

---

12 이은성, "고령화 한국 사회와 교회 노인 교육의 복지적 접근 및 과제," 「기독교교육논총」 47(2016): 170-188.

악한 경제적 형편을 보여 준다. 아울러 농촌은 경제적 빈곤과 자녀를 위한 교육 시설 및 제대로 된 치료를 받기 위한 의료 시설의 부재, 교통 인프라 등 도시와 비교했을 때 열악한 실정이다.

결국 농촌 교회 목회자들의 짧은 목회 리더십은 열악한 환경과 연결된다. 때로는 목회자들이 농촌 교회에서 도시 중대형 교회로 옮기기 위한 정거장 목회로 생각하는 경향도 있다. 이와 반대로 황병배는 농촌 교회에서 장기간 목회하는 "정주목회자"(定住牧會者)의 필요성을 주장한다.13 자주 바뀌는 리더십은 성도들의 신앙 성숙에도 부정적인 영향을 미치며, 나아가 지역사회 속에서 교회가 가지는 이미지 또한 부정적이다. 왜냐하면 목회자와 지역 주민과의 긴밀하고 친밀한 관계는 복음 전도의 초석이기 때문이다.

인생을 마라톤에 비유하듯 목회 역시 긴 여정을 떠나야 한다. 오랫동안 농촌 목회를 준비한 목회자가 교회에서 성공적으로 목회할 가능성이 크다. 그들이 속한 지역사회를 잘 이해할 수 있어야 하며, 지역 주민과의 소통과 교감을 통해 지역사회의 문제를 해결하기 위한 실제적인 리더십을 발휘하는 강점을 가진다. 그래서 황병배가 정주 목회자를 주장한 것처럼 같은 의미로 농촌 목회는 정착 목회가 되어야 한다.

3. 대안 플랫폼으로서 마을목회

최근 한국교회는 그 어느 때보다 교회의 공공성 회복을 강조한다.

---

13 황병배, "선교 공동체로서의 농촌 교회와 통전적 선교 가능성 연구," 「선교신학」 36(2014) 참고.

교회의 공공성 회복은 그동안 지속되어 온 교회 성장주의와 교회 중심적 사고에서 "네 이웃을 네 몸과 같이 사랑하라"(마 22:37-39)는 실천적 요청을 의미한다. 교회는 그들만의 리그가 아니라 지역사회를 위해 세상으로 파송된 공동체다. 특히 지역 공동체의 복지와 지역 주민의 의미 있는 삶을 위해 교회가 해야 할 다양한 일을 모색하면서 하나님에 의해 파송된 공동체로서 지역사회에 깊이 참여하는 '하나님의 선교'(Missio Dei)를 구현하는 교회가 되어야 한다.

코로나19는 한국 사회를 비롯해 전 세계적으로 큰 위기를 맞게 했다. 그러나 위기를 위험과 기회의 합성어라고 하듯 편협한 교회론으로 일관된 한국교회는 코로나로 인해 교회와 세상이 분리가 아닌 한 공동체, 한 몸임을 경험했다. 왜냐하면 코로나로 자유롭지 못한 일상생활이 교회에서의 신앙생활마저 제한받았고, 세상이 아프면 교회도 아픔을 느낀다는 것을 깨달았기 때문이다. 또한 지역 인구수의 감소와 지역 소멸 시대를 맞이하고, 그로 인해 교회의 존립에 대한 심각한 문제에 직면하게 되었다. 그래서 교회는 지역사회와 결코 분리될 수 없는 운명 공동체임을 보여 준다. 성도들은 세상과 단절되고 고립된 생활을 하거나 세상과 동화되어 무분별한 삶을 사는 사람들이 아니다. 그러므로 교회는 세상과 소통하며 실천적 삶을 통해 어두운 세상을 빛으로 인도하는 등대가 되어야 한다. 이런 의미에서 마을목회는 교회의 목회 대상인 지역사회, 즉 '마을'을 새롭게 이해하고자 하는 선교적 운동이라 할 수 있다. 일상에서 살아가는 공간인 마을을 어떻게 이해할 것인지 알아보는 것도 중요하다.

1) 마을 이해

국립국어원 표준국어대사전은 '마을'을 "주로 시골에서, 여러 집이 모여 사는 곳"으로 정의한다.[14] 도시화가 이루어지기 전까지는 '동네,' '마을'이라는 명칭으로 불렸다. 또한 마을은 행정단위로 이해되는데, 다음과 같이 마을에 대해 다양한 개념을 살펴볼 수 있다. 노영상은 "마을은 물리적, 지역적 개념이기보다 이웃 간의 정서적 유기체로 연결된 단위이며 사람 중심으로 연관된 개념"으로 설명하고,[15] 민건동은 "마을이란 단어는 걸어서 10~15분 정도의 거리 생활 단위"로 정의한다.[16] 그리고 유장춘은 "마을을 '시골' 또는 '한적인 지역'이라는 지리적이고 물리적 특성만으로 구성될 수 없다"고 주장하며,[17] 이종명은 마을을 "하나님께서 창조하신 인간과 모든 생명이 더불어 살아가는 터전"으로 정의한다. 이에 마을을 인간과 더불어 살아가는 가족 공동체, 생명을 공유하는 유기적 생명체로 이해한다.[18] 김영순도 "마을은 우리의 마음을 담고 있는 공동체"로 정의한다.[19]

이처럼 여러 학자의 의견을 종합해 보면 마을의 개념을 한마디로 정의하기는 어렵다. 왜냐하면 사회적, 공간적, 문화적, 공동체적 개념 등이 복합적으로 어우러져 있기 때문이다. 주로 '도시'(City)보다는 작

---

14 국립국어원 표준국어대사전, https://stdict.korean.go.kr/search/searchView.do.

15 노영상 · 정재영 · 조용훈 외 9인, 『마을목회개론』(서울: 킹덤북스, 2020), 13.

16 김윤태 · 김의식 · 김한호 외 6인, 『마을목회와 프론티어 교회들』(서울: 동연, 2021), 28.

17 박종삼 · 정무성 외 2인, 『마을목회와 지역사회복지』(서울: 동연, 2019), 133.

18 안홍택 · 이종명 · 강기원 외 25인, 『마을을 일구는 농촌 교회들』(서울: 동연, 2019), 83-84.

19 김영순, 『지역문화 콘텐츠와 스토리텔링, 검단의 기억과 이야기』(서울: 북코리아, 2011), 5.

고 '촌락'(Village)보다는 큰 거주 지역을 가리키는 의미로 사용되나 한국어에서는 '촌락'이나 '부락' 등의 단어가 마을을 대신하여 사용되기도 한다.[20] 지역, 지리적 관점에서 보는 마을은 외부 요인에 의한 직접적인 공간의 구조 변화로 이해한다. 여기서 외부 요인은 산업화, 도시화, 도시재개발, 세계화 등을 말한다. 또 다른 이해는 위상학적 관점으로 수많은 관계를 맺고 살아가는 공간으로 관계, 과정으로 보는 것이다.[21]

마을은 주민들의 원초적인 일상이 이루어지는 삶의 터전이다. 국가의 지배와 통제가 관철되는 기본 단위로 주장하는 의견도 있는데, 이와 관련해 공윤경은 '마을'의 개념을 다음과 같이 설명한다.

주민들의 일상적 삶이 펼쳐지는 물리적, 구체적 장소로서 마을의 공간뿐만 아니라 그곳에 살고 있는 '구성원', 즉 마을 주민들의 삶, 구성, 관계망 등도 외부의 다양한 힘들에 직간접적인 영향을 받으며 함께 변화할 수밖에 없다. 이는 농촌에서 도시로 전환된 마을 단위의 공간에서 특히 잘 드러난다. 전근대적인 요소가 강력했던 농촌 마을이 근대화, 산업화 그리고 도시화로 인해 도시공간으로 재구성되면서 구성원들의 삶, 계층, 관계도 재구성되었기 때문이다.[22]

위 설명에서도 알 수 있듯이 이처럼 마을은 사회자본으로 통제하

---

20 Ibid., 289.
21 공윤경, "도시화에 의한 공간의 분절과 구성원의 연대," 「한국지역지리학회지」 22(2016): 615-616.
22 Ibid., 617.

고 제한할 수 있는 공간이 아니다. 마을은 지역적 의미를 뛰어넘어 다양한 지역 구성원 또는 상호 간의 관계, 공동체 운동으로 형성되고 인지되어야 한다. 마을은 창의성과 효율성을 극대화할 수 있는 공간이다. 이러한 관계 안에서 볼 때 교회는 마을과 떨어질 수 없는 불가분의 관계, 곧 교회는 마을과 함께하는 운명 공동체다. 교회는 더 이상 마을과 상관없는 외딴섬 같은 존재일 수 없다. 결국 교회의 생명력은 교회 안에서가 아니라 교회가 속한 마을과의 관계에서 찾아야 한다.

마을에 대한 개념을 종합해 보면 다음과 같이 요약할 수 있다. 첫째, 마을은 지역적 의미로 여러 집들이 옹기종기 모여 있는 곳이며, 둘째, 지역적 의미는 협소하며, 더 넓은 의미로 인간과 지역, 인간과 인간과의 정서적 상호교감이 이루어지는 특수한 공간이자 관계다. 그래서 한국 사회에서는 외국에서 경험하지 못하는 정(情)이란 단어를 사용한다. 또한 마을은 이웃사촌이란 단어를 통해 현대 사회와 도시에서 발견하지 못하는 친숙한 이미지를 담고 있다. 그래서 마을은 농촌에서 사용하는 단어로 좀 더 익숙하다.

2) 마을목회의 성경적 근거와 기능

최근 마을목회가 큰 관심을 받게 된 이유는 선교적 교회(missional church)가 등장하기 시작하면서다. 그동안 교회는 선교를 하나님의 선교로 이해하기보다 프로그램 또는 성도들을 대신해 파송된 선교사가 해외에서 하는 선교 활동으로 이해해 왔다. 선교적 교회는 교회가 속한 지역사회에서도 선교가 필요하다는 당위성을 주장한다. 모든 교회는 지역 교회이고 지역 교회는 마을에 존재하므로 교회와 마을은 불가분의 관계다. 따라서 하나님의 선교는 교회의 본질이며, 지역 교회는 마을을 선교 현장으로 인식한다. 농촌 교회 목회자는 선교적 마인드를 지향하는 목회 패러다임으로 마을목회에 관심을 가지고 접근해야 한다. 따라서 다른 실천을 위한 근거와 기능을 숙지하는 일은 바람직한 일이 될 것이다.

(1) 성경적 근거

오늘날 마을목회는 선교적 교회와 함께 주목받는 목회 패러다임으로 거론된다. 마을목회를 이해하기 위해 다음과 같은 성경적 근거를 찾을 수 있다. 첫째, '성육신적(incarnational) 삶'이다. '성육신'은 하나님께서 인간의 삶에 선교적으로 개입하시는 행위다. 성육신은 "말씀이 육신이 되어 우리 가운데 거하신"(요 1:14) 사건이다. 예수님은 인간과 같이 육신으로 태어나셔서 자기를 비워 종의 형체를 가지시고, 십자가에 죽기까지 자기를 낮추시고 복종하심으로 선교적 삶을 보이셨다(빌 2:6-8).

선교적 관점에서 예수 그리스도의 성육신을 제대로 이해해야 한다. 최동규는 "예수의 성육신은 인간 삶의 현실 안으로 뚫고 들어오시는 하나님의 현존"임을 강조한다.[23] 성육신적 삶을 실천하는 교회와 성도에게 필요한 것은 지역사회에 복음을 들어야 할 사람과 연대다. 마을은 복음을 알지 못하는 사람과 친밀한 관계를 형성할 수 있는 공간이다. 즉, 마을은 다양한 기질과 성향을 가진 주민들이 살며, 하나님

---

23 최동규, 『미셔널 처치』 (서울: 대한기독교서회, 2017), 252.

의 사랑을 실천하는 성육신적 장(場)으로 볼 수 있다.

둘째, 마을목회의 또 다른 성경적 근거는 '하나님 나라 운동'이다. 하나님 나라 운동은 우리의 신앙과 삶의 모든 영역에서 예수 그리스도의 주(主)되심을 실현하는 운동이다. 그동안 한국교회는 건물 중심 및 성장주의에 매몰된 교회론을 추구하며 교회와 지역사회의 분리를 고착시켰다. 이제는 교회가 속한 마을에서 섬김과 헌신을 통해 하나님 나라 운동이 일어나야 한다. 예수님의 첫 선포도 '하나님 나라'였다(막 1:14-15). '하나님 나라'로 시작해서 '하나님 나라'로 마치셨다. 제자들에게 가르쳐 준 주의 기도를 통해서 하나님 나라를 향한 예수님의 간절함을 확인할 수 있다(마 6:5-15; 눅 11:2-4). 정원범도 "하나님 나라 운동으로서 마을목회"를 주장한다. 그 이유는 예수님의 하나님 나라 운동은 교회뿐만 아니라 마을과 사회, 모든 세상으로까지 하나님의 아름다운 샬롬의 공동체를 회복하고자 하는 운동이었기 때문이다.[24] 오늘날 한국교회가 교회다움을 상실하고 세상으로부터 불신과 비판을 초래한 이유도 삶의 자리에서 하나님 나라의 꿈을 잃어버렸기 때문이다. 마을목회는 하나님 나라를 교회가 세워져 있는 마을에 실현하는 것이다. 즉, 마을에 하나님 나라의 공동체를 세우는 것이다.

셋째, 교회와 마을의 관계적 통전성 회복이다. 교회 공동체성은 마을 공동체성과 연결된다. 개인주의가 만연한 사회든 아니든 하나님의 백성은 교회의 본질을 이루는 공동체가 되도록 더욱 힘써야 한다. 바울도 개인주의를 경계하면서 교회를 하나님 백성의 공동체로 이해하고 그리스도의 몸으로 설명한다(엡 1:23). 고린도전서 12장 13절에서

---

24 정원범, "하나님 나라 운동으로서의 마을목회," 「선교와 신학」 43(2017): 377-388.

"우리가 유대인이나 헬라인이나 종이나 자유자나 다 한 성령으로 세례를 받아 한 몸이 되었고 또 다 한 성령을 마시게 하셨느니라"라는 말씀은 우리가 성령의 능력 안에서 지역 교회와 마을이 하나 될 수 있음을 말한다. 또한 사도행전 2장에서 보여 준 초대교회의 코이노니아(Koinonia)는 오늘날 한국교회가 본받아야 할 진정한 사귐의 모습을 보여 준다. 이처럼 지역 교회는 마을 안에서 머리 되신 그리스도를 중심으로 서로 같은 마음과 같은 뜻을 품고 교제하고 섬기는 공동체다. 지역 교회 성도들은 교회 안에서의 역할을 넘어 교회 밖인 마을에서도 마을 주민 공동체원으로서 상보적으로 존재할 때 서로에게 필요한 존재가 된다.

넷째, 마을을 향한 선교적 사명이다. 선교적 사명은 복음을 땅끝까지 이르러 전하는 것(마 28:16-20)과 창조 영역인 환경과 생태 영역에서의 회복도 포함된다. 죄에 빠진 인간을 구원하는 것과 인간의 그릇된 욕심으로 인해 오염된 자연과 생태는 선교적 사명을 지향하는 마을목회의 필요성을 대변한다. 하나님께서는 창조하신 세계를 아름답게 보존할 것을 인류에게 명령하셨다(창 1:28). 그동안 교회가 자연환경에 관심이 부족했던 이유는 협소한 구원론적 입장을 취했기 때문이다. 협소한 구원론적 입장은 자연 생태를 제외한 오직 인간만을 구원의 대상으로 보는 것이다. 이런 이해와는 달리 몰트만(J. Moltmann)은 인간과 자연의 관계에서 "생태학적 위기가 인간의 모든 삶 체계의 위기를 야기시킨다"고 했다.[25] 최근 이와 관련하여 일본 방사능 오염수 방출 소식이 뜨거운 이슈다. 국가와 국가 사이에 일어난 문제가 아닌 지

---

25 J. Moltmann/김균진 역, 『창조 안에 계신 하느님』 (서울: 한국신학연구소, 1986), 38.

구 생태계 위기의 시대로서 미래 세대를 위해 좀 더 위기의식을 가지고 삶의 양식, 즉 생태적 의식을 고취하여 변화를 일궈내야 한다. 교회의 사명은 하나님께서 지으신 세계를 하나님의 말씀과 창조 법칙에 따라 다스리며 바로잡는 것이다. 왜냐하면 생태의 위기는 자연 세계의 생명뿐만 아니라 거기에 터를 두고 살아가는 인간 생명 전체를 위협하고 있기 때문이다.

농촌의 자연 생태계는 쓰레기와 폐기물 등으로부터 사각지대다. 최근 들어 재활용 분리수거와 종량제 봉투를 사용하고 있지만, 이런 생활은 아직 농촌 주민들의 인식 밖에 있다. 그래서 농촌 면, 군 단위로 주민을 대상으로 하는 쓰레기 처리 방법에 대한 교육을 실시하고 있지만, 실제 생활에서는 쓰레기 처리에 대한 교육 내용과는 큰 괴리가 있다. 가정에서 나오는 생활 쓰레기를 소각하거나 종량제 봉투를 사용하지 않는 환경 훼손 행위가 반복되고 있고 또한 도시에서와 달리 농촌에서는 영농 폐기물도 많이 발생한다. 꼭 농사를 짓지 않더라도 밭이나 정원 등을 관리하면서 발생하는 비료와 농약 용기 및 쓰레기는 반드시 마을 공동 집하장에 버려야 한다. 마을의 생활 여건 개선은 결코 방치되어서는 안 될 중요한 문제다. 그러므로 각 지역의 농촌 교회들은 마을과 연대하고 연합함으로써 훼손된 자연 생태를 회복하고 소생시키는 자연 친화적인 마을목회를 추구해야 한다. 달리 말해 창조 세계의 샬롬을 추구하는 하나님의 교회는 자신의 거점, 곧 마을 전체가 하나님 통치의 마을이 되게 하는 선교적 존재(being)라는 말이다.

따라서 선교의 주체자이신 하나님의 모든 활동이 그분의 선교를 위한 영역이라면, 하나님의 모든 활동 장소에 거하는 모든 지역 교회는 그 마을을 위한 하나님의 선교적 도구여야 한다. 이를 위해 교회는 하나님께 선택받은 특수한 존재가 아니라 지역사회의 일을 함께 토론하고 문제 극복을 위해 마을 주민들과의 친밀한 관계성 안에서 자유롭고 진취적인 대화를 열어 가야 한다. 나아가 마을 전체 문제에 대한 효과적이고 건설적인 방안 모색의 1차 책임자가 되어야 한다.

(2) 마을목회의 기능

조용훈은 마을 공동체가 추구하는 가치를 "공동체성, 지역성 그리고 지속가능성"으로 말한다.[26] 세 가지 가치는 기독교 관점에서 마을목회가 추구하는 기능과도 관련이 있다. 오늘날 교회와 목회자들이 교회의 본질을 간과하고 행사와 프로그램 등 실용주의적 사역을 위해 존재하는 한 진정한 교회를 꿈꾸며 노력하는 사람들에게 공동체는 매우 중요한 문제로 여겨진다. 오늘날과 같은 자본 민주주의 사회의 일반적 모습인 개인주의와 경쟁주의적 삶의 방식은 교회뿐만 아니라 지역 공동체성을 약화했다. 무엇보다 농촌지역은 도시화와 산업화로 젊은 세대가 떠나 인구가 감소하고, 변화에 대한 이해와 수용성이 매우 적은 농촌 사회로의 귀농과 귀촌은 때때로 지역의 폐쇄성을 부추겼다. 농촌의 폐쇄성은 깊은 혈연관계와 배타성, 다문화 가정의 생활 방식에 대한 이해 충돌 등을 의미하며, 귀농, 귀촌의 낯선 이방인들을 환영하지 못하게 방해하는 요소를 말한다. 특히 도시 환경에 익숙한 귀농, 귀촌인들이 자신이 소유한 땅의 측량을 통해 자기 소유의 땅임

---

26 조용훈, 『마을공동체와 교회공동체』 (서울: 동연, 2017), 45-53.

을 주장하여 오랫동안 사용한 주민들의 도로를 막고 이용하지 못하도록 경계를 긋는 행위는 새로운 유입 인구와 기존 마을 주민 사이에 깊은 갈등을 유발하기도 한다.

따라서 교회가 성공적인 마을목회를 하기 위해서는 공동체 회복 운동을 전개해야 한다. 과거 농촌은 농업을 업(業)으로 삼고 문중, 두레, 품앗이 문화 등 함께 일하고 함께 도우며 살았다. 마찬가지로 오늘날도 농촌 지역사회는 과거보다는 덜하지만 공동 의식과 생활 양식을 통해 지역 공동체성을 유지하고 있다. 그러나 여기서 주의할 점은 농촌지역의 오랜 폐쇄성이 만든 집단이기주의를 경계해야 한다는 것이다. 왜냐하면 집단이기주의는 마을 공동체를 돈독하게 한 것처럼 보이지만, 새로움에 대한 근본적 폐쇄성으로 인해 장기적으로는 마을 공동체의 형성과 발전을 가로막는 장애물이기 때문이다.

이처럼 교회의 본질을 회복하는 중심에도 공동체성이 자리하고 있다.[27] 교회는 근본적으로 공동체를 이룬다. 성경은 반복해서 하나님과의 연합, 성도 간의 연합, 즉 하나됨을 강조한다. 성도의 구원도 개인의 사건이지만, 그러한 구원의 사건도 교회라는 공동체를 통해 발생한다. 특히 지역 교회는 선교적 본질을 회복하는 공동체 육성을 위해 노력해야 한다. 사도행전 2장에 나타난 초대교회 공동체는 믿는 사람들과 함께 지내며 물건을 공유하고 가진 자가 부족한 자의 필요에 따라 나누어 주었다. 또한 날마다 성전에 모여 예배하며 집마다 돌아가면서 빵을 나누고 기쁘게 음식 나눔을 통해 참된 공동체의 모범을 보였다. 이처럼 마을목회의 초점은 하나님 사랑을 실현하기 위한

---

27 최동규, 『미셔널 처치』, 219.

마을의 공동체성 회복을 위해 힘써야 한다. 마을목회는 교회 안에 있는 성도 간의 공동체성을 넘어 교회가 속한 마을 전체를 대상으로 이뤄져야 한다. 교회가 가진 공공성을 통해 교인들의 자발적인 헌신과 봉사는 마을의 공동체성을 촉진시키는 중요한 역할을 한다. 따라서 마을목회는 교회가 속한 마을과의 관계적 통전성의 회복으로 연결될 수밖에 없다. 왜냐하면 마을목회의 대상은 지역 교회만이 아니라 교회가 거주하는 거점, 곧 선교적 지역 전체를 포함하기 때문이다.

마을목회가 가진 두 번째 기능은 지역성이다. 지역성의 의미는 '해당 지역만이 가지는 특성'을 말한다.28 여기서 다른 단어를 하나 가져오면 '글로컬'(Glocal)이라는 단어가 있다. 글로컬은 세계를 뜻하는 글로벌(Global)과 지역을 뜻하는 로컬(Local)의 합성어다. 말하자면 "지역적인 것이 세계적인 것이고, 세계적인 것이 지역적인 것"이라는 뜻으로, 글로컬은 세계화를 지향하되 지역 특성을 외면하지 말고 지역 경쟁력을 키우는 것을 말한다. 글로컬은 세계화와 지역화가 함께 맞물려 있다는 말이다. 글로컬 시대에 농촌 마을도 지역 문제에만 매몰되지 않고 정치·경제적 관심과 교육, 복지, 문화, 환경 등과 관련된 문제의 해결책도 찾으려는 노력의 출발점이 마을목회가 가지는 지역성이라 볼 수 있다.

따라서 마을목회의 지역성이란 교회 건물 안에서만의 행하는 닫힌 목회로부터 교회가 속한 지역사회를 향해 열린 목회를 지향하는 것이다. 우리는 예배드릴 때마다 사도신경에 나오는 "… 거룩한 공교회와 성도의 교제와…"를 고백한다. 교회는 보편적이면서 세계적이

---

28 국립국어원 표준국어대사전, https://stdict.korean.go.kr/search/searchResult.do.

며 동시에 지역적이다. 교회는 복음을 들어야 할 사람과 그들 삶의 일상으로부터 분리된 채 존재할 수 없다. 신약성경 안에서 나타나는 교회 이름은 안디옥교회, 빌립보교회 등 지역 이름과 함께 불렸다. 이처럼 교회는 특정 지역에 위치하며, 지역민으로 구성되며, 지역사회와 영향을 주고받는다.[29] 따라서 선교적 본질을 추구하는 교회는 개인적 차원에 머물지 않고, 공적 영역의 확대를 추구하는 교회다. 이런 뜻에서 모든 지역에 거주하는 지역 교회는 자신이 몸담은 마을에 소속된 교회다. 따라서 마을의 경제적인 어려움과 인구 감소는 지역 교회의 성장과 존립에도 영향을 끼친다. 이런 까닭에 교회가 마을과 운명을 함께한다는 사실은 더 분명해진다.

다음으로 세 번째 기능은 지속가능성이다. 일반적으로 지속가능성 (sustainablity)은 경제, 사회적 용어로 이해되는데, 이 개념은 '유엔 환경과 개발에 관한 세계위원회'(WCED)의 「브룬트란트 보고서」(Brundtland Report, 1987)에서 제시했던 가치다.[30] 지속가능성은 우리가 누렸던 모든 환경, 사회, 경제 등을 미래 세대에게 건강한 상태로 물려줄 수 있는 삶의 방식을 말한다. 이런 뜻에서 현세대는 지금 우리가 누리고 사용하는 자원환경을 안전하고 풍요롭게 전수해야 할 사명이 있다. 그렇다면 지속가능성을 위한 요소에는 어떤 것들이 있을까? 그것은 환경적 차원, 사회적 차원, 경제적 차원의 세 가지로 살펴볼 수 있다.

첫째, 환경적 차원은 자연환경과 생태계를 보호하고 자원을 계속해서 이용할 수 있도록 보전하는 것을 말한다. 생태학적으로 안전한 먹거리의 생산과 자연 친화적인 에너지 활용은 마을을 보존하고 활용

---

29 조용훈, 『마을공동체와 교회공동체』, 49.
30 Ibid., 51.

하는 중요한 수단이다. 모든 국민은 쾌적한 환경에서 살 권리와 의무가 있고, 국가는 국민의 기본적 인권을 지켜주어야 한다.

둘째, 사회적 차원은 사회의 공공성과 이웃에 대한 사회적 환대, 지역사회의 발전을 목표로 한다. 인간은 홀로 살아갈 수 없고 많은 사람과 다양한 방식으로 관계를 맺으며 살아간다. 이런 관점에서 사람은 공적 영역 안에서 살아간다고 할 수 있다. 사회의 공공성은 마을에 살아가는 모든 주민이 공공의 목적을 위해 서로 소통하고 실천할 수 있는 장(場)을 마련해 준다. 또한 점차 증가하는 농촌지역 다문화 가정들은 마을의 따뜻한 환대를 기대한다. 그만큼 오늘날 한국의 농촌지역을 다문화 지역이라 불러도 무방하다. 이런 측면에서 한국의 농촌지역은 다문화 지역으로 다양성과 특수성을 가진 개인이나 집단이 계속 늘어나고 있고, 따라서 외국인에 대한 편견과 차별은 사라져야 한다.

셋째, 경제적 차원은 경제적 시스템과 일자리 창출, 기술 혁신, 새로운 경제 모델의 도입 등을 말한다. 도시와 농촌 간의 농수산물 직거래는 연대와 협력을 통한 상생을 보여 주며, 농촌에서 새로운 기술 혁신으로 스마트 팜(Smart Farm)의 도입은 발전된 기술이 실생활에서 어떻게 적용되는지 보여 준다. 4차 산업혁명은 마을의 발전과 더불어 경제적 수준을 향상할 기회를 제공한다. 농업 활동도 사람의 손을 대신해서 트랙터 등 기계가 대신한다. 농업용 드론은 농약이나 종자를 뿌리는 데 효과적이다. 또한 농업용 로봇은 작물의 파종과 수확 작업, 젖소의 착유 등에 사용된다. 우리 농업도 지역경쟁력에서 뒤처지지 않고 미래 선도산업으로 발전할 수 있다고 본다.

종합적으로 지금까지 살펴본 공동체성, 지역성, 지속가능성은 빠르게 급변하는 포스트모던과 근대화의 급변으로 인한 개인주의와 경쟁주의, 관계적 단절과 공동체성 해체, 보수성과 폐쇄성에 따른 고립과 차별의 긴장된 사회 분위기를 완화하고 해소하는 핵심 가치들이다. 이러한 핵심 가치들은 수많은 지역 문제에 답을 찾고자 하는 현장에 관심을 가지게 할 뿐만 아니라 안정된 경제와 사회적 문화를 통해 풍성한 삶의 질을 계속 영위할 수 있는 삶의 방식도 제공한다. 이처럼 마을목회는 지역에 대한 선교적 정체성을 고취하고, 마을의 공동체성을 강화하며, 교회와 지역사회의 관계를 통전적으로 돈독케 함으로써 하나님의 사랑과 뜻이 구체적으로 나타나게 하는 지속가능한 하나님 나라 회복 운동이라고 말할 수 있다. 따라서 지역 교회 목회자는 선교사적 정체성을 가지고 마을 전체를 목회와 선교의 범위로 확장해야 한다. 또 교회의 모든 구성원은 하나님의 선교적 백성으로서 마을의 자리로 파송된 선교사적 의식을 가지고 일상을 살아야 한다. 바로 이것이 삶을 통해 나타나는 하나님 나라의 일상 운동이다.

4. 대안 플랫폼으로서 마을목회의 기대 효과

4차 산업혁명을 나타내는 요소로는 사물인터넷, 빅데이터, 플랫폼, 인공지능 등이 있다. 특히 플랫폼(platform)은 떠오르는 키워드다. 플랫폼이란 "역이나 정거장에서 사람들이 타고 내리는 장소"[31]이기에 사람들이 붐빌 수밖에 없는 곳이다. 교통수단 이용자들이 거쳐 갈 수

---

31 국립국어원 표준국어대사전, https://www.korean.go.kr/front/search/searchAllList.do.

밖에 없는 유일한 곳으로, 교통은 물론 여러 상권이 한데 모이는 중심지라고 해도 과언이 아니다. 미국의 애플, 아마존, 구글, 페이스북 등과 같은 기업들은 4차 산업혁명 시대를 선도하는 플랫폼 기반의 대표적인 기업들이다. 현대 사회에서 플랫폼은 혁신적 과학기술을 통해 사람과 사람, 사람과 사물을 연결하는 인프라를 제공함으로써 새로운 가치를 창출하는 비즈니스 생태계라는 의미를 담고 있다.

이처럼 현대 사회에서 플랫폼은 대도시뿐만 아니라 농촌지역 마을목회를 위해서도 중요한 주제다. 최근 농촌지역 마을 플랫폼 동향도 주민자치 기반의 디지털 마을 플랫폼으로 구축되어 지역 주민들의 요구사항에 따라 지역 문제를 해결하는 정보 공유 및 참여형 마을 플랫폼으로 확장하고 있다. 간략히 언급하면, 참여형 마을 플랫폼은 진행 중인 주요 사안에 온라인 투표가 가능하고, 공유 공간과 사회적 기업 등과 같은 마을 자원을 제공함으로써 민주적인 마을 의제 참여와 마을 자원을 더욱 손쉽게 사용할 수 있도록 서비스를 제공한다. 아울러 체험을 위한 프로그램 플랫폼과 귀촌, 귀농을 돕는 농촌 정착 플랫폼 등 다양한 종류의 플랫폼이 개발·실행되고 있음을 확인할 수 있다. 이런 의미에서 목회적 플랫폼으로서 마을목회는 다음과 같은 효과를 기대할 수 있다.

1) 마을 마당으로서 교회

현대 주거 형태의 대부분은 아파트다. 하지만 지방 소도시에는 지금도 아파트보다 단독주택이 더 많다. 주택은 대부분 크고 작은 마당으로 이어진다. 마당은 집에서 일어나는 다양하고 중요한 행사를 보조하는 공간이며 또한 마당은 외부와 내부를 연결하는 매개적 역할 뿐 아니라 완충적 기능도 담당한다. 그래서 마당은 가족들이 어울리는 공간이며, 이웃이 함께할 수 있는 공간이다. 이처럼 마을의 마당은 플랫폼과 같은 역할을 한다. 전광현은 플랫폼으로서 마을목회를 "다양한 이해관계 속에 서로 소통하고 함께하여 아름다운 사회를 만들어가는 마당 역할을 수행하는 것"임을 말한다.[32] 또 이도영은 확장된 의미로서 "자발적인 참여자들의 상호작용으로 새로운 가치와 혜택을 제공해 줄 수 있는 상생의 생태계"로 플랫폼을 설명한다.[33] 이처럼 마을목회는 마을을 위한 새로운 희망의 플랫폼이라고 말할 수 있다. 새로운 대안 플랫폼으로서 마을에 주목해야 한다는 황홍렬의 말을 들어 보자.

그동안 한국인들은 대단지 아파트 건축, 최근에는 뉴타운 건설계획 등에 매진해 왔지만, 후기 근대적 상황에서 필요한 것은 아파트가 아니라 마을이고, 소비를 과시하기 위한 이웃이 아니라 소통과 나눔을 통해 상호 호혜적 관계를 맺어가는 이웃의 형성이다. 한국 사회를 '헬조선'이라 부르는 청년들이 살고 싶은 마을은 '돌봄과 학습이 있는 주거', '사회복지, 노동복지를 모두 아우르는 마을'이다. 이런 마을은 "생태적 한계를 인식하고 사회적으로 호혜·협동의 관계를 발전시키면서 경제적으로 지속 가능한 대안을 모색하는" 대안 사회로, '생태'는 "단순히 자연이나 환경을 의미하기보다는 인간과 자연, 인간과 인간이 서로 연결되어 있으며, 자연의 한계 안에서 인간과 인간, 인간과 자연이 공존 공생해야 한다"는 원리를 가리킨다.[34]

---

32 전광현, "선교적 교회의 마을목회 연구" (장로회신학대학교 박사학위논문, 2020), 142.
33 이도영, 『페어 처치』(서울: 새물결플러스, 2017), 293.

이런 언급처럼 마을목회의 관점에서 플랫폼은 교통수단만을 이용하기 위한 제한된 공간이 아니다. 공급과 수요의 다양한 공동체가 참여해 얻고자 하는 새로운 가치와 혜택을 제공해 줄 수 있는 상생의 생태계라고 할 수 있다. 말하자면 지역 교회가 마을의 플랫폼이 되어 지역 주민들과 어울리는 마당이 되는 것이다. 예를 들면 교회가 하는 행사들, 특히 부활절, 추수감사절, 성탄절과 같은 절기나 기타 여러 목회적인 행사를 교회 내부적 행사의 의미를 소통하고, 기독교적 섬김을 실천함으로써 그리스도께서 보여 주신 사랑을 함께 나누는 것이다. 그럴 때 교회의 행사는 자체적인 프로그램이 아니라 마을 전체의 축제가 된다. 나아가 이를 반복할 시 교회의 다양한 목회적 활동들은 마을 전체의 행사가 되어 마을 주민들의 자발적인 참여와 민주적인 논의의 장이 될 수 있다. 이처럼 교회는 닫힌 목회를 지양하고, 마을의 발전과 하나님 나라를 구체적으로 실현할 수 있도록 교회의 인적, 물적 자원을 마을의 자원과 함께 사용할 수 있어야 한다. 이로써 교회는 마을을 위한 선교적 마당이 되어 지역을 사랑하고, 마을 공동체로서 더불어 살아가게 된다.

2) 공동체성 강화

오늘날 도시든 농촌이든 공동체성이 약화되고 있다는 것은 부인할 수 없는 사실이다. 그나마 농촌은 도시와 다르게 공동체성을 비교적 잘 유지하고 있다. 과거, 마을은 혈연이나 지역의 공통점 위에 자연

---

34 강성열·백명기 엮음, 『한국교회의 미래와 마을목회』 (서울: 한들출판사, 2016), 136-137.

발생적으로 형성된 경우가 많았다. 또한 마을 구성원의 변화가 적어 지속 가능한 공동체성을 가진다. 마을의 형성 과정에서 자연스럽게 형성된 이웃들은 서로의 인간적 관계를 중요시했다. 그러나 현대의 공동체는 주민들의 인위적인 선택에 따라 형성되며 이동이 빈번하여 관계의 지속성을 약화시켰다.[35]

플랫폼으로서 마을목회는 개인에 대한 존중과 다른 지역에 대한 개방성을 염두에 두면서 공동체성을 확보하기 위한 대안이라 할 수 있다. 이런 뜻에서 마을목회의 의미는 도시와 농촌이라는 물리적 지역의 한계를 초월하여 지역의 구분 없이 적용되어야 한다. 또한 농촌도 과거의 틀에서 벗어나지 못하고 부정적인 전통과 문화를 고집할 것이 아니라 마을의 공동체성을 회복하기 위한 문화적 수용성과 변화 가능성을 위한 큰 노력이 필요하다. 그러기 위해서는 지역과 혈연 중심에서 벗어나 정신적, 정서적 가치와 삶의 방향이 지역 주민들과 공유되어야 한다. 예를 들면 자녀를 위한 전인적 교육, 사회적 경제, 자연 친화적인 삶, 주체자로서 사회적 경제 활동, 마을 주민을 대상으로 하는 평생교육 등을 공유하는 것도 공동체성을 강화하는 중요한 토대가 된다.

강영택은 마을 공동체 형성을 위한 두 가지 방식을 제안한다.[36] 첫째는 한 지역에서 어떤 특별한 계기로 특정한 정신적 가치를 중요하게 여기고 이를 공유하면서 마을 공동체로 성장하는 경우다. 둘째는 첫 번째의 방식으로 특정한 가치나 삶의 방향성에 공감하는 사람들이 서로 교류하다가 점차 가까운 지역에 모여 살게 되면서 하나의 마을

---

35 강영택, 『지속 가능한 마을, 교육, 공동체를 위하여』 (서울: 살림터, 2022), 39.
36 Ibid., 39-40.

공동체를 형성하는 경우다. 두 가지 방식을 통해 가치와 목표를 공유하고 주민들의 협력을 통해 공동체성은 더 강화됨을 알 수 있다.

이처럼 교회가 마을목회를 통해서 다양한 활동에 참여할 때 동일한 사회적, 선교적 활동에 관심을 가진 이웃 교회들과 함께 만나게 된다. 한 마을에서 교파를 초월하여 지역 교회들이 협력하고 동역함으로 개교회 중심의 교회주의적 선교 패러다임으로부터 하나님의 선교에 함께 참여하는 선교적 교회 패러다임으로 전환할 수 있다. 오늘날 성도들이 파편화되고, 자기중심적 사고로 인해 독립된 영역에서 개인의 신앙을 축소시키는 결과로 공동체에 대한 관심이 나날이 증가하고 있다. 따라서 마을 속에 존재하는 교회의 진정한 제자도는 개인 차원에 머물지 않고 사회적, 공적 영역으로 확대된다. 이는 교회가 마을 주민으로 더불어 살아가며 교회에 주신 축복과 은혜를 함께 나누는 선교적 사명과 성도를 마을의 리더로 양육하고 지역 주민의 화해와 친교를 회복하여 더불어 살아가는 선교적 목회를 추구해야 한다.

3) 소통과 참여의 장(場)

앞서 농촌은 도시와 다르게 비교적 공동체성을 잘 유지하고 있다고 언급했지만, 현대 사회에서는 농촌도 개인화가 짙어가고 있다. 농촌은 도시와 비교했을 때 지역 폐쇄성과 보수적 경향성을 띤다. 마을은 지역사회 안에서 연령에 따라 발생할 수 있는 소통의 장애, 인식의 차이, 문화적 다양성은 많은 문제와 동시에 사회문화적, 지역적 문제를 함께 해결하는 과정을 통해 형성되는 이웃들의 협력적 생활 관계망을 제공한다. 그러므로 교회는 마을에 속한 이웃과 가정을 묶어 주는 중요한 매개체로서 일상적으로 지역과 소통하고 주민 참여를 확대해 마을 속 공감과 참여의 장을 만들어 준다.

마을 안에서 지역 교회가 어떤 역할을 할 수 있는지 송악교회가 송악마을에서 진행하는 마을 만들기 운동은 좋은 사례가 된다.[37] 송악교회와 송악마을을 한 몸으로 설명하면서 마을의 지속 가능한 소통과 참여를 위해 지역 주민과 함께하는 네 가지 선교적 실천을 강조한다. 첫째, 지역 주민과 함께하는 생태 공동체 사업으로 '친환경농업운동'이다. 둘째, 작은 학교 살리기 운동을 통해 지역 학생들을 위한 선교사업이다. 농촌지역의 지역 학교 소멸 위기에 폐교 위기의 거산초등학교를 대안학교로 만들어 생태교육을 위한 모범학교로 발전시켰다. 셋째, 송악교회의 문화부에서는 풍물패를 조직하여 지역사회의 행사에도 적극 참여하고, 문화공간을 만들어 운영하고 있다. 넷째, 지역사회를 위한 복지 사업이다. 노인 복지 사업으로 '사랑의 오병이어'를 조직하여 독거노인들에게 반찬을 만들어 배달한다. 송악 마을은 마을 장터의 이름을 '놀장'으로 정하고, 첫 공유 공간도 '놀다가게'로 이름 지어 주민들이 함께 참여하고 소통하는 장소로 가꾸어 가고 있다. 최근 예산에서 일어나는 다양한 마을 축제도 마을 만들기 운동의 좋은 모델이 될 수 있다. 회사의 CEO가 고향인 예산 전통시장의 리모델링을 통해 전통시장의 활성화를 넘어 지역을 살리면서 청년창업과 고용 문제에 대한 모범 답안을 제시한 사례로 본다. 더 나아가 관광을 통한 전통시장의 활성화로 방문객 수가 증가하고, 지자체는 다양한 편의시설과 주차장 확충을 통해 환경 개선과 지역 상인 및 주민의 참여를 유

---

37 이종명, "송악교회와 송악지역의 마을 만들기: 지역사회와 함께하는 선교사업," 「선교와 신학」 30(2012): 147-160.

도하고 있다.

이처럼 마을은 특별한 정서적 의미를 담고 있다. 건강한 마을의 지표라 할 수 있는 주민들의 자발성과 자족성 그리고 지속성은 공동체 의식과 생활 양식을 통해 강한 유대감과 결속력으로 서로에게 책임과 의무를 다하고, 단순히 서로의 이익을 얻기 위한 경제 공동체가 아닌 아무도 소외되지 않고 모두가 참여하고 소통하여 삶의 만족감을 경험함을 넘어 그것을 더 심화시켜 나가는 상생의 공간이다.[38] 따라서 마을목회가 대안 플랫폼으로서 올바른 기능을 하기 위해서는 교회 내의 성도들만을 목회 대상으로 삼는 것이 아니라 교회가 속한 지역 주민들도 관심과 목회의 대상으로 삼아야 한다.

예수님의 승천 후 제자들이 예루살렘에만 머물며 유대인들에게 복음을 전한 모습을 떠올려 보자. 사도행전 8장 1절 "사울은 그가 죽임당함을 마땅히 여기더라 그날에 예루살렘에 있는 교회에 큰 박해가 있어 사도 외에는 다 유대와 사마리아 모든 땅으로 흩어지니라"라고 말씀한다. 스데반의 순교는 교회의 큰 박해로 이어졌고, 이 일로 인해 예루살렘 성도들은 유대와 사마리아 땅으로 흩어지게 되었다. 이후 4절에서 "그 흩어진 사람들이 두루 다니며 복음의 말씀을 전할새"의 말씀을 통해 누가는 빌립이 유대인들이 혐오하는 사마리아에서 복음을 전하는 모습을 소개한다. 지금껏 예루살렘에만 머물렀던 사도와 성도들이 박해의 영향으로 여러 지역으로 흩어진 결과는 한 번도 복음을 전한 적이 없었던 사마리아로 가게 했고, 빌립이 담대히 복음을 선포한 모습은 교회와 성도들에게 큰 도전이 된다. 이처럼 마을목회는 목

---

38 박종삼·정무성 외 2인, 『마을목회와 지역사회복지』, 143.

회 대상을 교회 교인으로 한정하는 것이 아니라 하나님 나라에 대해서 접한 적이 없거나 복음을 듣지 못한 마을과 지역 주민을 향해 나아가야 한다. 이런 차원에서 그리스도인 본연의 삶은 선교적이며, 선교적 삶은 성도의 존재 목적을 분명히 하고 마을목회의 방향성을 분명히 일러준다.

따라서 교회는 하나님 나라의 관점에서 그리스도인을 넘어 지역사회와 주민까지 아우르는 목회신학적, 선교신학적 기능을 통해 교회와 지역사회, 지역사회 간 소통과 참여의 선교적 마중물이 될 수 있다. 이를 통해 마을목회는 교회 중심이 아닌 지역민과 함께 지역사회를 만드는 지역 공동체적 목회 플랫폼이 된다.

5. 마을 공동체로서 농촌 교회 활성화 목회 전략

마을목회는 단순히 교회 성장을 위한 전략이 아니다. 지역사회, 즉 마을 전체를 포함해서 하나님 나라를 이 땅에 구현해 나가는 신앙 운동이며, 지역의 전통과 특성을 계승, 발전시켜 지역의 인적, 물적 자원을 활용함으로 지역 주민의 삶의 질을 향상하는 데 기여하기 때문에 사회운동이라 할 수 있다. 따라서 이 장에서는 침체한 농촌 교회와 지역의 활성화를 위해 실제 가능한 목회 사역들을 고민해 본다. 또 마을목회와 관련된 다양한 프로그램들을 쉽게 찾아볼 수 있다. 기독교 마을 기업의 사례로 거창 대산교회와 협동조합으로 지역사회와 함께하는 신실한 교회, 대구 YMCA의 김경민 관장으로부터 시작된 주거 공동체 운동인 삼덕동 마을 만들기, 전남 곡성에서 사회복지 사역을 통해 지역사회에 큰 영향을 미치는 원등교회가 있다. 앞서 잠깐 소개했던 아산 송악교회는 생태 공동체와 지역 마을 만들기 운동으로 주목받고 있다.

마을 공동체로서 농촌 교회가 할 수 있는 가능한 사역들을 살펴보는 일은 상당히 중요하다. 왜냐하면 대부분 농촌 교회가 넉넉지 못한 인적, 물적으로 큰 어려움을 호소하고 있기 때문이다. 도시보다 더 심각한 노인 문제가 대두되고 있음에도 불구하고 농촌지역에서는 정작 별다른 대책을 세우지 못하고 있는 것이 농촌 교회의 현실이다. 농촌 교회 성도 구성원 대부분이 노인들임을 고려하면 목회자를 도와 마을 만들기에 참여할 젊은 성도가 없이는 어려운 일일 것이다. 그렇다면 목회자를 중심으로 소수의 인원으로도 마을목회를 실현할 수 있는 목회 전략에는 어떠한 것들이 있는지 본 장에서 살펴보겠다.

1) 임종자를 위한 호스피스 목회 사역

호스피스 목회는 임종을 앞둔 환자(지역 주민)들을 돌보면서 복음을 전하는 것을 말한다. 이 사역은 환자가 불치병으로 임종을 앞두고 평안히 마음의 준비를 할 수 있도록 도와준다. 동시에 복음 전도사역도 놓칠 수 없는 중요한 과정이다. 호스피스의 목적은 치료가 아니라 돌봄(care)이다. 이 돌봄은 궁극적으로 환자와 가족들이 불치병의 고통과 두려움에서 벗어나 남은 생을 편안하게 마치도록 도와주는 것이다. 많은 사람이 죽음에 직면하면 정신적, 심리적 스트레스에 시달리며 공포심과 두려움을 표출한다. 이런 현상은 환자와 가족 모두 동일하게 겪는다. 임종을 앞둔 이들의 환경은 절대 변하지 않는다. 호스피스를 통해 환자가 예수 그리스도를 영접할 때 삶을 대하는 시각은 달라지고, 종국에는 좀 더 편안하게 죽음을 맞이할 수 있다. 아울러 소망 가득한 모습으로 돌아가신 고인은 물론, 부모의 마지막 모습을 본 자녀들도 죽음에 대해 새롭게 인식하고 하나님 나라의 영원한 소망을 붙든 인생으로 살아갈 수 있게 한다.

따라서 고령화가 심한 농촌은 호스피스 사역의 필요성을 실감한다. 연령의 많고 적음과 상관없이 마을에서 질병 치료를 받고 있거나 요양원에 입원한 이웃을 위해 심방하고 기도하며 예배를 드림으로 죽음을 준비케 하고 마음의 평안을 가지게 한다. 이런 까닭에 호스피스 사역은 지역의 욕구와 필요를 충족시키고 복음 전도의 통로가 된다.

간혹 결혼과 직장 등의 진로로 타지에서 생활하는 자녀들이 고향에 남겨진 부모를 돌볼 수 있는 여건이 안 될 때 교회에 도움을 요청하는 경우가 있다. 부모가 교회를 다니지 않더라도 자녀들은 어렸을 때 모(母) 교회인 고향 교회에서 신앙생활을 했고 믿음의 성장을 이뤄낸 신앙의 체험이 있다. 대부분 농촌 교회는 신앙의 뿌리이며 마을에서 오랜 역사를 자랑한다. 마을에 존재하는 교회의 역사는 이웃과의 소통과 친밀도를 나타내는 바로미터(barometer)와도 같다. 우리 속담에 "가까운 이웃이 먼 친척보다 낫다"는 말처럼 촌수나 혈육으로는 남남이지만 하나님의 은혜 안에서 가족 공동체로 세워질 수 있다. 때로는 이웃들에게 가족보다 교회가 더 친근하게 다가갈 수 있다. 이런 차원에서 노년기에 접어든 노인들을 육체적, 심리적 그리고 영적으로 돌보는 사회복지 사역과 목회 상담 사역은 호스피스 사역과 병행될 수 있다. 그 때문에 1인 가구가 대부분인 농촌지역에서 사회복지 사역도 복음 전도의 마중물이 될 수 있다.

2) 온 세대를 위한 평생 교육 공동체

현대 사회는 4차 산업혁명 시대다. 4차 산업혁명은 인류가 전혀 경험하지 못할 만큼의 빠른 기술의 진보와 전 산업 분야에서 혁신적인 개편을 요구한다. 마찬가지로 농촌 사회도 4차 산업혁명 시대에 발맞추어 삶에서 일어나는 다양한 변화에 대비하는 교육이 필수 요소로 꼽히고 있다. 평생교육이라는 말이 있다. 이는 인간의 교육이 전 생애에 걸쳐 이루어져야 한다는 교육관으로 현대 사회에서 평생교육은 도시든 농촌이든 지역과 상관없이 적용되어야 한다.

성인교육에 관해서는 다음과 같이 생각해 볼 수 있다. 과거에는 농사할 때도 마을 사람들이 품앗이를 통해서 자신의 논에 이웃들이 다 함께 모여 일손을 거들었다. 사람들이 손으로 직접 모를 심어 벼가 익을 때는 모두가 매달려야만 추수를 할 수 있었다. 그러나 4차 산업혁명 시대인 오늘날에는 지역의 농업기술센터에서 농기계를 저렴하게 임대받아 소수의 인원으로도 쉽고 간편하게 농사를 지을 수 있다. 임대받아도 사용법을 모른다면 관리기뿐 아니라 예초기, 농업용 트랙터, 콤바인, 파종기 등 사용법을 교육받을 수 있다. 게다가 드론을 통해 약품을 쉽게 뿌리기까지 한다. 이 모든 것은 비용 지출이 필수지만, 교육 이수자에게는 기계를 대여받아 개인이 직접 사용할 수 있다. 이를 통해 볼 때 농촌의 연령이 대부분 60대 이상이라고 한다면 교육은 평생 이루어야 할 중요한 부분임을 알 수 있다.

또한 스마트폰은 우리의 일상에서 삶의 일부분을 넘어서 전부라고까지 말하는 사람도 있다. 오죽하면 '스마트폰 중독'이라고 말할까? 교회에서는 스마트폰 기능으로 전화를 걸고 받는 용도로만이 아니라 문자 보내기와 간편하게 인터넷을 사용하는 방법을 교육한다. 그리고 지역 보건소와 연계해서 건강 프로그램을 운영할 수 있다. 충남에서는 도민의 걷기 활성화를 위해 만든 어플리케이션 '걷쥬'가 있다. 남녀노소 참여하여 다양한 건강 교육을 받을 수 있으며, 건강 체조, 마을 걷기 운동, 사물놀이 등과 같은 모임에 참여하여 공동체와 연합하여 교육 혜택을 받을 수 있다. 주민들을 위해 '시니어 문화 교실'을 운영한다면 교회가 교육의 거점이 되고 교육 생태계를 조성해 나갈 수 있을 것이다.

농촌의 인구 감소는 하루 이틀 거론된 주제가 아니다. 청년 인구의 감소, 수도권 인구 집중화 등으로 농촌 소멸은 현실화되고 있다. 우리나라 전체 228개 시, 군, 구 가운데 소멸 위험 지역은 118곳으로 절반이 넘는다. 특히 소멸 위험 지역 중 91%인 108곳은 농어촌으로 나타났다.[39] 이런 인구 소멸 위기에도 농촌에 거주하는 소수의 마을 어린이를 위해 학교 교육뿐 아니라 사랑과 관심이 동반된 교회 교육도 필요하다. 교회는 신앙 계승을 위해 다음 세대를 위한 교육 플랫폼의 역할을 수행해야 한다. 그러나 실제 농촌 가정에서는 돌봄과 관심, 교육의 다양한 기회를 제공받지 못하는 자녀가 대부분이다. 따라서 교회는 교육의 역량을 키울 기회를 제공함과 동시에 기독교 교육을 수행하는 마을 교육 공동체를 이루어 갈 수 있다. 사람은 어떤 사람의 가르침으로 변하기보다 자신이 속한 공동체에 영향을 받아 변한다.[40] 아프리카 속담에도 "한 아이를 키우는 데 온 마을이 필요하다"는 말이 있다. 이 속담은 가정, 마을, 교회가 힘을 합쳐 교육하고 양육하며 키워나간다는 의미로 아이를 대하는 마음들이 고스란히 담겨 있다. 이

---

39 문형민, "정부 지원에도 농촌 소멸 현실화, 근본적 대안 필요," 「연합뉴스TV」 (2023.9.6.).
40 김도일, 『가정·교회·마을 교육공동체』 (서울: 동연, 2018), 25.

처럼 마을은 아이들의 삶에 큰 영향을 끼치기에 마을 전체는 교육 공동체로 존재해야 한다.

이런 차원에서 교회는 지역 학교와 연계하여 마을 학교를 운영함으로써 선교적 접점을 마련할 수 있다. 말하자면 교회가 학교와 소통하고 공감한 창의적 커리큘럼을 가지고 일주일에 한 번 정도 배움과 삶을 나눈다면 마을은 조금씩 학습 생태계를 형성하면서 한 몸 공동체로 존재할 수 있을 것이다. 바쁜 농사철이나 방학 때는 공부방을 운영하고 부모가 자녀의 학습을 확인하는 것도 교회와 마을이 학습을 매개로 하나가 되는 좋은 방법이다. 한편 마을 학교는 단순히 돌봄 교육을 넘어 지역의 마을 강사를 발굴하여 마을 인적 자원의 역량을 키우고 적극 활용함으로써 학교 밖 학교로서 마을 주민이 아이들을 돌보고 성장하는데 조력자 역할을 함께할 수 있다.

방학이 되면 연합 성경학교나 연합 수련회를 개최하여 지역 교회 학생들의 초교파적 연합 캠프나 집회를 진행하는 것도 좋다. 이를 통해 농촌 교회의 열악한 환경에서 오는 교육 부재를 조금씩 극복해 갈 수 있다. 미자립교회의 연합은 인적, 물적으로 부족한 한계를 극복하는 좋은 방법이다. 그러나 염두할 것은 신앙 교육은 일회적 사건이나 한 번의 뜨거운 체험만으로 이루어지는 것이 아니라는 사실이다. 언급한바 연합 교회학교는 지역의 여러 교단이 참여할 수 있다. 타 교단에 속한 교회가 참여 할 때 교육 교재 사용과 기간은 학교 교육과 같이 학기제로 운영할 수 있고, 일반 학교 일정에 맞춰 교육 과정을 편성하여 방학 중에는 소속 교회에서 예배 드린다면 교단의 특색을 잃지 않고 자기 교회를 사랑하며 건강한 신앙의 중심을 가지고 교회를 섬기는 시간이 될 수 있다. 시행과 관련하여 처음에는 1~2개월 기간 동안

시범 운영을 통해 운영비, 운영위원회 구성, 교사와 학생들을 어떻게 가르칠 것인지 교육 내용 등을 결정해야 한다. 이후 결정된 내용을 토대로 연합된 교회들이 소화할 수 있는 운영 범위를 결정함으로써 감당할 수 없는 계획을 세우지 않도록 주의한다. 연합교회학교가 운영될 때 다양한 변수와 시행착오가 발생할 수 있지만, 참여하는 교회의 교사들이 영적, 정서적으로 잘 준비되고 유대가 잘 형성될 수 있도록 평소 지역 교회들의 작은 모임과 정기적인 교제가 이루어진다면 더 큰 인적 재원으로 참여할 수 있다. 이런 차원에서 이은경은 "작은 교회가 가진 여러 어려움이 있지만, 신앙 교육을 받아야 할 어린이의 권리와 신앙 교육을 해야 할 우리의 책임을 기억하며, 여러 지역의 '작지만 유쾌한 연합 주일학교'가 생겨나기를 강조한다."[41]

3) 마을 기업을 통한 자생 공동체

마을 공동체로서 농촌 교회는 사회적 자본을 가진 자생 공동체다. 사회적 자본(social capital)이란 "특정한 목적의 성취를 위해 개인이나 집단이 동원할 수 있는 자원으로 인적, 물적 자원이 아닌 사회적 관계로부터 얻어지는 자원"을 말한다.[42] 교회는 분명한 목적을 가지며, 성도들의 사회적 관계가 맺는 분명한 가치를 보여 준다. 교회는 교회의 목적과 성도들이 가진 가치와 연결됨으로 사회적 연대의 역할을 담당

---

41 이은경 교수는 작은 교회, 미자립 교회 학생들을 위해 지역 교회가 함께하는 연합 주일학교를 제안한다. 자세한 내용은 「목회와 신학」에서 확인할 수 있다. 이은경, "작고 유쾌한 교육 공동체, 연합 주일학교," 「목회와 신학」 413(2023): 64-67.
42 김상돈, 『마을공동체 이론과 실제』 (서울: 소통과 공감, 2014), 131.

한다. 교회의 사회적 연대는 지역 공동체적 관계에서 개인과 공동체의 생산성에 영향을 미친다. 로버트 퍼트남(Robert D. Putnam)은 사회적 자본을 "개인들 사이의 연계(connections) 그리고 이로부터 발생하는 사회적 네트워크, 호혜성(reciprocity)과 신뢰의 규범을 가리키는 말"로 정의한다.[43] 이런 뜻에서 마을 주민들이 사회와 단절되고 지역사회 공동체로부터 소통과 연대가 되지 않는다면, 사회적 자본이 풍부하다고 할 수 없다. 결국 많은 사회적 자본과 함께 소통과 연대가 잘 이뤄질수록 지역사회의 회복과 발전 속도는 빨라진다고 볼 수 있다. 그 때문에 농촌 교회는 마을을 위해 보다 효율적으로 마을 주민들이 함께 누릴 수 있도록 사회적 자본을 적극 활용할 소통과 연대의 공동체가 되어야 한다.

도시화, 산업화는 농촌의 경제적 활동 인구의 감소를 부추겼고, 나이가 들어 고령임에도 경제활동을 해야만 하는 사람은 점점 증가하고 있다. 또한 건강의 문제로 더는 경제활동을 하지 못해 자녀들에게 도움을 받거나 정부로부터 노인 연금과 같은 경제적 지원을 받기도 한다. 이처럼 농촌 교회는 인적, 물적 자원이 부족하기에 자신의 힘으로는 지역사회의 필요를 채우는 데 큰 어려움을 겪는다. 따라서 교회는 지역사회의 특성을 이해하고 협동조합과 사회적 기업 설립 등 마을 기업을 통한 수익사업을 통해 자생 공동체가 되는 중요한 기반을 마련해야 한다. 특히 마을 기업은 소득 향상만을 목적으로 삼는 것이 아니라 마을 내 취약계층을 위해 지역 서비스를 제공하거나 지역사회에 공헌함으로 마을 주민의 삶의 질을 높이는 등 공공성을 우선시하는

---

43 로버트 D. 퍼트남/정승현 역, 『나 홀로 볼링』 (서울: 페이퍼로드, 2009), 17.

것을 목표로 한다. 자본주의의 시장경제처럼 경제적 이윤만을 추구하지 않고 상호협력과 연대를 기초로 한 경제활동으로 대안 경제로서 자생 공동체가 되어야 한다. 이처럼 농촌 교회는 자생을 위한 대안 경제로서 공공성을 목표로 하는 마을 기업들과의 상호협력과 연대를 통해 자생 공동체가 될 수 있다.

그렇다면 자생 공동체로서 마을은 어떠한 경제적 연대를 통해 수익을 창출할 수 있을까? 예를 들어 농촌에는 고령의 나이에 농사를 짓지 못하는 빈 논이 있다. 이때 논을 빌려 주민들이 힘을 합쳐 함께 농사를 짓는 것이다. 그리고 마을 주민이 공통의 목적으로 조합법인을 설립하여 함께 얻은 이익은 공동의 경제, 사회, 문화적 필요를 위해 사용할 수 있다. 한편으로는 농촌 인구 유입과 활성화를 위해 시, 군, 도 행정자치단체에서는 마을 기업으로 전환할 수 있도록 지원하고 있다. 예를 들면 전남 보성에 있는 복내 마을은 산촌 생태마을로 지정되어 마을 기업을 통한 자생 공동체를 구축했다. 또 개인 소유의 절임 배추 사업 활성화를 위해 복내 마을 영농조합법인을 마을 주민에게 개방했다. 2015년도에 전라남도 예비형 마을 기업에 선정되어 기업 운영과 관련된 교육, 전문가의 컨설팅을 통해 경영지원도 받았다.

농촌에서 협동조합은 대부분 농촌의 유명 명소 관광과 농산물 직판을 위해 설립하는 경우가 많은데,[44] 설립 동의자 수, 조합원들의 출자금 규모 등에 따라서 다양성이 존재한다. 여기서 주목할 점은 협동조합의 설립 내용이 다양하다는 것은 농촌 교회 환경이 열악하더라도 얼마든지 상황에 맞게 작은 규모로도 협동조합 설립이 가능하다는 것

---

[44] 협동조합 홈페이지(https://www.coop.go.kr/)는 협동조합 설립과 다양한 서비스를 제공한다. 협동조합과 관련된 도움을 받고자 한다면 홈페이지를 참고할 수 있다.

을 말한다. 이 외에도 농촌 주민들의 복지와 복지시설을 위한 협동조합도 설립되고 있다. 특히 방과 후 수업과 평생학습센터, 사회단체에서 모여 만든 '아라 사회적 협동조합'은 농촌지역과 MOU를 맺고 지역사회에서 다양한 교육 서비스를 제공하고 있다.

도농과의 협력은 친환경 농수산물을 저렴한 가격에 공급받을 수 있다. 농촌 교회가 속한 지역과 도시의 자치단체가 자매결연함으로써 농촌 주민과 도시 지역 주민들을 중심으로 하는 소비자 협동조합을 만들 수도 있다. 그리고 협동조합의 참여는 교회 성도뿐 아니라 지역 주민들을 대상으로 참여할 수 있다. 아울러 대면하여 생산물을 판매하는 것만 아니라 온라인 쇼핑몰을 개설하여 지역적 한계를 넘어 생산자와 소비자 사이의 간격을 좁히는 방안도 있다.

마을목회적 관점에서 마을 기업이 지역사회에서 어떤 긍정적 영향을 미치는지 조용훈의 주장을 눈여겨볼 필요가 있다. 조용훈은 "마을 기업을 통해 농촌의 일자리 창출로 소득이 증대되고, 농촌 인구의 고령화와 부족한 국가재정 속에서 농촌 사회의 복지 문제를 생산적으로 해결하는 데 도움을 준다"고 주장한다.[45] 농촌이라는 환경적, 재정적 한계에 실망하지 말고, 새로운 농촌 목회 대안으로 마을목회는 마을 기업을 통해 설립된 자생 공동체를 활성화하고 농촌의 경제적 문제를 해결하는 중요한 역할을 할 수 있다.

---

45 조용훈, 『마을공동체와 교회공동체』, 349.

4) 귀농, 귀촌자를 위한 이웃 공동체

농촌 인구의 초고령화는 경제활동을 하는 인구 감소로 이어진다. 한국고용정보원의 「지방 소멸 위험지수 요약자료」 보고서에 따르면, 2022년 3월 기준 소멸 위험 지역은 113곳으로 전체 228개 시, 군, 구의 약 51%를 차지하는 것으로 나타났다.[46] 이런 상황에서 도시에서 농촌으로 귀농, 귀촌 인구의 증가는 마을의 새로운 활력소로 작용한다. 통계청의 「2022년 귀농어·귀촌인 통계」 보고서에 따르면 2022년 귀농 가구는 12,411가구이며, 귀농 가구주의 평균연령은 56.4세, 성별 구성비는 남자가 67.1%로 나타났다. 귀촌 가구는 318,769가구이며, 귀촌 가구주의 평균연령은 45.7세이며, 성별 구성비는 남자가 60.3%로 보고했다.[47] 여기서 귀농과 귀촌의 차이를 구별해야 한다.

귀농과 귀촌의 정의는 다음과 같다. 먼저 귀농(歸農)은 "다른 일을 하던 사람이 그 일을 그만두고 농사를 지으려고 농촌으로 돌아가는 것"이고, 귀촌(歸村)은 "농촌으로 돌아가 농촌 생활을 영위하는 것"이다.[48] 쉽게 말하자면 귀농은 농촌으로 이주해 농업에 종사하는 것이고, 귀촌은 전원생활을 목적으로 이주하는 것이다. 귀농과 귀촌은 모두 농촌 마을에 다음과 같은 긍정적인 요소를 가진다. 첫째로 귀농, 귀촌이 마을 거주 인구 증가와 분위기에 활력을 불어넣는다. 둘째로

---

46 한국고용정보원, "지방소멸위험지수 요약자료"(원시 자료 제공 안내 포함), 「지역산업과 고용」(2022년 봄호) 참고.

47 통계청, "2022년 귀농어·귀촌인 통계," 1-3. https://kostat.go.kr/board.es?mid=a10301081000& bid=11321&act=view&list_no=425992.

48 국립국어원 표준국어대사전, https://stdict.korean.go.kr/ 참고.

농촌 인구 증가는 지역 경제의 활성화와 공공 및 생활 서비스 시설 확충을 기대케 한다. 셋째로 새로운 인적 자원의 공급을 통해 경제적 활동을 가능케 한다. 이와 함께 귀농, 귀촌자를 통해 마을의 인재도 육성할 수 있다.

따라서 모든 환경이 낯설고 적응이 어려운 귀농, 귀촌자들을 위해 한 주민이라는 공동체성을 가지고 친밀감으로 다가갈 수 있어야 한다. 이에 지역 교회는 마을 주민과 공동체 의식을 가지고 함께 상생하는 방법으로 귀농, 귀촌자들의 이웃이 되어야 한다. 예를 들어 전라북도 임실군 청웅면은 농촌 만들기 농촌 지역개발 우수 사례로 뽑혀 모범 사례로 꼽힌다. 귀농, 귀촌인에게 맞춤형 교육을 실시하고 안정적인 조기 정착 기회를 제공한다.[49] 안정적인 조기 정착 기회란 지역 농가와의 멘토링과 귀농 조기 정착을 위한 빈집과 농지 알선 등 맞춤형 교육 지원 기회를 제공하는 것이다.

농촌지역 마을은 절기마다 공동체 모임을 하는데 귀농, 귀촌자는 다음과 같은 접촉점을 통해 마을 구성원으로 자연스럽게 소속감을 가질 수 있다. 예를 들어 칠월 칠석이면 마을 공동체가 모여 음식을 준비하고 식사한다. 그리고 마을 활성화 사업의 일환인 스포츠 동호회, 교육 동호회, 취미 동호회 등의 참여를 통해 이웃 공동체의 일원이 될 수 있다. 농촌의 상황화에 적응하기 위해 마을 이장의 역할이 중요하다는 사실은 부인할 수 없다.

동시에 귀농, 귀촌은 농촌 교회에 새로운 기회이자 활력소다. 낯선 이방인을 향해 환대하는 연습을 우선순위에 두어야 한다. 어떤 프로

---

49 이병로, "행복 농촌 만들기 사업, 귀농, 귀촌 모델되나?," 「한국영농신문」 (2021.8.15.), http://www.youngnong.co.kr/news/articleView.html?idxno=34810

그램에 참여하거나 다른 사람에게 권유하기에 앞서 스스로 환대를 실천해야 한다. 그리고 실제적이고 적극적이어야 한다. 무엇보다 보내는 선교에서 받아들이는 선교로 전환하여 이들을 맞이한다면 놀라운 변화가 일어날 것이다. 농촌 교회는 일방적 복음 전도보다 그들을 하나님의 형상으로 회복시켜야 할 대상으로 여기고, 먼저는 마을의 구성원으로 인정하는 태도가 필요하다. 그들이 농촌 사회에 쉽게 적응하기 위해 교회는 진정성을 가지고 그들의 어려움에 동참해야 한다. 이런 의미에서 교회는 지역 구성의 중요한 일원이자 동시에 공적 책임을 지닌 존재라고 할 수 있다. 그런 노력의 하나로 교회는 마을과 연합하여 다양한 문제점들을 구체적으로 표현하여 문제의 원인들을 함께 찾아가는 실천적 노력을 통해 귀농, 귀촌인의 플랫폼이 될 수 있다.

6. 나가는 말

계속된 주장이지만 교회는 지역사회 속에 존재하는 지역 교회다. 마을과 교회는 운명 공동체다. 마을의 위기는 교회의 위기라고 할 수 있다. 이러한 위기 속에서 교회는 마을목회적 관점에서 마을 만들기 운동, 마을 재생 사업, 영농 사업, 지역 주민과 함께한 조합 등 새로운 돌파구를 찾고 있다. 목회자는 교회 내의 성도들을 돌봄의 대상으로만 바라보지 말고 목회의 대상을 마을로 확장시켜야 한다. 마을목회는 '마을을 위한 목회'이자 '마을에서 하는 목회'다. 마을이 교회이자 마을 주민이 교인이다. 마을이 목양지이자 동시에 선교지다.

농촌 교회는 지역사회와 주민들과의 심리적 장벽이 거의 없고, 지역에서 활동하는 단체와의 연합에도 유리하다. 농촌 교회는 대부분 작은 교회로 출석하는 성도가 지역 주민이기에 지역 밀착형 사역을 전개하는 것에도 큰 위화감을 받지 않는다. 그리고 지역 밀착형 사역은 이웃에게 다가갈 수 있는 접촉점이자 큰 장점일 수 있다. 농촌 교회의 장점을 살려 교회의 공공성을 회복하고 지역사회에 대한 공적 책임을 다함으로 하나님이 바라시는 공동체로 거듭날 수 있다.

그동안 한국교회는 교회 중심의 전통적 목회 방식과 선교 전략만으로 교회 성장을 기대했다. 물론 그 방식이 교회가 성장하는 데 틀렸다는 것은 아니다. 개교회 성장만을 위해 달려온 한국교회는 양적 성장은 가져왔지만, 지역사회를 향한 공공성은 외면했다.

아직도 양적 성장만을 위한 목회를 꿈꾼다면 지역사회에서 하나님의 선교를 위해 하나님으로부터 택함을 받아 파송된 선교적 교회가 될 수 없다. 교회는 이웃을 섬기는 삶을 살도록 교인들을 격려하지만, 실제로 이웃 사랑을 위한 실천에는 무관심했음을 부인할 수 없다. 절기에 따라 진행되는 전도 프로그램이나 1년에 한 번 총동원 전도 주일 등이 이웃 사랑을 실천하는 유일한 통로로 인식된다. 한국교회에 대한 신뢰가 무너지고, 기대치가 낮아지며, 세상으로부터 혐오의 수준까지 내려간 상황에서 복음 전도는 힘든 시대를 맞이하고 있다. 기독교에 대한 불신 속에 믿지 않는 사람에게 대면하여 전하는 복음 전도는 역효과를 불러온다는 사실을 너무나 잘 알고 있다. 많은 교회는 복음 전도에 대해 고민한다. 교회가 성장하여 성도 수가 많아지고 또한 전도 노하우를 가진 강사의 세미나가 열리면 앉을 자리가 없을 정도로 몰려든다. 목회자들은 그동안 '모이는 교회'를 성공적인 교회로 생각했다면, 지역사회에서 하나님의 백성으로 선교적 삶을 살아가는

'흩어지는 교회'도 균형 있게 지향해야 한다.

목회는 교회론과 밀접하게 관련된다. 교회의 위기를 교회론의 위기에서 찾기도 한다. 교회에 대한 이해가 목회 방향을 결정짓는다면, 선교적 교회로서 지역에 대한 이해는 모든 교회의 선교 범위를 결정짓는다. 또한 교회는 새로운 선교지로서 지역을 위해 하나님이 주신 소명을 위해 최선을 다할 때 선교적 본질이 강화된다. 그런 의미에서 마을목회는 교회의 생명력이 제도적인 형식이나 외형에 있지 않고, 세상 속에서 그리고 마을에서 예수가 그리스도임을 증언하는 선교적 소명을 확인케 한다.

지금까지 마을목회와 관련한 내용을 정리했다. 농촌뿐만 아니라 도시에서도 마을목회적 관점에서 마을 만들기를 성공적으로 이끈 교회들을 찾을 수 있다. 한국교회의 사회적 신뢰도가 낮아지는 현실 가운데 마을목회를 통해 지역의 신뢰를 얻는 교회들이 있다는 사실은 매우 희망적이다. 지역사회의 교회가 되는 것은 지역의 신뢰를 회복하는 것이며 지역을 향한 교회의 선교적 본질을 실천하는 길임을 확인했다. 그러므로 더는 고정된 교회가 아닌 지역을 향한 눈높이를 맞추고 성육신적 접근을 통해 하나님 나라를 확장해 나가는 마을 공동체로서의 교회, 대안 플랫폼으로서의 마을목회를 실천할 수 있어야 할 것이다. 부디 이 글이 농촌이라는 환경 속에서 고군분투하는 목회자와 교회에게 조금이나마 작은 보탬이 되길 바란다.

5장

포스트코로나 시대
한국교회 선교의
새로운 방향 모색

: 현재와 미래를 이어주는
선교 사역에 응답하라!

_ 홍승만

코로나19가 대유행했던 3년의 시간은 한국교회 목회와 선교, 선교신학을 완전히 뒤바꿔 놓았다. 본 연구는 "한국교회 선교의 새로운 방향을 논한다"라는 주제를 가지고 코로나19가 타 문화권 선교, 다문화 이주민 선교, 청소년 세대 선교 그리고 3040세대 선교 현장에 가져다준 과거와 현재의 단절이라는 현실에 직면할 것을 논하고, 이러한 단절 상황을 극복하기 위한 대안으로서 타 문화권 선교, 다문화 이주민 선교, 청소년 세대 선교 그리고 3040세대 선교 영역에서 한국교회의 현재와 미래를 다시금 연결할 수 있는 지속 가능한 선교적 방안이 무엇인지를 제언한다.

먼저 포스트코로나 시대에 거시적인 관점에서 변화될 한국교회 목회의 여섯 가지 패러다임을 제시한다. ① 비대면 의사소통 역량의 강화, ② 건물 중심의 목회에서 사람 중심의 목회로, ③ 모이는 교회와 흩어지는 교회의 균형, ④ 목회자에게 의존하는 신앙에서 스스로 책임지는 신앙으로, ⑤ 집단 중심의 목회에서 한 영혼에 집중하는 질적인 목회로, ⑥ 내적 역동성과 선교적 본질을 회복하는 목회의 균형이다. 그리고 포스트코로나 시대에 요구되는 선교의 방향으로 ① 해외에 가서 행하는 직접적인 대면, 타 문화권 선교 못지않게 'Here and

Now'의 방식의 선교가 필요하다. ② 사람에게 집중하는 선교를 회복해야 한다. ③ 성도들이 일상의 삶을 함께 살아가면서 세상의 대안 공동체가 되어 복음을 전하는 삶을 살아가는 것이다. ④ 선교사 중심에서 현지인 중심으로 중심축을 이동하는 것이다. ⑤ 온라인 선교의 가능성과 중요성을 인식하고 선교적 도구로 활용하는 것이다. ⑥ 네트워크를 통한 선교 사역을 제안한다.

코로나19 팬데믹을 계기로 한국교회의 타 문화권 선교, 다문화 이주민(디아스포라) 선교, 청소년 세대 선교 그리고 3040세대 선교 사역이 현재와 미래를 이어주는 사역에 응답하는 방향으로 변화되어야 함을 제안한다. 첫째, 타 문화권 선교는 한국교회가 세계 교회와 연결하는 동반자적 협력 선교를 추구함으로 세계 교회의 품격 있는 일원이 되어야 하며, 둘째, 다문화 이주민(디아스포라) 선교는 다문화 가정, 이주 노동자, 과학기술 노동자, 유학생, 이민자 등의 이주민들과 한국 사회에서 더불어 살아감을 인식하고, 그들을 존중하고 배려하는 선교를 해야 한다. 셋째, 청소년 세대 선교는 청소년 세대를 다음 세대를 넘어서 '이음 세대'로 명명하고, 이들을 믿음의 세대와 선교적 제자로 세우며, 넷째, 3040세대 선교는 3040세대에 맞는 선교 전략을 가지고 이들을 교회와 신앙의 허리 세대로 건강하게 세우는 선교 방안을 제안한다.

1. 들어가는 말

코로나바이러스감염증-19(COVID-19, 이후 '코로나19') 대유행(Pandemic)이 선포된 2020년 3월부터 코로나19 감염병 대유행 종료

(Endemic)가 선포된 2023년 4월까지 약 3년여의 기간은 세계의 모든 질서를 바꾸었다. 그리고 한국교회는 예배, 설교, 교육, 목회, 선교, 전도에 있어서 이전과 완전히 다른 변화를 경험했다. 그렇다면 구체적으로 코로나19는 한국교회 목회와 세계 선교, 선교신학에 어떤 변화를 불러왔을까? 이러한 질문을 던지면서 필자는 이 장에서 "한국교회 선교의 새로운 방향을 논한다"라는 주제를 가지고 해외 선교, 다문화 이주민 선교, 청소년 세대 선교 그리고 3040세대 선교를 다룰 것이다. 코로나19가 한국교회 선교 현장에 가져다준 과거와 현재의 단절 현상에 초점을 맞추어 논하고, 이러한 단절 상황을 극복하기 위한 대안으로서 현재와 미래를 다시 연결할 수 있는 선교적 방안이 무엇인지를 고찰하고 제안해 보려는 것이다.

2. 포스트코로나 시대 한국교회 목회와 선교의 변화

코로나19 팬데믹 3년은 한국교회 목회와 선교를 '코로나 이전'과 '코로나 이후'로 나누었다. 단기간에 끝날 줄 알았던 코로나 시대는 무려 3년 동안 지속되었고, 이에 따라 한국교회는 시의적절한 조직과 사역에 집중하는 한편, 기존에 해왔던 예배, 교육, 선교 등의 모든 사역을 재고하게 했다.[1] 감염병 전문가들은 코로나 이후의 시대는 코로나의 종말이 아니라 코로나와 함께하는 시대라는 의미의 '위드 코로나' (with corona) 시대가 될 것으로 예상했다.[2] 그러나 어떤 이들은 이 시

---

1 이병옥, "포스트코로나 시대의 선교신학의 방향: 선교적 교회 관점에서," 「선교와 신학」 54(2021), 73.

대는 다시 과거의 일상으로 돌아갈 수 없는 시대라고 주장하기도 했다. 이런 까닭에 코로나가 끝난 후의 시대는 이전의 시대와 확연하게 구분되는 새로운 기준을 가지고 살아가게 될 것이라는 맥락에서 '뉴노멀'(New Normal, 새로운 표준/기준) 시대로 묘사하기도 한다.3

이처럼 포스트코로나 시대에 관해 다양한 이해가 존재하지만, 크게는 코로나 시대의 연속성으로 보는 시각과 불연속성으로 보는 시각으로 나눠볼 수 있다. 철학자 김기봉은 코로나 이후의 시대를 세 가지로 정리한다. 첫 번째로 이 시대는 "코로나 사태 이후"라는 시간적 의미로 코로나 종식에 대한 기대를 내포한다.4 하지만 현실은 그 종식보다는 코로나를 기준으로 전후 시대를 나누는 방향으로 가고 있다. 이런 맥락에서 두 번째로 이 시대는 "위드 코로나 시대"가 될 것으로 전망하는데, 이것은 코로나와 함께하는 삶을 모색해야 한다는 것을 의미한다.5 세 번째로 이 시대는 "변혁"(transformation)을 요구하는 뉴노멀 시대이다.6 이러한 요구는 갑작스러운 것이라기보다 그동안 축적되어 온 것인데, 코로나 시대가 그것을 가속화시키고 앞당긴 것이다.7

---

2 정혜련, "세계 각국 변이 확산 심각 … 코로나, 종식 없는 '엔데믹' 되나," 「TBS 뉴스」 (2021.1.24.), http://tbs.seoul.kr/news/newsView.do?typ_800=4&idx_800=3420491&seq_800=20413068.

3 뉴노멀은 2003년 미국의 벤처투자가인 로저 맥너미(Roger McNamee)가 IT 거품이 붕괴한 이후 저성장, 저소득, 고 위험률을 특징으로 하는 새로운 경제의 기준으로 제시한 용어인데, 2008년 리먼 브러더스(Lehman Brothers)사의 파산으로 시작된 국제 금융 위기 이후 새로이 나타난 경제질서를 가리키는 용어가 되었다. 그러나 이는 코로나19 이후 비대면을 특징으로 하는 새로운 사회질서를 지칭하는 용어로 전용되었다.

4 김기봉, "포스트코로나 뉴노멀과 신문명 패러다임," 「철학과 현실」 126(2020), 108.

5 Ibid., 111.

6 Ibid., 114-115. 김기봉은 transformation을 '변환'이라고 말하지만, 필자는 '변혁'이라는 단어를 사용하고자 한다.

따라서 김기봉은 코로나 이후의 시대는 코로나 이전과 코로나 시대에 대한 반성의 차원에서 접근해 볼 수 있다고 주장한다. 그런데 필자는 이러한 김기봉의 세 가지 시각 중에서 두 번째와 세 번째 시각을 융합한 입장을 취한다. 즉, 포스트코로나 시대는 코로나 시대의 연속성이라는 차원에서 코로나 전과 후로 나눌 수 있으며, 코로나 이전과 위드 코로나 시대를 거쳐오면서 축적된 변혁의 요구를 토대로 대안을 제시해 나가야 한다.

김영동은 "코로나19로 앞당겨진 4차 산업혁명 시대, 뉴노멀 시대의 교회와 선교에 대한 도전들[8]에 대해 기존에 해오던 방식의 행동과 대응으로는 효율성과 적실성이 확연히 떨어질 수밖에 없음을 지적하면서[9] 한국교회 목회와 선교가 새로운 차원의 응전을 모색해야 한다"고 말한다. 이병옥도 "코로나 이후 시대에 교회가 자신이 있는 곳을 선교 현장으로 인식하고 그동안 목회 대상이라고 여겨왔던 세대를 선교 현장으로 인식하면서 선교적 상상력을 가지고 접근해야 한다"고

---

[7] 이병옥, "포스트코로나 시대의 선교신학의 방향: 선교적 교회 관점에서," 75.

[8] 오동섭, "코로나19 시대를 읽는 10가지 키워드," 「선교와 신학」 54(2021): 44-62. 오동섭은 코로나19 시대를 열 가지 키워드로 정리한다. 1) 사회적 거리 두기, 즉 '비대면'(untact), 2) 불필요한 대면 접촉을 피해 의식주, 엔터테인먼트 서비스를 받는 온라인 기반의 '화상 대면'(ontact), 3) 가상공간 소통의 증가로 인한 'AI'(인공지능)와 '메타버스'(metaverse), 4) 코로나19 대응의 '신뢰성' 증대, 5) 무분별한 개발과 생태계 파괴로 인한 '생태 위기', 6) 비대면 온라인 소비 증가로 '전자상거래 마케팅' 확산, 7) 비대면 상황에서 조직관리, 구성원 정서 관리, 소속감 문제 해결을 위한 경영조직인 '애자일'(Agile), 8) 코로나19 장기화로 발생하는 '코로나 블루'(corona blue, 우울증), 9) 새로운 문화 예술 소비 형태로 소위 '랜선 공연, 전시', '홈루덴스'라는 현상, 10) 새로운 공간 구조의 재편이 키워드로 본 코로나19 시대 상황 진단이다.

[9] 김영동, "포스트코로나 교회 구조 변화와 목회와 선교 방향 연구," 「선교와 신학」 54(2021), 16.

요청한다.[10] 이런 관점에서 필자는 코로나 시대 이전과 이후에 한국 교회가 목회와 선교 그리고 선교신학의 측면에서 어떠한 변화를 마주하고 있는지를 살펴보고, 포스트코로나 시대에 한국교회 선교의 특징이 무엇인지를 제시하려는 것이다.

1) 한국교회 목회, 세계 선교와 선교신학의 변화

(1) 코로나19 전후 목회의 변화

코로나19는 한국교회 목회 현장의 체질을 완전히 바꾸었다. 코로나19의 확산은 사회적 거리 두기와 비대면 커뮤니케이션의 확산을 가져왔다. 사람들은 다른 사람에게서 감염되지 않기 위해서 그리고 타인에게 바이러스를 옮기지 않기 위해 마스크를 쓰고 접촉을 꺼린다.[11] 코로나에 걸리면 일정 기간 격리를 하며 피해를 최소화하고자 했다. 그런데 이러한 외적인 요인들로 인해서 다양한 문화적 변화들이 일어났다. 그렇다면 구체적으로 코로나19는 교회와 사회의 문화를 어떻게 바꾸었고 또한 어떠한 영향을 미쳤을까?

먼저 코로나19는 교회에 부정적인 영향을 미쳤다. 코로나바이러스는 예배를 비롯한 대부분의 교회 활동을 위축시켰다.[12] 사람들이 가급적 타인과 대면하는 것을 꺼리고 모이는 곳에 가기를 원하지 않았기 때문에 공적 예배가 위축되는 것은 불가피했다. 특히 정부의 사

---

10 이병옥, "포스트코로나 시대의 선교신학의 방향: 선교적 교회 관점에서," 74.
11 최동규, "코로나19 사태로 인한 뉴노멀 시대의 목회," 「선교와 신학」 52(2020), 174.
12 Ibid., 174.

회적 거리 두기 단계 지침에 따라 대면 예배를 드리는 인원수가 제한되었고, 많은 교회가 선제적으로 비대면 온라인 예배를 드리는 체제로 신속히 전환하게 되었다. 또한 교육, 성경 공부, 섬김, 친교의 영역에서 상당 부분 대면 활동이 전면 중단되어 비대면 의사소통 활동으로 전환되었다. 이에 따라 종교가 인간의 삶에서 사적 영역으로 밀려나 선택적 항목으로 전락한 "종교의 사사화" 현상이 심화하였고,[13] 성도들도 예배에 대한 의식이 바뀌고 성도 간의 유대감도 점점 떨어져 갔다. 3040세대의 교회 이탈률도 급증하였다.

또한 코로나19 바이러스는 교회에 긍정적인 영향을 끼쳤다. 첫째, 제조업, 서비스업을 비롯한 각종 산업 현장에서 생산 공정이 중단되고 많은 노동자가 실직 또는 휴직했지만, 아이러니하게도 공장 굴뚝에 연기가 멈추자 대기질이 개선되고 환경이 좋아지는 현상이 나타났다. 교회에서도 환경과 기후 위기에 대한 경각심을 가지고 대응하기 시작했다. 둘째, 사회적 거리 두기 단계 강화와 코로나 감염으로 인한 격리, 최소 인원으로 드려진 예배와 비대면 온라인을 통한 모임, 온라인 예배 전면 실시는 그동안 쉼 없이 달려왔던 삶을 멈추고 성찰할 기회를 제공해 주었다. 성찰은 과거의 행적과 현재 상황을 돌아보게 하고 미래로 나아가는 방향성을 깊이 생각하고 찾는 점에서 긍정적이다. 이렇게 함으로써 코로나 이후를 준비할 수 있는 목회적 성찰에 더욱 희망을 품게 되었다.[14] 셋째, 교회가 교인들뿐 아니라 재난으로 어려움을 겪는 지역사회 주민들에게 사랑과 도움을 베푸는 계기가 되었다.

---

13 Peter Berger, Brigitte Berger, and Hansfried Kellner, *The Homeless Mind: Modernization and Consciousness* (New York: Vintage Books, 1974), 80.

14 최동규, "코로나19 사태로 인한 뉴노멀 시대의 목회," 176.

이러한 상황에서 코로나19 이전과 이후에 한국교회 목회 패러다임은 어떻게 변화되었는가? 필자는 포스트코로나 시대 목회의 변화를 제시하기 위해 최동규가 주장한 거시적 목회 패러다임을 살펴본다. 최동규가 제시한 여섯 가지 목회 패러다임은 다음과 같다. ① 비대면 의사소통 역량의 강화, ② 건물 중심의 목회에서 사람 중심의 목회로, ③ 모이는 교회와 흩어지는 교회의 균형, ④ 목회자에게 의존하는 신앙에서 스스로 책임지는 신앙으로, ⑤ 집단 중심의 목회에서 한 영혼에 집중하는 질적인 목회로, ⑥ 내적 역동성과 선교적 본질을 회복하는 목회의 균형이다.[15]

비대면 의사소통 역량의 강화

코로나19 상황에서 가장 눈에 띄는 변화는 대면 의사소통 문화에서 비대면 의사소통 문화로 바뀐 것이다. 코로나19 바이러스의 확산으로 직접 만나지 않고도 학교 수업, 교회 예배, 각종 모임을 온라인으로 진행하고 참여할 수 있게 되었다.[16] 이것은 한국의 정보통신 기술의 비약적인 발전 덕분이다. 이런 비대면 의사소통의 확산은 목회에 어떤 변화를 불러왔는가?

온라인 예배만으로는 원만한 신앙생활을 하기가 어렵다는 점을 깨닫게 되었다. 온라인 예배에 대한 명확한 신학적 입장이 정리되지 않은 채 비대면 온라인 예배를 드리게 되면서 목회자들과 성도들은 처음에 많은 혼란을 겪었다. 주일에 온라인 예배를 드리는 횟수가 늘어나면서 예배당에 나가지 않고도 예배를 드릴 수 있다고 생각하는

---

15 Ibid., 177-186을 참조하라.
16 Ibid., 178.

성도들이 점점 많아지게 되었고, 적절한 목회적 돌봄을 받지 못한 채 온라인 예배에만 의존하게 되었다. 왜냐하면 매 주일에 한 시간 동안 텔레비전 혹은 유튜브 앞에 앉아서 예배를 드리는 것이 예배당에 나가서 예배드리는 것보다 훨씬 편하기 때문이다. 이것이 굳어지면서 '사이버 신앙'에 의지하는 '온라인 교인'이 소위 '가나안' 신자가 될 가능성이 커졌다.[17] 따라서 체계적이고 지속적인 영적 돌봄을 받지 못하고 온라인 예배만 드리는 성도들은 영적으로 건강한 신앙인으로 성장하기 어렵다는 것을 알게 되었다.

그래서 서울 강남의 S 교회를 비롯한 몇몇 교회들은 온라인 성도들을 위한 온라인 교구를 만들어 코로나19 중에서도 체계적인 영적 돌봄과 안전한 형태의 심방을 시도하기도 했다.[18] 직접 만날 수 없고 모일 수 없는 성도들을 위해서 온라인 예배와 온라인 돌봄, 온라인 영적 훈련과 체험이 다양한 방식으로 시도된 것이다.[19] 하지만 온라인 교회는 현실 교회를 기반으로 할 때 역동적인 목회가 가능하다.[20] 신학적인 관점에서 '비대면'과 '화상 대면'만으로는 온전한 의사소통이 될 수 없다. 이러한 요소들은 현실에서 직접 얼굴을 맞대고 만나는 '대면 접촉'(contact)과 함께 고려할 때 비로소 완전해지는 것이다.[21] 따라

---

17 정재영, 『교회 안 나가는 그리스도인: 가나안 성도를 어떻게 이해할 것인가?』 (서울: IVP, 2015) 참조.

18 표현모, "코로나19에 대한 교회의 대응, 기록으로 남겨 '눈길': 소망교회·청주 서남교회, 코로나19 대응 백서 발간," 「한국기독공보」 (2023.10.9.), https://www.pckworld.com/article.php?aid=9964022160.

19 김승환, "한국교회의 예배 변화 전망," 「월간 교회 성장」 (2020.7.), 40. 필자도 코로나 기간 청소년부와 청년부 사역을 하면서 유튜브와 줌 프로그램을 통해서 실시간 예배를 드리고, 성경 필사와 같은 다양한 훈련을 시행할 수 있었다.

20 최동규, "코로나19 사태로 인한 뉴노멀 시대의 목회," 178.

서 성도들을 '비대면'에서 '화상 대면'으로 이끌고, 다시 '화상 대면'에서 '대면 접촉'으로 이끄는 목회적 방향성을 염두에 두어야 한다.[22]

건물 중심의 목회에서 사람 중심의 목회로

코로나19는 건물 중심에서 사람 중심의 목회로 변화할 것을 요구했다. 이것은 교회론과 깊이 관련되어 있다. 그러나 안타깝게도 한국교회의 많은 목회자는 건물 중심의 교회관을 가지고 있다.[23] 그들은 웅장한 건물을 세우고, '성전'에 성도들을 가득 채우고, 건물을 유지하는 것을 목회의 중심 과제로 생각했다. 하지만 성경적인 관점에서 진정한 교회는 건물, 예배당이 아니라 하나님을 믿는 사람들이다. 예수 그리스도를 주로 고백하는 사람들의 공동체가 교회인 것이다.[24] 따라서 코로나 이후 시대 목회는 건물 중심이 아닌 성도 중심의 목회로 변화되어야 한다. 다시 말해서 목회는 성도들을 중요하게 여기고, 복음으로 바르게 양육하여 건강한 그리스도인으로 세우며, 성도들이 세상 가운데서 하나님의 선교(*Missio Dei*)에 참여하도록 도와야 한다.

모이는 교회와 흩어지는 교회의 균형

코로나19는 모이는 교회만을 강조하던 목회에서 모이는 교회와 흩어지는 교회를 균형 있게 중시하는 목회로 변화를 가져왔다. 코로

---

21 Ibid., 179.

22 이상훈, "선교, 생명을 살리는 역동적 공동체로 거듭나라," 「월간 교회 성장」 (2020.7.), 71.

23 한국일, "선교적 교회의 실천적 모델과 원리," 한국선교신학회 편, 『선교적 교회론과 한국교회』 (서울: 대한기독교서회, 2015), 346.

24 최동규, "코로나19 사태로 인한 뉴노멀 시대의 목회," 180-181.

나19의 사회적 거리 두기 강화로 인해 성도들은 교회에 모이지 못하게 되었다.[25] 코로나 이전에는 모이는 교회에 강조점을 두었으나 이제 목회자들은 성도들에게 모이는 교회와 흩어지는 교회로서 살아야 한다고 균형 있게 가르쳐야 할 책임이 있다. 교회에 모이는 것만 강조하는 모습은 하나님이 만드신 창조 세계의 중요성을 망각하게 만든다.[26] 왜냐하면 하나님은 세상에 대해 강한 선교적 관심을 두고 계시기 때문이다. 성도는 교회로 모이기도 하지만, 세상 속으로 흩어지는 존재다. 그들은 모였을 때만이 아니라 흩어졌을 때도 교회로, 하나님의 선교적 백성으로 살아가야 한다. 그래서 그리스도인의 신앙은 예배당 안과 밖에서 일치해야 한다.[27] 그것은 '주일에 국한된 기독교'를 넘어 '주중, 곧 월요일부터 토요일까지의 삶이 포함'된 것이어야 한다.[28] 따라서 성도들이 세상 가운데서도 건강하고 역동적으로 살아가도록 가르치고 훈련해야 한다.

목회자에게 의존하는 신앙에서 스스로 책임지는 신앙으로

코로나19는 성도들이 목회자에게만 의존하는 신앙에서 스스로 책임지는 신앙을 갖도록 변화시켰다. 코로나가 확산하면서 정부는 이를 막기 위해 교회에서의 예배와 모임을 억제하도록 권면했고, 각 교회는 성도들이 집에서 가정 예배를 드리도록 했다. 그런데 평소에 가정

---

25 Ibid., 181.
26 Ibid.
27 Ibid., 181-182.
28 Michael Frost and Christian Rice/송일 역, 『일주일 내내 교회로 살아가기』 (서울: 새물결플러스, 2020), 52, 54.

에서 예배를 드리는 습관이 갖춰지지 않은 성도들은 어떻게 예배를 드려야 할지 몰라서 당황했다.[29] 그래서 교회는 유튜브, 줌 등과 같은 여러 미디어 매체를 활용해서 예배 실황을 송출했고, 성도들이 가정에서 예배를 드릴 수 있도록 가정 예배 지침을 제공하기도 했다. 그러나 많은 성도가 예배당이 아닌 세상에서, 주일이 아닌 주중에 그들이 대부분 시간을 보내는 가정과 일터, 학교에서 어떻게 은혜의 생활을 지속할 수 있는지 배우지 못했다. 한국교회는 그동안 주일날 예배당에 모여서 함께 드리는 예배와 예배당 안에서 이루어지는 봉사에 집중하는 것이 헌신적인 신앙이라고 가르쳤고, 예배당에서 목회자와 함께하는 성경 공부만이 건강한 성경 공부라고 가르쳤기 때문이다. 성도들은 성경적이고 복음적인 관점에서 주일과 주일 이후의 예배와 삶에 대해 거의 훈련받지 못했기에 제대로 살아내지 못했다. 그리고 성도들은 주일 이후의 일상생활에서 그리스도의 제자로서 제자도를 제대로 실천하지 못했기에 자신은 물론 가정, 학교, 일터 등에서 아무런 변화를 끌어내지 못한 것이다. 그런 점에서 이제는 성도들을 목회자를 의존하던 신앙, 주일에만 나타내던 신앙, 어린아이와 같던 신앙에서 벗어나 스스로 생각하는 신앙, 주일 이후 일주일 동안 살아내는 신앙, 장성한 사람의 신앙을 갖고 주체적으로 '생활 신앙'을 나타내며 살아가도록 돕는 목회로 변화되어야 하는 것이다.

집단 중심의 목회에서 한 사람에게 집중하는 질적인 목회로

코로나19는 양적인 사고에 기초한 집단 중심적인 목회에서 "각 사

---

29 최동규, "코로나19 사태로 인한 뉴노멀 시대의 목회," 182.

람"(골 1:28)에게 집중하는 질적인 목회로 바꿀 것을 요구했다. 과거에는 개교회의 양적 성장을 성공의 척도로 삼는 목회 패러다임이 큰 흐름이었다면, 최근에는 한 사람에게 집중하는 질적인 사고를 더 중시하는 경향이 나타나고 있다.[30] 사람들은 인격체로서 한 사람의 예수 그리스도를 추구하는 신자로서 존중받기를 원한다. 따라서 앞으로 한국교회는 한 사람, 한 사람을 귀중하게 여기고 집중하여 그들을 성숙한 그리스도의 제자로 세워나가는 질적인 목회로 변화해 가야 할 것이다.

내적 역동성을 강조하는 목회와 선교적 본질을 회복하는 목회의 균형

코로나19는 사회의 구성원들에게 모순처럼 보이는 두 가지 행동 양식을 요구했다. 하나는 각 개인에게 가급적 공적 사회로부터 분리된 삶을 요구하는 것이고, 다른 하나는 마스크를 쓰거나 사회적 거리두기를 하며, 감염 시 자신의 동선을 솔직하게 밝히는 등의 일정한 공익성과 시민성과 투명성을 갖출 것을 요구했다.[31] 그런데 이 두 가지 행동 양식은 서로 모순된 것처럼 보이나 현실 세계에서 동시에 요구되는 것이다. 특히 공공성, 즉 공익성, 시민성, 투명성에 대한 강조에 주목할 필요가 있다. 공공성은 기독교는 물론이고 사회 전체를 아우르는 중요한 가치로서 개인이든 집단이든 모든 주체는 사회적, 공적 책임을 감당해야 했다. 따라서 코로나19는 교회의 내적 역동성을 강조하는 목회와 선교적 본질을 강조하고 회복하는 목회를 균형 있게 강조해야 함을 요구한다.

---

30 Ibid., 183.
31 Ibid., 184.

(2) 코로나19 전후의 선교와 선교신학의 변화

코로나19 전후의 선교 사역 변화

코로나19 기간 한국교회는 사회적 거리 두기로 인한 최소한의 현장 예배와 비대면 온라인 예배를 병행하여 드렸고, 교회가 경제적으로 어려워지면서 해외 타 문화권 선교 사역 혹은 선교사에 대한 후원 재정을 줄이게 되어 선교사들이 사임하거나 선교를 중단하는 일이 심심치 않게 일어났다. 그리고 비전트립, 단기 선교사 파송 등이 일시 중단되었다. 또한 선교사들도 코로나19에 걸려 목숨을 잃거나 건강이 나빠지는 경우도 적지 않게 일어났다.[32] 이제 코로나 팬데믹이 종식되어 코로나 이후 시대를 맞이했지만, 교회가 타 문화권 선교를 비롯한 여러 선교 사역에 적절하게 대응하고 있는지, 그저 코로나19 이전의 선교 정책을 그대로 답습하는 것은 아닌지 짚어보아야 한다. 따라서 교회는 하나님의 선교 관점에서 어떻게 위기를 돌파하고 새로운 기회를 만들어야 할 것인가를 깊이 숙고해야 한다.

코로나19는 수 세기 동안 유지되고 발전되어 온 전형적인 선교 형태에 의문을 제기하고 도전적인 질문을 던졌다는 점에서 새로운 패러다임 변화에 도화선이 되었다. 그동안 한국교회 선교는 존재론적인 성찰보다 보이는 결과에 집중해 왔다. 2023년 현재 174개국에 21,891명의 선교사를 파송하고 있다.[33] 그동안 한국교회는 미국 다음으로 세

---

32 이상훈, "포스트코로나 시대와 선교: 팬데믹 시대의 선교적 항해를 위한 사역 패러다임," 미주성시화운동본부 편, 『포스트코로나 시대와 교회의 미래』, 234.

33 한국세계선교협의회(KWMA), 한국선교연구원(KriM), "2023년도 선교사 파송 집계 (174개국 21,917명)," (2024.3.7.), https://kwma.org/cm_stats/57754.

계 2위의 선교 대국이라는 양적 지표들에 취해 선교를 잘하고 있다는 자부심을 느껴왔다. 한국세계선교협의회(The Korea World Missions Association, KWMA)는 2020년까지 100만 명의 자비량 선교사를 파송하고 2030년까지 선교 장병 10만 명을 양성하겠다는 야심 찬 계획을 발표했었다.[34] 그러나 안타깝게도 그러한 계획은 달성되지 못했다.

하지만 한국교회는 건강한 세계 선교에 헌신하고 있는지 돌아볼 필요가 있다. 선교 전문가들은 한결같이 서구 교회가 지난 200여 년 동안 근대 선교에 헌신하면서 행했던 잘못된 선교 관행들을 한국교회가 그대로 답습하고 있다고 비판한다. 물량주의, 성장주의, 성과주의, 돈과 권력으로 하는 선교, 과시적 선교 등이다. 선교사들은 복음을 전하기 위해서 현지 언어와 문화를 철저히 배우고 익히며, 현지인들과 관계를 형성하고 신뢰와 믿음을 형성함으로 바른 선교를 해야 하지만, 어느새 파송 기관과 교회에서 빠른 성과를 원한다는 이유로 가시적인 성과만을 이루기 위해 애쓰는 보여 주기식 선교에 관심을 두었다.[35] 현지인들과 친구가 되어 사역하기보다 물질로 현지인을 고용하거나 후원금으로 선교센터와 교회를 짓는 등 우월주의에 기초한 가부장적 선교(후원자-후견자 선교), 제국주의 선교, 식민주의 선교 등을 해왔다. 기존에 현지 교단이 버젓이 존재하므로 그들과 협력해야 하는데, 많은 선교사가 협력은커녕 선교사 본인들이 교단과 교회를 세워서 현지인 사역자들이 그 교단에서 신학 교육을 받고 교회를 섬기게

34 지재일, "2020년까지 100만 자비량 선교사 파송할 것," 「크리스챤투데이」 (2005.12.17.), https://www.christiantoday.co.kr/news/170695; 서윤경, "KWMA, '타깃2030' 양질의 콘텐츠로 업그레이드한다. 숫자 매몰·시대 흐름 놓쳐… 질적 성장에 집중," 「국민일보」 (2020.7.5.), https://www.kmib.co.kr/article/view.asp?arcid=0017239537.
35 이상훈, "포스트코로나 시대와 선교: 팬데믹 시대의 선교적 항해를 위한 사역 패러다임," 240.

했다. 그러다 보니 교단 간 연합이나 일치는 꿈도 꾸지 못하는 구조적인 문제가 발생하는 것이다. 따라서 이제 다시 건강한 한국 선교를 고민해야 할 시점에 와 있는 것이다.

코로나19 전후의 선교신학의 변화

코로나 이후 시대의 한국선교는 새로운 패러다임을 가지고 변화되어야 한다. 필자는 포스트코로나 시대의 뉴 패러다임 변화의 시작이 20세기 후반부터 시작된 '선교적 교회' 운동과 일맥상통한다고 주장한다. 선교적 교회란 '삼위일체 하나님의 선교'(The Mission of the Triune God)와 하나님 나라(Kingdom of God)를 지향하면서 성령에 이끌리는 그리스도의 몸 된 공동체로서 자신이 있는 지역에서 이루어지는 하나님의 선교에 동참하는 교회를 의미한다.[36] 선교적 교회론(Missional Ecclesiology)에서 말하는 선교란 소수의 선택받은 사역자가 해외 타 문화권으로 지리적 경계를 넘어가도록 보냄을 받아 행하는 사역이라는 것을 넘어서서 예수의 제자로 부름을 받은 모든 성도가 보냄 받은 선교사들이며 자기 삶의 현장에서 그 사명을 실천하는 것이다.

그런데 이런 변화가 일어나기까지 2천 년 기독교 역사에서 크리스텐덤의 그림자가 너무 깊게 드리워져 있었다.[37] 크리스텐덤은 4세기에 기독교가 로마의 국교로 공인된 이후 그리스도인이 변방의 소수자에서 제국의 중심부에서 종교, 정치, 경제, 교육, 군사, 문화 등 모든 면에서 영향을 미치는 위치가 되었던 것처럼, 교회와 국가가 결합한

---

36 이병옥, "포스트코로나 시대의 선교신학의 방향: 선교적 교회 관점에서," 74.
37 Ibid., 243-245.

후 교회가 사회의 중심 역할을 하게 된 현상을 의미하는 용어다. 그런데 이것은 기독교의 핵심과 본질을 잃어버리게 되는 계기가 되었다. 교회가 공인되는 순간 기독교 신앙은 종교와 제도가 되었고, "제도권에 들어온 교회는 2천 년 동안 구부러진 길로 들어섰다."[38] 허쉬(Alan Hirsch)에 따르면, 신앙의 자유가 없고 핍박받던 시절 교회는 제도로서의 교회가 아닌 신앙인들의 공동체였다. 구조는 단순하고, 체질은 유기적이며, 사역은 선교적이었다. 그러나 기독교가 정치적 힘을 얻게 되면서 구조는 복잡해졌고, 체질은 제도적인 것이 되었으며, 사역은 제의와 형식에 갇히게 되었다.[39]

20세기 후반부터 시작된 선교적 교회 운동은 바로 이러한 점에 도전했다. 제도화되고 형식화되어 체제를 유지하고 있는 교회에서 역동적이고 살아있는 생명체와 같은 교회가 되자는 것이다. 오랫동안 잊혔던 교회의 본질과 선교적 사명을 회복함을 통해서 크리스텐덤 체제의 기독교에서 벗어날 기회가 온 것이다. 코로나19가 이러한 흐름을 더욱 가속화시키는 계기가 되었다.

그런 점에서 선교적 교회론은 본질적인 상황을 질문한다. 첫째, 선교사가 누구인지 질문한다. 과거에는 특정한 사람이 타 문화권으로 부르심을 받고 파송을 받아 경계를 넘어가서 복음을 전하는 사람을 선교사라고 불렀다면, 이제는 모든 성도가 선교사이다. 특히 사복음서 곳곳에 나타난 선교 명령을 토대로[40] 보쉬(David Bosch)는 "제자들

---

38 Frank Viola and George Barna/이남하 역, 『이교에 물든 기독교: 현대 교회에서 행하는 관습의 뿌리를 찾아서』 (논산: 대장간, 2011), 314, 318.

39 Alan Hirsch/오찬규 역, 『잊혀진 교회의 길: 선교적 교회 운동의 근본 개념 교과서』 (서울: 아르카, 2020), 129.

40 마 28:18-20, 막 16:15-16, 눅 24:45-50(행 1:8), 요 20:21-23이 복음서에 나타난 대표적인

은 처음부터 선교사가 되도록 부름을 받았다"라고 해석한다. 그러므로 성도들은 "당신이 회심한 바로 그 순간 선교적 그리스도인으로서 모든 것이 시작된다."[41]

둘째, 선교지가 어디인지 재정립하는 문제이다. 근대 이후 지리적 개념에 따라 서구에서 식민지로, 복음을 믿는 사람들에게서 복음을 듣지 못한 사람들에게 가서 선교해야 한다고 생각했다. 그러나 1945년 제2차 세계대전 종식 이후 많은 서구 식민지가 독립하게 되면서 현지 토착 교회들이 활발하게 생겨났다. 그리고 도시화와 세계화는 공간의 장벽을 무너뜨렸다. 그래서 이주가 활발하게 일어났고 각기 다른 국적과 문화, 언어를 가진 사람들이 함께 살 수 있는 환경이 조성되었다. 속지주의에서 속인주의로 바뀌게 되었다. 또한 선교지에 대한 개념도 바뀌었다. 이제는 모든 곳이 선교지가 된 것이다. 1963년 세계교회협의회(World Council of Churches, WCC)의 세계 선교와 전도 위원회(Commission for World Mission and Evangelism, CWME) 방콕 총회에서 '6대륙 선교'(Six Continent Mission) 개념이 등장했다. 태어나면서 자동으로 세례를 받고 기독교인이 되어 평생 기독교 문화 속에서 살아가는 '기독교 국가'의 삶은 더 이상 존재하지 않는다. 지금은 같은 가정에 살면서도 신앙 계승이 저절로 이루어질 것이라고 장담할 수 없는 시대가 되었다. 또한 내 옆집에 무슬림, 힌두교도 혹은 불교도를 비롯한 타 종교인이 살고 무신론자, 불가지론자가 함께 살아가는 일이 허다하게 되었다. 해외에 가지 않아도 복음을 들어야 할 민족이 같

선교 명령 구절들이다.

41 Jeff Iorg/손정훈 역, 『선교사처럼 살라』 (서울: 토기장이, 2013), 18. 이상훈, "포스트코로나 시대와 선교: 팬데믹 시대의 선교적 항해를 위한 사역 패러다임," 247에서 재인용.

은 지역사회에 살고 있고, 그들이 복음을 믿고 받아들여 그리스도인
이 되기도 하며, 그래서 그들을 통해 복음이 바다 건너 그들의 민족으
로 전해질 가능성이 열리게 된 것이다.

셋째, 교회론의 관점도 바뀌게 되었다. 선교가 하나님의 본성으로
부터 발생하고 하나님이 주도하시는 행위라면, 선교는 교회의 최우선
적인 활동이 되어야 한다. 교회가 선교를 만든 것이 아니라 그리스도
의 선교가 교회를 창조한 것이다.[42] 교회는 세상으로부터 부름을 받
은 하나님 나라 백성들의 공동체이며 동시에 세상의 구원을 위해 보
냄을 받은 사명 공동체이다. 이를 위해 교회는 지역 교회로서뿐 아니
라 우주적 교회의 개념을 품고 하나님 나라의 가치를 추구하며, 개인
주의와 소비주의에 몰두해 있는 세상 문화에 반하되(contrast society)
세상에 들어가 관계를 맺고 존재하며 세상의 대안이 되는(alternative
community) 사도적 복음 공동체(apostolic gospel community)가 되어
야 한다.[43] 교회는 교회 중심적 선교에서 하나님 중심 선교로, 지역과
상관없는 교회에서 지역사회를 섬기는 교회로, 성직자 중심의 교회에
서 성도를 제사장으로 세우는 교회, 세상과 분리된 교회에서 세상 안
에 있는 교회, 목사 중심의 정책 결정 구조에서 목사와 성도가 함께
결정하는 정책 결정 구조, 지역 교회 중심에서 우주적 교회 개념을 가
지고 하나님 나라를 추구하는 교회로 변하고 있으며, 이러한 전환에
코로나19 팬데믹이 큰 일조를 했다고 할 수 있다.

---

42 Jurgen Moltmann, *The Church in the Power of the Spirit* (London: SCM Press, 1977),
   10.
43 이상훈, "포스트코로나 시대와 선교: 팬데믹 시대의 선교적 항해를 위한 사역 패러다임,"
   249-250.

2) 포스트코로나 시대 한국교회 선교의 특징

코로나19는 우리 삶의 모든 방식을 완전히 바꾸어 놓았다. 선교 영역에서도 마찬가지로 과거와 결별하고 새롭고 창의적인 방식이 필요하다. 분명한 점은 하나님은 세상을 창조하신 분이시며 시대마다 새롭고 창의적인 방식으로 자신의 선교를 진행해 오셨다는 사실이다. 교회도 그러한 하나님의 뜻에 맞게 끊임없이 시대 문화를 해석하고 적응하려는 노력을 기울여 왔다. 따라서 여기서는 포스트코로나 시대에 요구되는 선교의 특징을 정리해 본다. 첫째, 해외에 가서 행하는 타 문화권 선교 못지않게 이제는 'Here and Now' 방식의 선교가 필요하다. 모든 곳이 선교지가 된 지금 우리 주변에 이미 와 있는 사람들로 가득 차 있으므로 그들을 환대해야 한다. 그중에는 복음을 직접적으로 전하기 어려운 창의적인 접근 지역에서 온 사람들도 많다. 외국인 근로자와 유학생, 이민자, 외국 동포들은 지금 어려운 시기를 통과하고 있는 사람들이다. 교회가 바로 이 시대에 마치 강도 만난 사마리아 사람의 이웃이 되어 환대해야 한다.

둘째, 사람에게 집중하는 선교를 회복해야 한다. 앞에서 살펴본 것처럼 건물이 교회가 아니라 성도가 교회다. 이를 위해서 다시 예수의 사역으로 돌아가서 소수의 사람에게 집중해야 한다.

셋째, 공동체적 선교의 중요성이다. 성도들이 일상의 삶을 함께 살아가면서 세상의 대안 공동체가 되어 복음을 전하는 삶을 살아가는 것이다. 주일에 성도들을 교회 안으로 끌어들이던 방식에서 6일 동안 세상에서 살아가도록 파송하는 방식으로 사역을 바꿔야 한다. 가난하고 약한 자들을 함께 찾아가 그들의 필요를 채워주며 지역사회의 일원으로서 책임감 있게 살면서 복음으로 초청한다. 아울러 세상에서 볼 수 없는 독특한 사랑의 공동체를 만들어 감으로 사람들이 감동하고 모임에 참여하며 복음을 받아들이게 된다.

넷째, 선교사 중심에서 현지인 중심으로 선교의 중심축을 이동하는 것이다. 선교지에서 리더십 이양은 선교학 주제다. 우리의 선교가 성령께서 이끄시는 것이라면 그 주도권을 담대히 성령께 드리고 사역을 위임할 수 있다. 일상의 삶에서 신뢰할 수 있는 사람이 복음의 전달자가 되어야 한다. 이 사역을 위해 목회자와 선교사는 현지인들을 훈련하고 그들이 주체가 되어 복음을 전하는 사명을 감당할 수 있도록 역할을 조정해야 한다.

다섯째, 온라인 선교의 가능성과 중요성을 인식하고 선교적 도구로 활용하는 것이다. 코로나19로 인해 비대면 문화가 빠르게 자리 잡았다. 그러나 이제까지 교회는 대면과 접촉을 통해 존재해 왔다. 어쩔수 없이 선택한 온라인 예배와 사역이 만족스러울 수 없다. 그러나 시대의 변화를 보면 온라인과 디지털 사역은 선택이 아니라 필수다. 전 세계는 이미 인터넷으로 연결되어 있고, 어린이부터 노인에 이르기까지 유튜브와 넷플릭스, 게임, 온라인 뉴스로 하루를 보낸다. 이제는 모든 사람이 세대와 문화, 공간과 언어를 초월해 온라인 공간에 모여 산다. 따라서 온라인에서의 디지털 사역은 선교의 새로운 기회를 제공한다. 다양한 소셜 네트워크와 온라인 채널을 통해 복음을 전할 수 있고, 언제든 누구와 연결해서 만날 수 있으며, 일대일, 소그룹, 대그룹 사역이 가능하다. 여기서 반드시 기억해야 할 중요한 원리가 있는데, 디지털은 상상한 만큼 확장된다는 것이다. 따라서 온라인 세계에서 창의적 상상력을 통해 영역의 경계를 무너뜨리고, 그 무너뜨린 장벽을 복음으로 연결할 수 있어야 한다. 만일 종교의 자유가 허락된 곳이라면 복음을 받아들인 사람들이 선교적 자원이 될 수 있도록 훈련과 교육을 진행하고 선교적 공동체를 형성할 수 있도록 도와야 한다. 만일 종교의 자유가 허락되지 않거나 제약이 많은 곳이라면 그들의 문화와 상황에 맞는 콘텐츠를 개발하여 복음을 전달할 수 있는 채널을 만들어야 한다.

여섯째, 네트워크를 통한 선교 사역이다. 하나님 나라는 네트워크를 통해 이루어진다. 모든 지역 교회가 우주적 교회의 지체이자 부분이듯이 사람과 사람, 공동체와 공동체, 교회와 교회가 이어질 때 하나님 나라가 더욱 아름답고 강력하게 세워질 수 있다. 선교의 궁극적인 목적은 잃어버린 영혼이 주께 돌아오며 이 땅에 하나님의 통치가 회복되어 생명을 살리는 역사가 일어나는 것이다. 우리는 모두 그 사명을 위해 부름을 받았지만, 그 일은 혼자서 이룰 수 없고, 함께 연결되어 가야 한다. 크고 힘 있는 교회들이 작고 연약한 교회를 돌보고, 성도 한 사람 한 사람이 자신의 자원을 통해 하나님의 선교에 참여할 수 있는 문화가 이루어질 때 선교는 확장된다. 그것이 네트워크의 힘이자 능력이다. 이런 측면에서 한국교회는 연합과 협력에 대한 새 기준을 제시할 필요가 있다. 함께 상생하며 선교적 협력 사역을 할 수 있는 생태계를 마련해야 한다.

이렇듯 코로나19 이전과 이후에 한국교회 목회와 선교, 선교신학이 어떻게 변화됐는지를 살펴보고, 목회와 선교 사역의 특징을 살펴보았다. 본 연구는 이제 다음 장에서 이 연구의 핵심이라고 할 수 있는 해외 선교, 다문화 선교, 청소년 세대 선교, 3040세대 선교의 현실과 그 특징들을 살펴봄으로써 포스트코로나 시대 한국교회 선교의 새로운 방향성을 모색해 보고자 한다.

3. 한국교회 선교의 현실

1) 타 문화권 선교: 선교적 열정이 앞선 독자 선교?

먼저 다룰 부분은 타 문화권 선교로, 흔히 해외 선교라고 부르는 사역이다. 한국교회는 신생 교회로서 급속한 성장 역사를 이루어 왔고, 이러한 내적인 힘이 선교의 원동력이 되어 짧은 시간에 놀라운 선교 활동을 추진해 왔다.[44] 특히 한국교회는 1907년 독노회를 조직하고 1912년 총회를 구성하자마자 제주도, 일본, 러시아, 중국 산동 등에 선교사를 파송하는 등 선교하는 교회로서의 면모를 보였다. 특히 1913년 중국 산동성으로 파송된 박태로, 사병순, 김영훈 선교사는 중국기독교회 소속 선교 목사로서 활동하며 중국 교회에서 정해준 산동성의 사역지에서 사역을 시작했다.[45] 그리고 이후에 파송된 방효원, 이대영, 방지일 선교사도 이러한 기조를 이어갔다. 또한 1956년 해방후 첫 타 문화권 해외 선교사로 태국에 파송되었던 최찬영, 김순일 선교사도 독자적인 활동보다는 현지 태국기독교단(The Church of Christ in Thailand, CCT)과 긴밀한 협력을 바탕으로 사역하였으며, 김순일 선교사의 경우 현지 교단의 노회장과 청년부 부장을 역임하는 등 현지

---

44 한국일, 『세계를 품는 선교: 선교 중심 주제』 (서울: 장로회신학대학교, 2004), 277.
45 변창욱, "한국교회 선교역사," 장로회신학대학교 세계선교연구원 편, 『한국교회와 세계선교』 (서울: 도서출판 케노시스, 2014), 16.

교단과 하나가 되어 일하였다. 이처럼 초기 한국교회의 선교는 현지의 교단 그리고 교회들과 매우 협력적인 관계를 맺고 함께하는 선교였다.46

한국세계선교협의회와 한국선교연구원(Korea Research Institute for Mission, KriM)이 공동으로 연구하여 발표한 2023년 한국선교 현황 보고에 따르면, 현재 한국 선교사는 174개국 21,917명이다.47 그리고 대한예수교장로회총회(예장 통합)의 파송 선교사는 11개 권역, 69개 현지 선교회에 92개국 811가정 1,525명이다.48 선교사를 파송하고 있는 선교 단체를 교단과 초교파 선교 단체로 나누어 보면, 교단은 43개 교단, 초교파 선교 단체는 180개로 이루어져 있다. 선교사의 비율은 교단 소속이 48.2%이고 초교파 단체는 51.8%이다.49 단체 수 대비 선교사 파송 비율을 생각해 본다면 교단 파송 선교사의 수와 역할이 상당히 큰 비중을 차지한다. 약 10년 전인 2013년의 통계에서는 교단 소속 선교사는 43.11%였고, 초교파 선교 단체는 56.89%였다.50 10년간의 변화 상황을 살펴보면, 교단 소속 선교사는 그동안 꾸

---

46 홍경환, "현지 교단이 있을 경우 동반자 선교, 트랙 10: 현지인 중심의 동반자 선교," 한국세계선교협의회(KWMA), 「제8차 세계선교전략회의(NCOWE VIII) 자료집」. https://drive.google.com/drive/folders/1QDj9bKrJWwWoQ4nbp3a Nm16Cpnbidrf7.

47 한국세계선교협의회, 한국선교연구원, "2023 선교사 파송 집계(174개구 21,917명)," (2024.3.7.), https://kwma.org/cm_stats/57754.

48 대한예수교장로회총회 세계선교부, "PCK 총회 파송 선교사 현황(2024년 1월 30일 현재)," (2024.2.19.), http://new.pck.or.kr/bbs/board.php?bo_table= SM02_04_04&wr_id= 324&fbclid=IwAR0Z2gfJ_B-HrzubTFpS2hSzvLlTxmFVmcCSMK6rCJ-Lcz0nta9u IUExmlw_aem_Aagv87p5YDueCPOix1wpYonFjwbmsnNv0bKzEjEjqey2vBQ XnApeCCvaqQZsFLe1lJUuSviSJ9Nwr4uudvTequ2k#mw_basic.

49 정기묵, "한국교회 교단의 해외 선교 방향," 「선교와 신학」 62(2024), 395.

50 한국세계선교협의회, "2013년도 선교사 파송 집계," (2014.1.14.), https://kwm-

준히 증가하였고, 상대적으로 초교파 선교 단체 선교사는 성장이 더 디거나 감소했다.[51]

하지만 한국세계선교협의회의 2023년 통계는 한국교회 선교의 잠재적 가능성은 여전히 높지만, 동시에 앞으로 한국교회 선교가 가는 길이 그리 밝지만은 않음을 보여 준다. 이 통계에 나타난 장기 선교사의 연령 분포를 살펴보면, 장기 선교사의 67.91%가 50세 이상이며, 30세 이하의 선교사는 6.92%이다.[52] 그리고 최근 4년간 선교사들의 연령대별 분포를 보면, 50대가 가장 많음을 알 수 있는데, 이것은 한국교회 선교가 어느 정도 성년기에 들어섰다는 증거다. 또한 50대 이상 연령 분포가 매해 늘어나지만, 30세 이하 선교사 비율이 급격하게 저하하는 현상을 보이는 것은 어느 순간 해외 선교사 숫자가 급격하게 줄어드는 절벽 현상에 대한 우려를 잘 보여 준다.[53]

<표 3-1> 최근 4년간 장기 선교사의 연령 분포

연령 분포(%)	29세 이하	30대	40대	50대	60대	70세 이상
2020년	0.82	7.46	30.26	39.65	19.13	2.69
2021년	0.95	7.44	28.45	39.00	21.24	2.92
2022년	0.88	7.10	26.52	38.98	23.13	3.39
2023년	**0.78**	**6.14**	**25.17**	**38.55**	**25.85**	**3.51**

a.org/cm_stats/33985.

51 정기묵, "교인들의 선교 이해에 관한 연구," 「한국기독교신학논총」 111(2019), 295.

52 한국세계선교협의회, 한국선교연구원, " 2023 한국선교현황 보고," (2024.3.7.), file:///C:/ Users/putsi/Downloads/2023%ED%95%9C%EA% B5%AD% EC%84%A0%EA%B5% 90%ED%98%84%ED%99%A9%EB%B3%B4%EA%B3%A0%EC%84%9C240307 %EC%B5%9C%EC%A2%85%20(1).pdf.

53 정기묵, "한국교회 교단의 해외 선교 방향," 396.

정기묵은 "이러한 수치들에서 보는 것과 같이 한국교회의 선교가 초기의 열정만을 앞세우던 선교에서 벗어나 성숙한 선교의 열매를 맺어가겠지만, 이를 계속해서 이어갈 새로운 선교 자원 발굴의 부족으로 어느 시점에는 급격한 퇴보를 가져올 가능성도 있음을 염두에 두어야 한다"고 말한다.[54] 따라서 한국교회가 지속 가능한 선교를 이어갈 수 있으려면 한국 선교의 모판이라고 할 수 있는 교단 및 초교파 선교 단체가 새로운 선교 헌신자를 계속 발굴하기 위해 부단한 노력을 기울일 필요가 있다.

한국교회는 빠른 성장세와 함께 해외에 많은 선교사를 파송하며 세계 교회에 선교하는 교회로 이름을 알렸을 뿐 아니라 그에 맞는 놀라운 성과도 거두었다. 이기주에 따르면, 한국 선교사들은 소명감이 강하다. 한국 선교사들은 사역에 대한 열정이 누구보다 강하고 뜨겁다. 한국 선교사들은 교회 개척에 탁월한 능력이 있다. 한국 선교사들은 목회 경험을 가진 이들이 많다.[55] 하지만 그 이면에 그로 인한 폐해도 많이 발생했다. 한국 선교사의 사역에서 드러난 부정적인 면에는 먼저 선교 현장의 개체 교단(교회) 현상을 들 수 있다.[56] 한국교회가 타 문화권 선교사를 많이 파송하고 있다는 것은 이제 세계 교회와 더불어 선교를 책임지는 위치에 있음을 보여 주는 것이다. 하지만 여전히 해외 선교 현장에 가보면 한국교회 선교는 파송 선교사의 숫자에 관심이 많고, 어느 교단 파송인지 물으며, 교회 개척이나 교회 성장에

---

54 Ibid., 396-397.

55 이기주, 『해외 선교정책과 현황』 (서울: 한들, 2017), 123.

56 정기묵, "한국교회 교단의 해외 선교 방향," 399-401을 참조하여 정리했고, 거기에 필자의 견해를 더하였다.

초점을 두는 경우가 많다. 한국교회는 개교회적으로는 선교 활동을 잘하는데, 다른 교회 혹은 다른 나라, 다른 교파 소속 선교사와 연합하여 함께하는 일에는 여전히 약하다.[57] 그래서 연합 선교나 대규모 혹은 중장기 프로젝트를 진행해야 하는 선교의 포괄적 과제를 수행하기에는 매우 어렵다. 그리고 개교회 중심의 파송과 후원 구조에 근거한 선교는 선교사 선발과 후원이 즉흥적일 때가 많고, 담임목사와 같은 리더십 교체 시 후원이 끊어지기도 한다.[58]

둘째, 열정만 앞선 전략의 부재이다. 한국교회가 힘을 다해 세계 선교에 매진하였고, 수적으로 많은 선교사를 파송하고 질적으로도 한층 향상된 성과를 거두고 있다. 그러나 다른 한편으로는 그것이 결집한 힘으로 작동하지 못했다.[59] 예를 들어 교단의 선교는 해당 교단의 선교 정책을 시행해야 하고, 초교파 선교 단체의 선교는 그 단체의 선교 정책을 따라 선교해야 한다.[60] 그런데 교단이든 초교파 단체이든 자신들의 선교 정책을 넘어서서 하나님의 선교 관점에서 선교지에 대한 큰 그림을 그려야 한다. 그런데 한국의 선교사들은 현장의 다른 나라에서 온 선교사와 다른 교단, 여러 선교회에서 파송 받은 선교사와 다양한 방식으로 소통과 대화를 나누고, 선교 사역 전략을 세우는 일에 익숙하지 않은 것 같다. 심지어 동료 선교사들과의 불화가 나타나기도 한다. 모두 독자적으로 선교 활동을 하려고 하지 연합하려고 하지 않는다.[61] 그리고 대부분 선교 현장에는 기존의 현지 교단이 이미

---

57 한국일, 『세계를 품는 선교』, 298.
58 정기묵, "한국교회 교단의 해외 선교 방향," 399.
59 정기묵, "협력을 위한 선교 네트워크 소고," 「선교신학」 41(2016), 363.
60 정기묵, "한국교회 교단의 해외 선교 방향," 400.

존재하고, 이미 설립된 지 오래된 기독 교단이 있음에도 불구하고 현지 교단과 협력하는 모습이 드물다. 그러나 서구 교회의 에큐메니컬 선교는 선교 현장에서 협력과 일치가 근본적인 주제였다.[62] 실제로 에큐메니컬 선교의 시작이라고 할 수 있는 1910년 에든버러세계선교사대회(1910 World Missionary Conference, the Edinburgh Missionary Conference)의 보고서(특별히 제8분과)를 살펴보면, 선교 현장에서 중복 투자를 피하고 공동의 목표 달성을 위해 노력했던 모습을 찾아볼 수 있다.[63]

셋째, 현지 지도자에 대한 부권주의가 나타나고 있다. 이것은 선교지에서 선교사가 현지 지도자들과 관계 설정을 어떻게 하는가 하는 문제다. 선교사는 현지 지도자와 동등한 입장에서 '동역'해야 한다. 그런데 세계 선교 역사를 살펴보면 재정을 가지고 있는 선교사와 현지 지도자의 종속 관계는 늘 있었던 문제다. 협력의 문제는 재정과 권력에 밀접한 연관성이 있고 자금을 나눌 때 권력 차이가 발생한다.[64] 후원하는 교단(교회)들이 선교 정책을 장악하려는 경향이 있었다. 선교사가 재정을 가지고 현지 지도자를 고용하고 마치 고용인-피고용인처럼 대하는 상황이 일어났다.[65] 과거처럼 식민주의를 앞세운 선교 방식은 아니지만, 부와 자원을 가지고 있는 이들이 덜 가지고 있는 이

---

61 한국일, 『세계를 품는 선교』, 298.

62 Ibid.

63 Andrew H. L. Fraser/하충엽 역, 『선교협력과 교회일치의 증진』 (인천: 주안대학원대학교 출판부, 2012), 33.

64 Goenawan Susanto Hadianto, "Cooperation of the Asian Churches for Missio Dei," 장로회신학대학교 세계선교연구원 편, 『21세기 아시아 태평양 신학과 실천』, 미간행 논문집, 장로회신학대학교 제16회 국제학술대회(2015), 73.

65 정기묵, "한국교회 교단의 해외 선교 방향," 401.

들에게 군림하는 방식으로 협력이 이루어진 것이다. 이에 대해 어떤 이들은 모욕을 느끼거나 조종당한다고 느낀다. 어떤 이들은 자신의 결정권과 목소리를 잃어버린 채 전혀 자신의 의견을 말할 수 없다고 느낀다. 이런 형식의 협력으로는 온전한 선교 동역이 일어날 수 없다. 왜냐하면 참다운 선교는 그리스도 안에서 한 몸이라는 지체 의식과 동역자 의식이 수반되어야 하기 때문이다.

이상에서 한국 선교사의 사역에서 드러난 긍정적인 면과 부정적인 면을 살펴보았다. 지금까지의 열정을 앞세워 선교지에서 독자적으로 선교하고, 돈과 권력으로 현지 교회 지도자들과 관계를 맺었던 모습에서 벗어나 하나님의 선교에 동참하고 일치와 협력 가운데 세계 선교에 임하는 방안을 모색해야 할 것이다.

2) 다문화 이주민 선교: 국내 다문화 이주민 가정의 환대와 인권 존중?

이어서 다문화 이주민 선교를 다룬다. 오늘 한국에서는 어디서나 외국인들을 만나는 것이 어렵지 않다. 한국은 1990년대 이후 국내 체류 외국인의 수가 점점 증가하고 있다. 우리나라도 빠르게 다문화 사회가 되어가고 있다고 할 수 있다. 2022년 법무부 출입국, 외국인 정책 통계 연보에 따르면, 2022년 우리나라에는 224만 5,912명의 외국인이 거주하고 있으며, 총인구 대비 4.37%에 이르고 있다. 이는 2019년에 252만 명이던 것이 코로나19 팬데믹이 유행하면서 2020년에는 203만여 명으로, 2021년에는 195만여 명까지 급감하였으나 2022년에는 코로나19가 다소 누그러지면서 그 숫자가 다시 224만 5,912명으로 증가하였다.[66]

<표 3-2> 인구 대비 체류 외국인 현황

(단위: 명)

구분＼연도	2018년	2019년	2020년	2021년	2022년
체류 외국인	2,367,607	2,524,656	2,036,075	1,956,781	2,245,912
인구	51,826,059	51,849,861	51,829,023	51,638,809	51,439,038
인구 대비 체류 외국인 비율	4.57%	4.87%	3.93%	3.79%	4.37%

※ 인구는 통계청(KOSIS)의 "주민등록현황" 자료를 인용하였음.

체류 외국인을 유형별로 살펴보면, 한국 국적을 갖지 않은 자(외국인 노동자, 외국 국적 동포, 결혼이민자 등)가 175만 2,346명(77.6%), 한국 국적을 취득한 자가 22만 3,825명(9.9%), 국내에서 출생한 외국인 주민 자녀가 28만 2,077명(12.9%)이다.[67] 우리나라는 3D 업종 기피로 인한 외국인 노동자의 유입 외에 국제화 현상으로 한국 문화(K-pop) 확산에 따른 여행객과 유학생, 결혼이민자의 유입으로 외국인 수가 증가하고 있다.[68] 다문화 이주민의 숫자가 늘어날 뿐 아니라 다양한 유형의 이주민들이 생겨나고 있다. 그에 따라 각 유형에 따른 선교 전략 모색이 필요한 시점에 와 있다. 지금까지 한국의 다문화 이주민 선교는 국내 외국인 혹은 외국인 노동자를 대상으로 하는 선교를 의미하였고, 선교 전략에서 있어서 특수 선교로 분류하고 다루어왔다. 그런데 이제는 디아스포라가 세계 선교의 새로운 이슈로 떠오르게 되고

---

66 법무부, "2022 출입국외국인 정책 통계 연보," (2023.6.29.), https://viewer.moj.go.kr/skin/doc.html?rs=/result/bbs/228&fn=temp_1688012586819100.

67 행정안전부, "국내 거주 외국인 주민 수 226만 명, 총인구 대비 54.4%, 최대규모 기록," (2023.11.8.), file:///C:/Users/putsi/Downloads/R2311438%20(2).pdf.

68 전석재, "한국교회와 이주민 선교," 한국선교신학회 편, 『다문화 사회의 선교』 (서울: 대한기독교서회, 2023), 126.

다양한 연구가 진행되면서,[69] 이주민 선교의 시각을 새롭게 하고 폭을 넓힐 필요가 있다.

구약과 신약성서에 나타난 이주민과 관련된 용어들을 살펴보고, 거기에 나타난 이주민/디아스포라에 대한 의미를 고찰한다. 성서에서는 나그네, 이방인, 타국인, 외국인, 디아스포라 등 다양한 단어가 사용되고 있다. 구약성서는 이주민을 게르(ger),[70] 토샤브(toshab),[71] 네카르(nekar),[72] 노크리(nokri),[73] 자르(jar)[74]라고 부른다.

신약성서에 나타난 이주민 용어는 '나그네', '이방인', '타국인', '외국인' 등으로 그리스어 프로셀뤼토스(proselytos), 크세노스(xenos), 파레피데모스(parepidemos) 등이 사용되었다. 프로셀뤼토스는 구약의 장기 체류자인 게르와 같으며 '유대교 개종자'의 의미로 축소되어 사용되었다(마 23:15; 행 2:10, 6:5, 13:43). 크세노스는 구약의 미등록 체류 노동자로 사회로부터 소외되고 고난당하는 처지인 사람들이다(엡 2:19, 히 11:13). 아브라함처럼 아무 권리 없이 떠돌아다니는 자다.[75] 파레피데모스는 외국인으로 외국 장소에 살고 있는 사람들을 의미한다

---

69 김미선, "디아스포라 선교 이해와 전략: 글로벌 디아스포라 네트워크(GDN)를 중심으로," 한국선교신학회 편, 『다문화 사회의 선교』, 68-69.

70 정미경, "다문화 사회를 향한 한국 기독교 이주민 선교의 방향과 과제," (성결대학교 박사학위논문, 2010), 93; 김은수, 『사회복지와 선교』(서울: 대한기독교서회, 2014), 305; 전석재, "한국교회의 이주민 선교," 「선교신학」 29(2012): 188-189.

71 김해성, "구약성서의 '외국인 이주자' 개념과 한국 '이주자 선교'에 관한 연구" (한신대학교, 박사학위논문, 2005), 23; 전석재, "한국교회의 이주민 선교," 191.

72 김미선, "디아스포라 선교 이해와 전략," 71.

73 전석재, "한국교회의 이주민 선교," 191.

74 Ibid., 192; 김미선, "디아스포라 선교 이해와 전략," 71-72.

75 김미선, "디아스포라 선교 이해와 전략," 72.

(벧전 1:1, 2:11). 거주하는 이방인, 순례자, 외국인 등을 말하며 구약의
게르보다 단순하게 사용되었다.[76]

한편 칠십인 역 구약성서에서 디아스포라는 '흩뜨림'(dispersion)이
란 뜻이며, 세 가지 의미로 쓰이고 있다. 유대인이 이민족 가운데 흩어
져 있는 상태 혹은 사건(신 28:25; 렘 34:17), 흩어진 사람들의 공동체(시
147:2; 사 49:6), 유대인들이 흩어져 지금 살고 있는 지역이나 국가를 의
미한다.[77] 디아스포라가 신약에서는 유대인과 교회 모두에 쓰였고, "흩
어져 사는 자"(요 7:35), "흩어져 있는"(약 1:1), "흩어진 나그네"(벧전 1:1)
로 번역되었다.[78] 디아스포라는 '나그네', '이방인', '타국인', '외국인' 등
이주민을 나타내는 용어로 사용되었다. 이처럼 성서는 다양한 차원에서
이주민을 고려할 것을 보여 주며 우리에게 이주민에 대한 인식의 필요와
이주민 선교가 교회의 본질적인 사역이자 과제인 것을 알려준다.[79]

로잔세계복음화위원회는 2004년 태국 파타야에서 '디아스포라
문제 그룹'을 소집하였고, 2007년 디아스포라 상임위원을 임명했다.
그리고 2008년에는 로잔디아스포라리더십팀이 소집되었고, 2009년
5월과 11월에 마닐라와 서울에서 디아스포라 신학과 선교학 정립을
위한 토론회를 가진 후, 2010년 남아프리카공화국 케이프타운에서
열린 제3차 로잔세계복음화대회를 통해 글로벌 디아스포라 네트워크

---

76 박천웅, 『이주민 신학과 국경없는 마을 실천』 (안산: 국경없는마을, 2006), 66-67.

77 *NRSV Holy Bible*, The Apocryphal or Deuterocanonical Books of the Old Testament
(London: HarperCollins Publishers, 1998), 18; Verlyn, *The NIV Theological
Dictionary of New Testament Words*, 319-320. 김미선, "디아스포라 선교 이해와 전략,"
72-73에서 재인용.

78 손윤탁, "디아스포라 교회의 성장과 선교," 『다문화 사회의 선교』, 47.

79 전석재, "한국교회의 이주민 선교," 193.

(Global Diaspora Network)를 결성했다.[80] 이러한 맥락에서 케이프타운 서약 II부의 C절 "타 종교인들 속에서 그리스도의 사랑을 실천하기"는 그리스도의 사랑으로 세계에 흩어져 있는 사람들을 향해 나아가서 복음을 전할 것을 촉구한다.[81] "전례 없는 인구 이동이 일어나고 있는 오늘 이 시기에 있어서 이주는 우리 시대의 중요한 현실임을 인식하면서, 이주 현상 역시 하나님의 주권적인 선교적 목적 안에 있음을 확인한다."[82] 케이프타운 서약은 디아스포라의 정의를 다음과 같이 내리고 있다.

> 디아스포라(diaspora)라는 말은 어떤 이유에서건 자신들의 출생지를 떠난 사람들을 가리키는데, 그리스도인을 포함하여 다양한 종교적 배경을 지닌 수많은 사람이 디아스포라로 살고 있다. 일자리를 찾는 경제적 이주자들, 전쟁이나 자연재해로 인한 국내 이주민들, 난민과 망명자들, 인종청소의 희생자들, 종교적 폭력과 박해를 피해 도망친 사람들, 가뭄이나 홍수, 전쟁으로 인한 기근 피해자들, 도시로 이주한 빈농들이 모두 그런 이들이다.[83]

디아스포라는 단순한 해외 이주자들과 기독교인을 포함한 종교적

---

80 사디리 조이 티라/김여정·이나영 역, 『마지막 추수를 위한 흩어짐: 세계적 흐름인 디아스포라의 이해와 적용』(서울: 위드국제선교회출판부, 2014), 6-7; 김광성, "한인 디아스포라 네트워크를 통한 선교자원 동원 활성화 연구," 「선교신학」 35(2014), 45.
81 로잔운동/최형근 역, 『케이프타운 서약: 하나님의 선교를 위한 복음주의 헌장』(서울: IVP, 2014), 97-98.
82 Ibid., 97.
83 Ibid.

배경을 가지고 출생지를 떠난 이들은 물론, 경제적 이유, 정치적 이유, 환경적인 이유, 자연 재난이나 전쟁 등으로 자신의 거처를 떠난 국내 이주민들, 난민들, 정치적 망명인들, 농촌 붕괴로 인한 도시 이주민들을 모두 가리킨다. 그런데 케이프타운 서약은 "오늘의 이주 현실과 다양한 디아스포라 공동체가 직면하고 있는 선교적 기회들을 잘 인식하여 적절한 선교 전략을 세우고, 디아스포라 공동체 사역으로 부름을 받은 사역자들을 집중적으로 훈련하여 디아스포라 공동체를 세울 자원을 제공함으로 그 기회에 반응해야 한다"라고 권면한다.84 구체적으로 케이프타운 서약은 다양한 종교 배경을 지닌 이주자 공동체와 국제 학생(유학생) 및 학자들이 머무는 국가의 그리스도인들이 행위와 말로써 그리스도의 사랑을 대항 문화적으로 증거해야 한다고 권한다. 그리고 그리스도의 사랑을 대항 문화적으로 증거하는 것이란 "이방인, 나그네로 온 이들을 사랑하고, 외국인의 처지를 변호하며, 갇힌 자를 돌아보고, 환대를 실천하고, 우정을 나누고, 그들을 우리의 가정으로 초청하여 돕고 섬김"으로 성경에 나오는 수많은 사랑과 섬김의 명령들에 겸손히 순종하는 것임을 알려준다. 이처럼 코로나19 이전부터 한국 사회에 다양한 유형의 다문화 이주민들이 점점 늘어나게 되면서 이들의 환대와 정착, 인권 존중에 초점을 맞추어 다문화 이주민(디아스포라) 사역이 이루어져 왔음을 알 수 있다.

---

84 Ibid.

3) 청소년 세대 선교: 다음 세대로 부르면 끝?

청소년 시기는 질풍노도의 시기라 불릴 만큼 급격한 신체적, 정신적 변화를 겪는 시기이고, 동시에 잠재력과 역동성을 폭발시킬 수 있는 시기이다. 그래서 이 시기의 청소년들은 신앙에 있어서 부모 세대의 영향을 많이 받는다. 왜냐하면 성년이 되기까지는 부모의 보호 아래에 있기 때문이다. 그리고 이 시기에 그들은 또래 집단의 영향을 많이 받고 친구들과의 관계 속에서 다양한 문화를 접하게 된다. 왜냐하면 가정 다음으로 가장 많은 시간을 보내는 곳이 학교이기 때문이다. 그렇다면 이렇게 역동적인 시기를 보내고 있는 청소년 세대를 이해하고, 그들에게 신앙을 전수하며, 이들을 선교적 세대로 세우는 문제는 우리 세대의 중요한 과제이다.

오늘 우리 사회는 저출산으로 인한 학령 인구 감소 문제가 빠른 노령화 속도에 못지않게 심각하다. 실제로 통계청의 2022년 출생 통계와 아래 〈표 3-3〉 "합계출산율"에 의하면, 2013년 출생아 수는 43만 6,500명이었고, 합계출산율은 가임여성 1명당 1,187명이었는데, 10년 후인 2022년 출생아 수는 24만 9,100명이며, 합계출산율은 가임여성 1명당 0.78명이었다.[85] 10년 사이에 출생아 수가 무려 18만 7,400명이 줄었고, 합계출산율도 1명이 채 안 되는 0.78명이다. 이것은 1970년 출생 통계 작성 시작 이래 최저치이며, 35세 미만 연령층의 출산율은 감소하고, 35세 이상 출산율은 증가했다. 그리고 통계청 장래인구추계 결과에 따르면, 합계출산율은 2023년 0.73명까지 떨어질 것으로 예상한다.

---

85 통계청, "2022년 출생 통계," (2022.8.30.), file:///C:/Users/putsi/Downloads/2022%EB%85%84_%EC%B6%9C%EC%83%9D_%ED%86%B5%EA%B3%84.pdf.

<표 3-3> 합계출산율

(단위: 천 명, 가임 여자 1명당 인원)

	2013	2014	2015	2016	2017	2018	2019	2020	2021	2022
출생아 수	436.5	435.4	438.4	406.2	357.8	326.8	302.7	272.3	260.6	249.1
합계출산율	1.187	1.205	1.239	1.172	1.052	0.977	0.918	0.837	0.808	0.780

* 합계출산율(TFR: Total Fertility Rate): 여성 1명이 평생 동안 낳을 것으로 예상되는 평균 출생아 수를 나타낸 지표로서 연령별 출산율(ASFR)의 총합이며, 출산력 수준을 나타내는 대표적 지표임.
* 출처: 통계청, 「2022년 출생통계(확정), 국가승인통계 제10103호 출생통계」

해가 갈수록 떨어지는 신생아 수와 합계출산율로 인해 실제 일반 학령 인구도 줄어들고 있으며, 교회학교 인구도 일반 학령 인구에 대비해서 2배 정도 빠른 속도로 감소하고 있음을 다음 〈표 3-4〉 초중고 학생 인구 변화와 〈표 3-5〉 교회학교별(예장통합) 인구 변화에서 확인할 수 있다.[86] 일반 학령 인구는 2013년 65만 3,000명에서 2022년 52만 7,000명으로 약 19%가 감소했지만, 예장 통합 교단의 교회학교 인구는 2013년 34만 명에서 2022년 21만 명으로 무려 37%가 감소한 것으로 나타나고 있다. 또한 일반 학령 인구 대비 예장 통합 교단의 교회학교별 인구 변화를 보면 영, 유아 유치 아동(0~6세), 초등학생(70~12세), 중고등학생(13~18세) 연령대의 교회학교 인구는 같은 연령대의 학령 인구 수에 비해 훨씬 더 감소했음을 알 수 있다. 가장 많이 감소한 연령대는 초등학생 연령대로, 지난 10년간 일반 학령 인구는 4%만 줄어든 것에 반해 교회학교는 무려 36%가 줄었다. 그리고 중고등학교(13~18세) 연령대에서도 지난

---

86 목회데이터연구소, "기독 청소년 12%만이 부모와 신앙적 대화 자주 나눠!," 「넘버스」 214(2023. 11. 7.), http://mhdata.or.kr/mailing/Numbers214_231107_Full_Report. pdf.; 대한예수교장로회총회, "교세현황," (2022.12.31.), https://www.pck.or.kr/bbs/board. php?bo_table=SM01_05&wr_id=1.

| 〈표 3-4〉 초중고 학생인구 변화 | | | |

〈표 3-4〉 초중고 학생인구 변화

[표] 초중고 학생인구 변화*
(일반학생 vs 교회학교 학생, 만 명)

구분	2013	2022	증감률
일반 학령인구	653	527	-19%
교회학교인구 (예장통합)	34	21	-37%

*자료 출처 : 일반 학령인구 : 교육부, 2023 교육기본통계 조사 결과 발표, 2023.08.30. 교회학교인구 : 예장통합교단 교세통계자료

〈표 3-5〉 교회학교별(예장통합) 인구 변화

[표] 교회학교별(예장통합) 인구 변화 (일반 학령인구 비교, 만 명)

구분		2013	2022	증감률
0~6세	일반 영유치아	326	220	-33%
	교회 영유치부	10	7	-42%
초등 학생	일반 초등생	278	266	-4%
	교회 초등부	18	11	-36%
중고등 학생	일반 중고생	370	261	-30%
	교회 중고등부	16	10	-38%

10년간 일반 인구수는 2013년 370만 명에서 2022년 261만 명으로 30%가 줄어든 것에 반해 교회학교 인원수는 16만 명에서 10만 명으로 38%가 감소했다. 전반적으로 학령 인구와 교회학교 학생 수의 감소는 함께 가는 동시에 교회학교 학생 수가 훨씬 빠르게 감소함을 알 수 있다.

그러면 한국교회는 교회학교에 출석하는 우리 자녀 세대들을 어떻게 보고 있을까? 우리는 자녀들을 흔히 '다음 세대'(Next Generation)라고 부른다.[87] 이것은 부모 세대의 관점에서 그렇게 부르는 것이다. 부모가 자녀에게 신앙을 전수한다는 개념에서 그렇다. 하지만 부모도, 교회도 다음 세대가 중요하다고 말하지만, 사실 큰 관심이 없기에 다음 세대와 불통으로 이어진다.[88] 코로나19 이전 한국교회 교회 교육은 다음 세대에 대한 이해와 소통이 부재한 교육이었고, 현재와 미래가 연결되지 않는 불통의 교육이었다. 다음 세대 교육은 소위 '셧다

---

[87] 목회데이터연구소, "기독 청소년 12%만이 부모와 신앙적 대화 자주 나눠!," 「넘버스」 214 (2023.11.7.), http://mhdata.or.kr/mailing/Numbers214_231107_Full_Report.pdf. 보통 교회에서 정의하는 '다음 세대'는 '부모 세대의 신앙을 이어받을 교회학교 학생'을 일컫는다.

[88] 김도인 외 18인, 『다음세대 셧다운』 (서울: 글과 길, 2023), 10.

운' 상태가 된 것이다.[89] 따라서 한국교회는 '셧다운'된 다음 세대를 다시 살릴 대안을 마련해야 한다. 그렇다면 다음 세대는 누구인가? 우리가 다음 세대라고 부르는 세대는 최첨단 정보기술에 기반한 문화를 즐기며, 빠른 영상과 쉴 새 없이 쏟아내는 대중문화에 익숙한 세대이며,[90] X세대,[91] 밀레니엄세대(M세대), Z세대, 미래 세대(알파세대)로 불리며,[92] 디지털 문명에 익숙하며, 사이버 문화의 옷을 자연스럽게 입고 소셜 네트워크를 일상화하여 즐기는 세대이다.[93]

그런데 교회는 정작 다음 세대들의 특성에 맞지 않는 신앙 교육을 하는 형편이다. 그리고 다음 세대에게 많은 관심을 쏟아부어야 한다고 말하지만, 실제로는 다음 세대 자녀들의 신앙 성장을 도모할 만한 충분한 재정투자가 이루어지지 않고 있다. 다음 세대는 목양의 대상이 아니라 교육의 대상일 뿐이다. 그래서 이들을 위한 교회학교 교육은 공교육 혹은 학교 교육의 모형을 모방하는 것으로 전락하여[94] 지식 전달 위주의 교육이 이루어지고 있다. 그래서 많은 교회에서는 청소년부 예배를 드리고 겨우 10~20분 정도의 공과 공부가 전부인 수동적인 학습에 치우친 상황이다. 또한 다음 세대 교육은 프로그램(이벤트) 위주의 교육과 여름 수련회와 겨울 수련회와 같은 신앙 훈련에 치우치며,[95] 개인주의 신앙을 더욱 굳건히 하는 방향으로 예배와 활동

89 Ibid., 9-12.
90 김도훈, "다음세대 신학 — 사회 변화와 다음세대를 위한 교회와 신학의 과제," 「장신논단」 39(2010.12.), 145.
91 김선일, "한국의 세대 연구 동향과 기독교적 적용," 「신앙과 학문」 11(2006): 12-14.
92 김현철, 『미래세대 프로파일링』 (서울: 꿈미, 2023), 45-62.
93 김도훈, "다음세대 신학-사회 변화와 다음세대를 위한 교회와 신학의 과제," 146-151.
94 은준관, 『기독교교육현장론』 (서울: 한들출판사, 2007), 225.

[그림 3-1] 교회 처음 나온 시기

(단위: %)

■ 2019년** ■ 2021년*

구분	2019년	2021년
모태신앙	51	60
초등학교 이전	19	20
초등학교 시절	20	15
중학교 시절	7	5
고등학교 시절	2	1

*자료 출처 : 안산제일교회/한국교회연구원(예장통합)/목회데이터연구소, '2021 크리스천 중고생의 신앙생활에 관한 조사연구', 2021.06.17.
(전국 교회 출석 개신교 중고생 500명, 온라인 조사, 2021.04.08 ~23)
** 2019년 자료 : 한국교회탐구센터/21세기교회연구소, '크리스천 중고생의 신앙의식 조사', 2019.12.06. (전국 교회 출석 개신교 중고생 500명,
온라인 조사, 2019.10.10~19)
***크리스천 청소년 : 개신교인 중고생을 뜻한다.

들이 이루어졌다. 그래서 이러한 획일적이고 수동적인 방식의 교육은 다음 세대들에게는 불편한 일이다.[96]

한편 교회에 출석하는 크리스천 중고생 500명을 대상으로 교회에 처음 나온 시점을 물었는데, 응답자의 60%가 '모태신앙'이라고 답했다. 그러니까 중고생 5명 중 3명이 태어날 때부터 교회에 출석한 것이다. 이 조사 결과는 2019년에 실시한 크리스천 중고생의 신앙 의식 조사 결과와 대비했을 때, 9%가 증가한 수치다. 즉, 한국 개신교의 가족 종교화 현상이 점점 커지는 것이다.[97] 그런데 역설적으로 2020년부터 시작된 코로나19로 인해 크리스천 청소년 세대들은 교회 출석과

---

95 이승병, "민족에서 세대로 보는 선교: 성령론적 선교신학을 통한 청소년 선교," 「선교신학」 55(2019), 225.

96 최동규, "선교적 관점에서 본 한국의 미래세대를 위한 목회 갱신," 「선교신학」 38(2015): 372-386.

97 목회데이터연구소, "크리스천 청소년 신앙, 코로나 이후 어른보다 더 취약해진 것으로 나타나!," 「넘버스」 101(2021.6.25.), http://mhdata.or.kr/mailing/Numbers101st_210625_Full_Report.pdf.

[그림 3-2] 하루 중 신앙생활 시간

[그림] 하루 중 신앙생활 시간(크리스천 청소년 vs 크리스천 성인, 교회 출석자 기준)   (%)

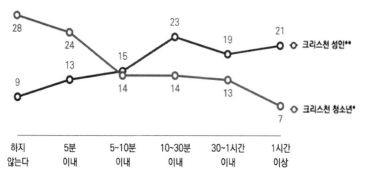

*자료 출처 : 안산제일교회/한국교회연구원(예장통합)/목회데이터연구소, '2021 크리스천 중고생의 신앙생활에 관한 조사연구', 2021.06.17.
(전국 교회 출석 개신교 중고생 500명, 온라인 조사, 2021.04.08.~23)
** 크리스천 성인 : 예장합동교단, '코로나19 이후 교회생태계 지형변화조사 결과', 2020.11.03. (전국 만19세 이상 일반국민 1,000명, 온라인조사,
2020.08.13.~20)

신앙생활에 큰 어려움을 겪고 있다. 그리고 입시 준비에 대한 부담, 게임, 영상 등 다양한 미디어 매체의 범람으로 인해 그들을 둘러싼 신앙적 환경은 더욱 열악해지고 있는 것으로 나타나고 있다.[98] 이런 현상의 근본적인 원인은 무엇인가? 가정에서 다음 세대들의 신앙 교육이 부실해지고 있기 때문이다. 구체적으로 다음 세대를 위한 교육을 교회에 맡겨놓은 상황이며, 그래서 이들이 매주 드리는 예배에도 수동적으로 참여하거나 심지어 예배를 구경하는 태도에 머물게 되었다.

구체적으로 크리스천 청소년들에게 하루 중 신앙생활에 할애하는 시간을 물었다. 하루 중 신앙생활에 시간을 전혀 할애하지 않는다고 응답한 비율이 28%, '5분 이내'라고 응답한 비율이 24%로 크리스천 청소년 52%가 거의 신앙생활에 시간을 할애하지 않는 것으로 나타나

---

98 Ibid.

고 있고, 1시간 이상 신앙생활에 할애한다는 응답은 7%에 불과하다. 반면에 크리스천 성인들의 경우 하루 중 신앙생활에 시간을 전혀 할애하지 않는다고 응답한 비율이 9%, 5분 이내로 할애한다는응답이 13%이고, 10~30분 이내로 신앙생활에 시간을 할애한다는 응답이 23%이며, 1시간 신앙생활에 시간을 할애한다고 응답한 비율은 21%이다.[99] 이렇게 보면 크리스천 청소년들이 성인보다 신앙생활에 훨씬 소극적인 것을 알 수 있다. 이것은 크리스천 청소년들이 주일 외의 날에는 거의 신앙생활에 시간을 할애하지 않으며, 가정에서도 신앙 교육이 제대로 이루어지지 않는다고 볼 수 있다.

그리고 코로나19 이전과 비교했을 때, 코로나19가 시작된 이래 신앙의 질적 변화에 대해 질문했다. 크리스천 청소년들은 '신앙이 약해진 것 같다' 35%, '깊어진 것 같다' 16%로 신앙이 약해졌다는 비율이 깊어졌다는 비율보다 두 배 이상 높았다. 이를 크리스천 성인과 비교

[그림 3-3] 코로나19 이후 신앙의 질적 변화
(크리스천 청소년 vs 크리스천 성인)

[그림 3-4] 구원의 확신
여부(크리스천 청소년)
(단위: %)

*자료 출처 : 안산제일교회/한국교회연구원(예장통합)/목회데이터연구소, '2021 크리스천 중고생의 신앙생활에 관한 조사연구', 2021.06.17. (전국 교회 출석 개신교 중고생 500명, 온라인 조사, 2021.04.08.-23)
** 크리스천 성인 : 예장합동교단, '코로나19 시대 한국교회 신생태계 조성 및 미래전략 수립을 위한 조사결과 발표', 2020.01.18. (전국 만19세 이상 개신교인 1,000명, 온라인 조사, 2020.11.14.-23)

99 Ibid.

하면 학생이 신앙이 약해졌다는 비율이 더 높아서, 코로나 환경에서 청소년의 신앙이 어른보다 더 취약해진 것으로 나타나고 있다. 이런 환경 아래서 교회에 출석하는 학생의 구원 확신 비율은 49%에 머무르고 있다.100

이것은 코로나19의 영향으로 예배 환경이 계속해서 바뀌고, 이에 따라 어른들과 함께 예배를 드리는 비율이 높아졌기 때문이다. 그리고 가정과 교회에서 청소년 세대에 대해 신앙 교육을 하는 시간이 절대적으로 부족한 것도 이유이다. 다시 말해서 코로나19로 인해서 청소년 세대의 신앙적 활동 혹은 경험이 줄어든 것이다. 이들은 교회에 가는 것 외에는 가정에서 혹은 개인적으로 신앙 경험을 하지 않는 것으로 나타났고, 예배도 아예 안 드리는 경우도 있었다. 따라서 청소년의 신앙을 위해서는 구원의 확신을 갖게 하고, 신앙 경험을 더 많이, 더 밀도 있게 할 수 있도록 도와주어야 한다. 중고등학생들은 관계성을 중요시하는 특성이 있으므로 중고등부 지도 교역자가 학생들과 카톡, 줌 등으로 일상에서 자주 대화를 나누고, 학교 앞으로 찾아가서 일대일 혹은 다수와 대면 접촉을 하는 등 적극적인 관계를 맺는 것이 필요하다. 그리고 가정에서도 학생들의 신앙 경험을 넓혀주어야 한다. 가정예배를 정기적으로 드리거나 주 1~2회 저녁 식사를 온 가족이 함께하고 하루 혹은 한 주간의 삶을 나누면서 같이 기도하거나 부모의 신앙 경험을 자연스럽게 얘기하는 것도 좋다.

---

100 Ibid.

4) 3040세대 선교: 교회의 허리 세대는 어디로?

코로나19를 지나면서 청소년 세대의 신앙이 약화하고 있다. 그런데 이것은 청소년 세대의 부모 세대인 3040세대의 위기와도 연관이 있다. 한국 사회 고령화가 급속하게 진행되면서 평균수명이 80세가 넘어가고 있다. 최근 통계청이 발표한 성별 기대수명을 살펴보면,[101] 1970년에 62.3세였고, 2000년 76.0세, 2022년 82.7세다. 특히 2022년에 남자는 79.9세, 여자는 85.6세다. 이에 따라 전체 수명 가운데 절반에 해당하는 나이대가 바로 3040세대이다. 다시 말해서 3040세대는 대한민국의 허리 세대이다. 그리고 인구 전체의 중간에 해당하는 나이를 말하는 '중위 연령'도 계속 증가하고 있어서 2022년에는 45세로 높아졌다.[102]

<표 3-6> 기대수명

[단위 : 세]

	1970	1980	1990	2000	2010	2011	2012	2013	2014	2015	2016	2017	2018	2019	2020	2021	2022
전체	62.3	66.1	71.7	76.0	80.2	80.6	80.9	81.4	81.8	82.1	82.4	82.7	82.7	83.3	83.5	83.6	82.7
남자	58.7	61.9	67.5	72.3	76.8	77.3	77.6	78.1	78.6	79.0	79.3	79.7	79.7	80.3	80.5	80.6	79.9
여자	65.8	70.4	75.9	79.7	83.6	84.0	84.2	84.6	85.0	85.2	85.4	85.7	85.7	86.3	86.5	86.6	85.6

* 출처: 통계청, 「생명표」
* 자료: 통계청 「생명표」 2023

그런데 한국교회에서 3040세대가 흔들리고 있다. 3040세대가 교회에서 흔들리고 약화하면 앞으로 한국교회의 미래를 누가 이끌어 갈 것인가? 미래에 대한 렌즈를 조금 당겨 아주 가까이 잡아보면(zoom in), "현재 교회 내 리더십 세대의 배턴을 직접적으로 누가 이어받을 것

---

101 통계청, "기대수명," (2023.12.1.), https://www.index.go.kr/unify/idx-info.do?idxCd=8016.

102 목회데이터연구소, 『한국 교회 트렌드 2024』 (서울: 규장, 2023), 138-139.

인가?" 하는 문제와 맞닿아 있다. 바로 3040세대가 교회의 새로운 리더십 세대로서 등장하여 신앙 안에서 교회를 직접적으로 이끌어가게 될 가능성이 크다.[103] 따라서 3040세대는 한국교회의 현존하는 미래 세대로서 조만간 교회의 핵심적인 세대가 될 것이다.

3040세대는 사회와 교회에서 중간 연령 세대이자 허리 세대이며, 연령상으로 30~39세와 40~49세로 구성된 세대이다. 이 세대는 대부분 결혼 전인 젊은이들과 젊은 부부들 그리고 영유아에서부터 유치원, 초등학교, 중고등학교 학생들을 자녀로 두고 있다. 이들은 부모 의존에서 벗어나서 분가와 자녀 출산으로 새로운 삶을 개척해 나가는 시기이다. 고령화 시대의 교회에서 허리 역할을 해야 하는 시기이지만, 정작 교회에서는 아직 목소리를 많이 내지 못하는 막내 연령층이다. 왜냐하면 직장생활과 가사, 육아 등에 바쁘고 정신없이 일상생활을 하다 보니 너무 지쳐서 신앙이 약화하였기 때문이다. 이렇게 영적으로 침체하여 있는 상태가 자연히 그들의 자녀 세대에까지 영향을 미치게 되었다.[104] 코로나19를 겪고 난 후에도 대면 예배 출석 비율이 가장 낮은 연령대가 이 세대이고, 최근에 이슈로 떠오르고 있는 '플로팅 크리스천'[105]도 이 세대가 가장 큰 비중을 차지하고 있다. 특히 40대에서 가나안 성도가 가장 많다. 따라서 오늘의 3040세대는 한국교

---

103 이현철 외 5인, 『한국교회 3040세대 트렌드』 (서울: 생명의 양식, 2024), 11.
104 목회데이터연구소, "3040세대 신앙과 라이프스타일," 「넘버스」 233(2024. 3. 26.), http://mhdata.or.kr/mailing/Numbers233_240326_Full_Report.pdf.
105 목회데이터연구소, 기아대책, 『한국교회 트렌드 2023』 (서울: 규장, 2022), 28-51. 플로팅 크리스천이란 전통적인 신앙생활을 벗어나서 자유로운 신앙생활을 추구하는 자들로 코로나19로 인해 어쩔 수 없이 생겨났다. 그들은 어느 한 곳에 정착하지 않고 사회 변화에 따라 계속해서 움직이며 자신들에게 가장 알맞은 신앙생활을 추구하고 있다. 플로팅 크리스천의 두 유형으로 '닻형' 플로팅 크리스천과 '부평초형' 플로팅 크리스천을 들 수 있다.

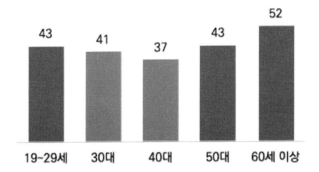

[그림 3-5] 일상생활 만족도

(개신교인, '매우 + 약간 만족' 비율. 단위: %)

43   41   37   43   52

19~29세   30대   40대   50대   60세 이상

회의 허리 세대로서 5060세대나 1020세대를 온전히 이어주지 못하는 약한 고리가 되고 있다.[106]

3040세대 크리스천의 일상은 녹록하지 않다. 목회데이터연구소가 2024년 3월 26일에 발표한 "3040세대 신앙과 라이프스타일" 조사 결과에 따르면,[107] 일상생활에 만족하는 만족도에 있어서 30대와 40대의 만족도가 각각 41%, 37%로 전 연령대 중 가장 낮게 나왔다. 20대에서 40대로 갈수록 삶의 만족도가 낮아지다가 50대부터는 다시 삶의 만족도가 높아지는 경향을 보여 준다.[108]

그런데 3040세대가 삶의 만족도가 낮은 이유는 3040세대 상당수가 정규직 혹은 비정규직으로 경제활동을 하는데, 치열한 경쟁 속에서 심한 스트레스를 받고 있기 때문이다. "직장/사회생활로 몸과 마음

---

106 목회데이터연구소, 『한국교회 트렌드 2024』, 135.

107 목회데이터연구소, "3040세대 신앙과 라이프스타일," 「넘버스」 233(2024.3.26.), http://mhdata.or.kr/mailing/Numbers233_240326_Full_Report.pdf.

108 Ibid.

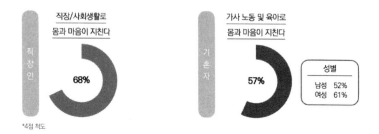

[그림 3-6] 일상생활에서 스트레스를 주는 문제

(3040 개신교인, '매우 + 약간 그렇다' 비율)

이 지친다"라고 응답한 직장인이 3명 중 2명꼴인 68%이고, "가사 노동 및 육아로 몸과 마음이 지친다"라고 응답한 기혼자들이 57%에 달한다. 특히 52%의 남성과 61%의 여성이 육아 스트레스를 심하게 받는 것으로 나타나고 있다.[109] 사회와 일상생활에서 오는 피로의 문제가 결국 교회 봉사활동을 소홀히 하거나 현장 예배 대신에 온라인 예배를 드리게 되고, 아예 신앙 자체에 관심이 줄어드는 결과를 초래한다.[110]

또한 코로나 이전과 대비해서 코로나19 동안 신앙 수준이 어떻게 변화되었는지를 묻는 질문에 전체적으로 코로나 이전에 비해 신앙이 약화되었다는 응답이 29%, 강화되었다는 응답이 18%이다. 대체로 코로나 이전에 비해 신앙이 약화되었다는 비율이 강화되었다는 비율보다 높게 나타나고 있다. 그런데 코로나 이전보다 신앙이 약화되었

109 목회데이터연구소, "3040세대 신앙과 라이프스타일," 「넘버스」 233(2024.3.26.),
    http://mhdata.or.kr/mailing/Numbers233_240326_Full_Report.pdf; 이현철 외, 『한국교회 3040세대 트렌드』, 18.

110 Ibid.

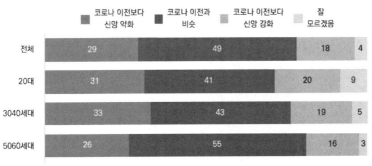

[그림 3-7] 코로나 동안 신앙 수준 변화 (개신교인, %)

	코로나 이전보다 신앙 약화	코로나 이전과 비슷	코로나 이전보다 신앙 강화	잘 모르겠음
전체	29	49	18	4
20대	31	41	20	9
3040세대	33	43	19	5
5060세대	26	55	16	3

※출처 : 목회데이터연구소, '한국교회 트렌드 2024 조사', 2023.06.10. (전국 만 19세 이상 개신교인 2000명, 온라인조사, 2023.05.12.~31.)

다는 3040세대의 비율이 전 연령대의 비율인 29%보다 더 높은 33%로 나타나고 있다. 3040세대 3명 중 1명이 코로나 이전보다 신앙 수준이 떨어진 것이다.[111]

코로나19 팬데믹 이후 3040세대의 교회 이탈 현상이 가속화되고 있다. 3040세대 개신교인들을 대상으로 코로나19 이후 현장 예배 여부를 조사한 결과 현재 "현장 예배를 드리고 있다"라는 3040세대는 68%이고, "온라인 예배로 이동"한 3040세대는 18%이며, "가나안 성도로 이동"한 3040세대는 14%이다. 즉, 코로나19 이전에 현장 예배에 출석하다가 코로나19 팬데믹 이후에 현장 예배를 이탈한 사람이 무려 32%로 나타났다. 현장 예배를 드리지 않게 된 3040세대는 두 그룹으로 나눌 수 있다. 아예 교회를 떠난 가나안 성도와 현장 예배를 드리지 않고 온라인 예배로 이동한 성도다.[112] 그리고 현장 예배 이탈

---

111 Ibid.

112 목회데이터연구소, "3040세대 신앙과 라이프스타일," 「넘버스」 233(2024.3.26.), http://mhdata.or.kr/mailing/Numbers233_240326_Full_Report.pdf; 이현철 외, 『한국

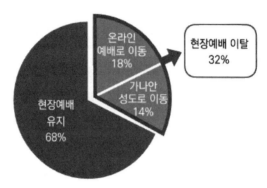

[그림 3-8] 코로나 이후 3040세대의 현장 예배 이탈률

현장예배 이탈
32%

온라인
예배로 이동
18%

가나안
성도로 이동
14%

현장예배
유지
68%

*코로나 이전부터 현장예배 안 드린 자 제외

자를 100%로 볼 때 가나안 성도로 이동한 3040세대는 43.2%, 온라인 예배로 이동한 3040은 56.8%로 나눠진다. 코로나 팬데믹 이전과 대비해서 사라진 교인이 한국교회 평균 15% 정도 되는데, 3040세대가 32%나 된다는 것은 전체 이탈자보다 2배가 많은 수치로 이는 개별 교회마다 3040세대의 감소가 눈에 띌 정도로, 체감할 수 있을 것으로 추산한다.[113]

이렇게 현장 예배를 이탈한 교인의 복귀 가능성은 어떠할까? 코로나 이후 교회를 이탈한 30대와 40대를 대상으로 교회에 다시 복귀할 의향이 있는지를 물었더니 절반 이상인 58%가 "다시 교회로 돌아가고 싶다"라고 응답했다. 그리고 "교회로 다시 돌아가고 싶지 않다"라고 응답한 3040세대 교회 이탈자도 26%에 달한다. 시간이 흐르기 전

교회 3040세대 트렌드』, 20-21.
113 Ibid.

[그림 3-9] 교회에 다시 복귀할 의향*

(3040 코로나 이후 교회 이탈자)

잘
모르겠다
16%

교회로
돌아가고
싶지 않다
26%

다시 교회로
돌아가고 싶다
58%

*4점 척도

[그림 3-10] 출석 교회 만족도 (교회 출석자, %)

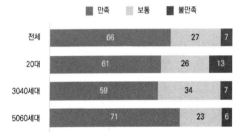

	만족	보통	불만족
전체	66	27	7
20대	61	26	13
3040세대	59	34	7
5060세대	71	23	6

※출처 : 한국기독교목회자협의회, 2023 한국인의 종교생활과 신앙의식 조사 결과 보고서(제5차 추적조사), 2023.04 (만 19세 이상 개신교인 2,000명, 온라인 조사, 2023.01.09.~01.16.)
*5점 척도

에 이들을 교회로 재유입시키기 위한 목회자와 비슷한 또래 성도들의 적극적인 권유와 신앙적 필요를 채워줄 소그룹과 이들에게 맞춘 프로그램 마련이 시급하다.114

현재 출석하고 있는 교회에 대해서도 다른 세대에 비해서 3040세대의 만족도가 가장 낮다. 전체적으로 성도들은 현재 출석하는 교회

---

114 Ibid.

[그림 3-11] 출석 교회 만족 vs 불만족 이유

(3040 교회 출석자, 1+2순위, 상위 4위, 단위: %)

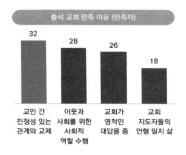

출석 교회 만족 이유 (만족자)

교인 간 진정성 있는 관계와 교제	이웃과 사회를 위한 사회적 역할 수행	교회가 영적인 대답을 줌	교회 지도자들의 언행 일치 삶
32	28	26	18

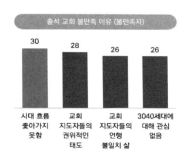

출석 교회 불만족 이유 (불만족자)

시대 흐름 좇아가지 못함	교회 지도자들의 권위적인 태도	교회 지도자들의 언행 불일치 삶	3040세대에 대해 관심 없음
30	28	26	26

에 66%가 만족하고 있고, 27%는 보통, 7%는 불만족스럽다고 응답했다. 그리고 20대는 61%의 만족도를 나타내는 반면, 3040세대는 59%가 현재 출석하는 교회에 만족하고 있다고 응답하여 만족도가 가장 낮다. 이에 반해 5060세대는 71%가 만족한다고 응답해 가장 높은 만족도를 보였다.

그렇다면 3040세대가 출석하는 교회에 만족하는 이유와 불만족하는 이유는 무엇인가? 우선 출석하는 교회에 만족하는 이유는 "교인간 진정성 있는 관계와 교제"(32%)와 "이웃과 사회를 위한 사회적 역할 수행"(28%)이 각각 1, 2순위에 있었다. 이어서 "교회가 영적인 대답을 줌"(26%), "교회 지도자들의 언행일치의 삶"(18%) 순으로 나타나고 있다. 주목할 점은 3040세대가 출석 교회에 만족하는 부분에 있어서 교회의 영적 역할이나 리더의 자질보다 성도 간의 교제와 교회의 대사회적 역할을 더 중요하게 여기는 것이다. 반면 출석하는 교회에 불만족하는 이유로는 "시대 흐름에 좇아가지 못함"(30%), "교회 지도자들의 권위적인 태도"(28%), "교회 지도자들의 언행 불일치의 삶"(26%) 그리고 "3040세대에 대해 관심이 없음"(26%)이라고 응답해서 정체된

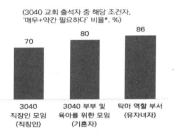

[그림 3-12] 교회 내 3040
관련 모임 참여 의향

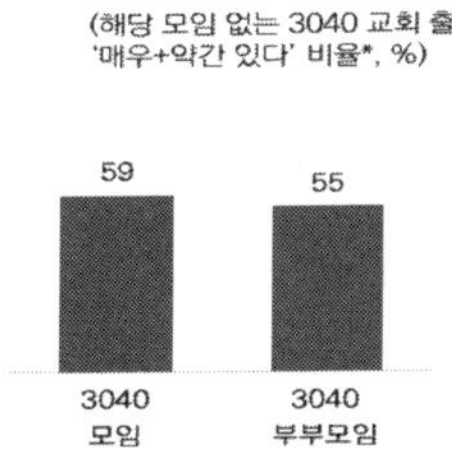

(해당 모임 없는 3040 교회 출석자,
'매우+약간 있다' 비율*, %)

59   55

3040   3040
모임   부부모임

[그림 3-13] 교회 내 3040
관련 필요성

(3040 교회 출석자 중 해당 조건자,
'매우+약간 필요하다' 비율*, %)

70   80   86

3040   3040 부부 및   탁아 역할 부서
직장인 모임   육아를 위한 모임   (유자녀자)
(직장인)   (기혼자)

※출처 : 목회데이터연구소, '한국교회 트렌드 2024 조사', 2023.06.10. (전국 만 19세 이상 개신교인 2000명, 온라인조사, 2023.05.12.-31.)
*4점 척도

교회 문화와 교회 지도자들의 태도를 지적했다.[115]

앞에서 살펴본 바와 같이 3040세대의 신앙에 가장 부정적인 영향을 미치는 요소로 '직장/사회생활과 가사/육아 문제'로 인한 스트레스를 지적했다. 이것은 3040세대의 가장 큰 고민거리이자 신앙 약화의 요인이다. 그렇다면 3040세대들은 그들 연령대의 교회 내 모임에 대해 어떻게 생각하고 있을까? 먼저 3040 대상 모임이 없는 3040세대 교회 출석자들에게 교회 내에 '3040 모임' 혹은 '3040 부부 모임'이 조직된다면 참여하겠느냐는 질문에 3040 모임(59%), 3040 부부 모임(55%)이 참여 의향이 있다고 응답해 비교적 높은 수용성을 보였다. 그리고 교회 내 3040 관련 모임의 필요성에 관한 질문에 대해 '3040 직장인을 위한 모임'은 직장인의 70%가, '부부 및 육아를 위한 모임'은 기혼자의 80%가 필요하다고 응답해 같은 처지에 있는 이들과 어려움을 함께 공감하려는 의지가 높음을 확인했다. 또한 자녀가 있는 기혼자는 교회 내 탁아 역할을 하는 부서에 대해 대다수인 86%가 필요하

115 Ibid.

다고 응답했다. 전체적으로 자신들과 3040세대를 위한 교회 내 모임을 만들어 달라는 목소리가 컸다. 따라서 교회 내에 서로 소통이 되는 동질적인 3040세대 모임이 조직되고 적극적으로 모임에 참여하도록 독려하며 3040세대의 실제적인 고민을 나눌 수 있도록 소그룹을 조직하는 것이 필요하다.[116] 최근에 협동 방식으로 아이들을 양육하고 교육하는 공동 육아에 대한 관심이 젊은 부부들 사이에서 높아지고 있는데, 자녀가 있는 3040세대 68.0%가 공동 육아에 관심이 있는 것으로 나타났다. 따라서 탁아방 운영이나 탁아부서 운영을 통한 공동 육아 등을 통해 젊은 부부들이 신앙 모임에 적극적으로 참여할 수 있도록 돕는 방안을 마련해야 할 것이다.

4. 현재와 미래를 이어주는 사역에 응답하라!

코로나19를 계기로 한국교회의 타 문화권 선교, 다문화 이주민(디아스포라) 선교, 청소년 세대 선교 그리고 3040세대 선교 사역은 변화를 경험하게 되었다. 이 장에서는 포스트코로나 시대 타 문화권 선교, 다문화 이주민 선교, 청소년 세대 선교, 3040세대 선교는 한국교회의 현재와 미래를 이어주는 사역이 되도록 응답해야 함을 주장할 것이다.

---

116 Ibid.

1) 타 문화권 선교: 세계 교회와 연결하는 동반자적 협력 선교

동반자적 협력 선교는 '세계 교회의 품격 있는 일원이 되는 것'이다. 동반자적 협력 선교의 첫걸음은 한국교회가 2만 명이 넘는 선교사를 파송했다는 자부심을 내려놓고 6대륙에 있는 모든 교회가 가진 선교적 열정과 속도의 차이를 인정하며 그리스도를 한 주로 고백하는 지구촌 형제자매 그리스도인들을 하나님의 선교에 부름을 받은 동역자로 인정하는 것이다.[117] 그리고 한국교회가 세계 교회와 아시아 교회의 일원인 것을 생각하며 폭넓게 섬기되 자신만이 아닌 상대방의 입장을 한 번 더 헤아리는 친구와 같은 선교를 해야 한다. 거기에서부터 동반자적 협력 선교는 시작되어야 한다.

2010년 제3차 로잔세계복음화대회(Lausanne Congress on World Evangelization)가 남아프리카 케이프타운에서 열렸다. 이때 발표된 케이프타운 서약 제2부 7장은 "선교의 하나 됨을 위해 그리스도의 몸 안에서 동역하기"라는 제목으로 동반자 선교를 말하고 있다. 구체적으로 이 항은 크게 "교회의 하나 됨, 세계 선교에서의 동반자적 협력, 동반자적 협력 관계에 있는 남자와 여자, 신학 교육과 선교"로 구성되어 있다. 먼저 세계 선교를 위한 동반자적 협력으로써 그리스도인의 하나 됨은 하나님의 창조 목적이며, 십자가를 통해 성취되며, 그래서 하나가 되어 동반자로서 협력해야 한다고 말한다. 구체적으로 케이프타운 서약은 세계 선교에서의 동반자적 협력을 이렇게 기술하고 있다.

---

117 한경균, 『동반자 선교 보고서: 세계교회의 품격 있는 일원 되기』 (파주: 서로북스, 2022), 19.

바울은 그리스도인의 하나 됨은 하나님의 창조 목적이라고 가르친다. 그것은 우리와 하나님과의 화해, 이웃 간의 화해에 근거하여 이뤄진다. 이러한 이중적 화해는 십자가를 통해 성취되었다. 우리가 하나 되어 살고 동반자로서 협력할 때, 우리는 십자가의 초자연적이고 대항 문화적인 능력을 드러내게 된다.[118]

선교에서 동반자적 협력은 주 예수 그리스도께 대한 우리의 복종이 전략적이고 실제적으로 구현되는 것이다.… 우리는 다수 세계에서 선교 운동이 성장하고 힘을 얻는 것과 "서구에서 비서구로"라는 낡은 도식이 사라지고 있음을 기뻐한다.… A. 우리는 세계 전 지역의 교회와 선교를 이끄는 지도자들로 함께 서 있다. 우리는 함께 세계 선교에 공헌할 공평한 기회를 받은 자로 서로를 인정하고 용납하도록 부름을 받았다.… B. 동반자적 협력은 돈 문제를 넘어서는 것이며, 무분별한 자금투입은 교회를 부패시키고 분열시킨다. 선교에 있어서 남과 북, 동과 서의 참된 상호관계, 서로 주고받는 상호의존, 존중과 존엄성을 추구하자. 그것이야말로 진정한 우정과 참된 동반자 됨의 특징이다.[119]

세계 선교의 동반자적 협력은 첫째, 예수 그리스도께 대한 순종의 모습이 전략적이고 실제적인 협력의 모습으로 나타나야 함을 지적한다. 둘째, 다수 세계에서 복음 전파가 확실히 성장하고 교회가 힘을 얻고 있음을 지적한다. 셋째, 서구에서 비서구로 가서 복음을 전해야 한다는 도식이 깨지고 "모든 곳에서부터 모든 곳으로"라는 선교 도식

---

118 로잔운동/최형근 역, 『케이프타운 서약』, 121.
119 Ibid., 122-123.

이 새롭게 정립되어 확실히 자리 잡아 가고 있다고 평가한다. 넷째, 동반자적 협력 선교는 재정 문제를 확실히 넘어서야 한다고 말한다. 이것은 선교사가 선교지 교회를 돈이나 어떤 대가로 세우는 것을 지양하고 상호 신뢰에 기반하여 세워야 한다고 언급한다. 그리고 다섯째, 선교지 교회도 이제는 많이 성숙했음을 인정하고, 가르치고 배우는 관계가 아닌 서로 배우고자 하는 겸손한 자세를 말하며, 필요한 이슈가 있다면 기꺼이 협력하면서 서로를 발전시킬 수 있는 단계로 나아가야 한다. 선교사 개인과 교회의 관계보다는 선교 현지 선교회와 교단과의 관계, 혹은 선교사들의 초교파 연합체와 교단과의 협력, 혹은 한국 교단과 선교지 교단의 협력이 이루어지는 쪽으로 추진해야 한다. 하나님의 선교에 부르신 열방의 민족들과 교회들이 가진 선교적 잠재력을 발견하고 일깨우고 공유하는 것이야말로 지혜로운 협력 선교의 자세다.[120]

"대한예수교장로회 총회선교신학 문서"는 1996년 제81회 총회에서 처음 제정되었고, 2018년 103회 총회 때 개정된 문서가 채택되었으며, 최근 2023년 108회 총회에서 다소 수정된 내용이 채택되었다. 교단의 해외 선교가 잘 진행되기 위해서는 그 바탕이 되는 교단의 선교신학과 현장의 실천이 수레의 두 바퀴처럼 함께 가야 하는데, 그동안 교단 선교신학에 대한 이해가 부족하거나 변화하는 해외 선교 현장 상황을 반영하지 못하고 파송 선교사도 선교신학과 정책을 따르지 않아서 선교부나 선교사가 어려움을 겪을 수밖에 없었다.[121] 예장 통합의 선교 정책을 담은 총회선교신학은 아홉 가지 주제로 되어 있다.

---

120 한경균, 『동반자 선교 보고서』, 108.
121 정기묵, "한국교회 교단의 해외 선교 방향," 402.

삼위일체 하나님의 선교, 선교와 하나님의 말씀인 성경, 삼위일체 하나님과 통전적 선교, 선교와 복음 전도, 선교와 교회, 선교와 사회, 선교와 문화, 선교와 타 종교 그리고 선교와 동반자적 협력이다.[122] 그중에서도 본 연구의 관심인 "선교와 동반자적 협력" 항목을 구체적으로 언급한다.

선교에 있어서 동반자적 협력은 주 예수 그리스도께 대한 순종에 관한 것이고, 그리스도 몸의 한 부분으로서 상호 연합하는 것이다. 그리스도의 우선성과 중심성이 우리 자신의 정체성(인종, 교파, 신학)보다 우선한다. 우리는 하나님의 선교를 위해 부름을 받은 교회, 선교 단체 그리고 선교지도자들과 함께 협력한다. 그리스도에 대한 순종 가운데 의심과 경쟁심과 자만심을 버리고 선교에 참여하는 교회 간의 우정과 친교, 상호 존중을 바탕으로 선교 자원의 상호 나눔을 실행한다. 우리는 파송 교회와 현지 교회와의 평등한 동반자 관계 속에서 인적, 물적, 지적인 자원과 함께 서로의 경험을 나누고 겸손한 자세로 선교 사역에 참여한다. 동반자적 협력의 바탕은 상호 신뢰이며 이를 통하여 동반자적 협력은 상호의존적인 관계로 발전한다. 동반자적 협력안에서 서로 도울 수 있는 은사를 가지고 있으며, 상대방을 통해 배우고 도움을 받고 자신의 부족을 채울 필요가 있다. 동반자적 협력은 자신이 선호하는 교회, 표어, 프로그램, 시스템, 방법을 강요하지 않는다. 우리는 국내와 국외를 가리지 않고 동반자적으로 선교를 수행하고 정의와 평화를 이루며 창조 세계를 돌보는 일에 헌신하면서, 소외되고 고난

---

122 대한예수교장로회총회 세계선교부, "총회선교신학"(제108회기 개정)(2019.1.28.), http://new.pck.or.kr/bbs/board.php?bo_table=SM02_04_03&wr_id=84#mw_basic. 한경균, 『동반자 선교 보고서』, 252-262에서 재인용.

당하는 사람들과 공동체를 이루고 연대하는 일에도 더욱 힘쓴다.[123]

위에서 살펴본 선교와 동반자적 협력이 요청하는 것은 무엇인가? 먼저 내가 만나는 모든 교회, 선교 단체 선교사들, 현지교회 지도자들을 하나님의 부르심을 받은 사역자로 여기고, 협력자이자 동역자로 여기고 있는가? 구체적으로 "현지 교회와의 평등한 동반자적 관계를 형성하며, 경쟁심과 자만심을 버리고 선교에 참여하는 교회 간의 우정과 친교, 상호 존중을 바탕으로 선교 자원을 나누고 있는지"를 점검해야 한다.[124] 그리고 한국 선교사는 에큐메니컬 정신에 따라 교단을 초월하여 함께 일하는 선교사들과 선교 현지의 교단과 협력하는 동반자 선교를 해야 한다. 선교 현지 교단과 협력한다는 것은 우리와 다른 문화권에서 볼 수 있는 문화적 차이를 이해하고 우리와 다른 교회 형태와 신앙 경험을 존중하는 것이다. 무의식적으로 혹은 의도적으로라도 우리의 신앙 경험을 절대적인 것으로 간주하고 전하려고 해서는 안 된다.[125]

한국교회의 세계 선교는 그 시작부터 협력 선교의 좋은 사례들을 가지고 있음에도 불구하고 초심을 잃고 무한 경쟁과 중복투자의 선교를 지속해 왔다. 이 시점에서 한국교회는 우리의 선교를 돌아보고, 진지하게 궤도를 수정하고, 올바른 선교로 우리의 관심을 전환하여야 한다. 한국교회가 현지인 중심의 동반자 선교에 참여하기 위해서는 교회와 선교사 모두가 함께 하나님의 선교에 참여하고 있다는 선교신

---

123 한경균, 『동반자 선교 보고서』, 262.

124 Ibid., 176.

125 한국일, 『세계를 품는 선교』, 298.

학적 입장을 먼저 가져야 한다. 하나님의 선교는 선교의 주체가 교회나 선교사가 아니라 삼위일체 하나님이시며 목표는 하나님 나라의 확장에 있다. 올바른 하나님의 선교를 위해서 한국교회는 현지인 중심의 동반자 선교로 나아가야 한다. 이는 가르치는 선교가 아니라 서로 배우는 선교이고, 인간의 전략이 아닌 성령의 역사에 맡기는 선교이며, 분열되고 나누어지는 선교가 아니라 교회의 일치와 협력을 이루는 선교이다.[126] 그리고 선교사 자신과 그 가족, 동역자들과 현지 지도자들, 현지 교회와 한국교회, 선교 후원자를 아우르는 동반자적 협력 관계가 필요하다.[127] 무엇보다 선교의 주관자이시고 주체이신 하나님께 선교 사역의 주도권을 내어드리고 선교를 이루어 가시는 하나님의 음성에 순종한다면, 지금보다 더 성숙한 사역, 진정한 협력 선교가 이뤄질 것이다.[128]

2) 다문화 이주민 선교: 한국 사회에서 더불어 살아가는 존중과 배려의 선교

한국의 다문화 이주민 선교 연구는 다문화 가정, 이주 노동자 선교뿐 아니라 과학기술 노동자, 유학생, 국제결혼 이민자 등 다양한 차원에서 진행되고 있다. 또한 디아스포라 이주자 선교도 국내를 떠나 해외에 거주하는 디아스포라 선교와 찾아오는 디아스포라 선교로 구분

---

126 홍경환, "현지 교단이 있을 경우 동반자 선교," 「트랙 10: 현지인 중심의 동반자 선교, 제8차 세계선교전략회의(NCOWE VIII)」 세계선교협의회(2023.6.13~16.), 2. https://drive.google.com/drive/folders/1QDj9bKrJWwWoQ4nbp3aNm16Cpnbidrf7.

127 정기묵, "한국교회 교단의 해외 선교 방향," 410.

128 Ibid.

되어 다양한 관점에서 살펴볼 수 있다. 디아스포라에 관한 연구와 학술적 담론들이 발전하면서 디아스포라들은 단순히 선교와 교회 성장의 대상이 아니라 복음 전파를 위한 강력한 주체로 재조명되고 있다.

2009년 11월 글로벌 디아스포라 네트워크(GDN)는 "디아스포라 선교학의 서울 선언"을 발표했고, 이 선언은 세 가지 점에서 디아스포라 선교를 이해하고 있다.[129] 첫째, "지구상의 사람들을 모으고 흩으시는 성부, 성자, 성령의 주권이 하나님 사역의 핵심이며 세상을 구원하려는 목적임을 인정한다."[130] 인간의 모든 지리학적 이동 역시 하나님의 의지와 주권, 구원의 계획 안에서 이루어지는 것이다.

둘째, 디아스포라 선교는 "그리스도의 몸 된 교회가 하나님이 전 세계적으로 다양하게 일하시는 가운데 주된 수단이 됨을 인정한다. 또한 우리는 각 사람과 문화의 독특함, 존엄성 그리고 아름다움을 존중하며, 교회가 더 넓은 사회와 협력할 것을 인정한다."[131] 이것은 하나님이 디아스포라들을 하나님 나라의 확장과 대위임령의 성취를 위해 그분의 주권적 다스림 아래 선교적 수단으로 사용하신다는 것을 의미한다.[132] 즉, 하나님은 디아스포라를 사용하실 뿐만 아니라 이들의 구원을 위하여 계획하고 일하고 계신다.[133]

셋째, 디아스포라 선교학이 선교학의 성서적, 전략적 분야로 떠오르고 있는 것과 "출생한 지역을 떠나 사는 사람들을 향한 하나님의 구

---

129 김미선, "디아스포라 선교 이해와 전략," 80.

130 티라, 『마지막 추수를 위한 흩어짐』, 9.

131 Ibid., 9.

132 Ibid., 18-22.

133 김미선, "디아스포라 선교 이해와 전략," 81.

원 사역에 이해하고 참여하기 위한 선교학적 틀"로 정의하고 이를 인정한 것이다.134 넷째, 디아스포라 선교는 통전적 선교(holistic mission)이다. 디아스포라 선교는 디아스포라들에게 복음을 전하여 영혼을 구원할 뿐 아니라 이들의 결핍과 필요를 채워줌으로써 인간의 영혼과 육체가 온전히 구원받아 이 땅에서 하나님 나라를 누리게 하는 통전적 선교를 이루는 것이다.135

필자는 디아스포라 이주민 선교가 이 시대에 꼭 필요한 선교 전략이라고 생각한다. 왜냐하면 글로벌 디아스포라 네트워크는 디아스포라 선교,136 디아스포라를 향한 선교,137 디아스포라를 통한 선교,138

---

134 티라, 『마지막 추수를 위한 흩어짐』, 9.
135 정미경, "다문화 사회를 향한 한국 기독교의 이주민 선교," 「복음과 선교」 16(2011), 25.
136 Tereso Casino and Charles Cook (eds), "용어해설: 디아스포라 선교," Sadiri Joy Tira, Tetsunao Yamanori & Harry Kim/문창선 역, 『디아스포라 선교학(Scattered and Gathered: A Global Compendium of Diaspora Missiology)』 (고양: 더 메이커, 2018), 787-788. 디아스포라 선교: 1) 21세기 디아스포라 인구학의 현실적 추세에 따른 전략. 디아스포라 선교는 디아스포라를 향한 선교, 디아스포라를 통한 선교, 디아스포라에 의한 선교와 디아스포라를 초월하는 선교를 포함한다(LDLT). 2) 디아스포라를 대상으로 사역하고, 디아스포라 그룹을 통해 사역하고, 그들을 넘어서는 사역을 포함하는 디아스포라 선교학의 실제적 적용(T.V.Thomas, Sadiri Joy Tira, and Enoch Wan). 3) 디아스포라를 대상으로 또 디아스포라를 통해 사역함으로써 지상 명령을 완성하는 방법 (LDLT).
137 Ibid., 798. 디아스포라를 향한 선교: 1) 디아스포라에게 다가갈 수 있도록 하나님이 그들을 지리적으로 옮기실 때 교회는 그들에게 복음을 전할 기회를 놓치면 안 된다(LDLT). 2) 전도 혹은 사회봉사(사회적 책임)를 통하여 디아스포라에게 접근 후 그들이 교회가 되고 예배하는 공동체가 되도록 제자로 삼는 것을 말한다(Enoch Wan).
138 Ibid., 798. 디아스포라를 통한 선교: 1) 고국에 있거나 다른 곳에 있는 자신의 동족에게 전도하는 디아스포라를 지칭한다(LDLT). 2) 디아스포라 그리스도인이 호스트 국가, 고국 그리고 해외에 있는 친구와 친인척 네트워크를 통하여 동족에게 다가가는 것을 지칭한다(Enoch Wan). 3) 디아스포라 성도가 동족에게 복음을 전하고 교회를 개척하기 위하여 고국으로 돌아가는 것을 지칭한다(J.D.Payne).

디아스포라를 넘어선 선교[139]라는 네 가지 관점의 선교 전략을 제시하고 있기 때문이다. 그렇다면 네 가지 관점의 디아스포라 선교 전략은 무엇을 의미하는지 간략히 살펴보겠다.

첫째, '디아스포라 선교'는 디아스포라 그룹을 사역함으로써 대위임령을 성취하는 길이자 방법으로 디아스포라를 통해, 디아스포라에 의해 열방에 복음을 전하는 사역을 할 수 있는 의도된 전략적 선교 방법이다.[140]

둘째, '디아스포라를 향한 선교'(Mission to Diaspora)는 디아스포라들이 거주하는 지역의 그리스도인이나 다른 디아스포라 그리스도인이 그들 가운데 있는 비그리스도인 디아스포라 그룹에 복음을 전하는 것이다. 하나님이 디아스포라들을 지리학적으로 움직여 그들에게 쉽게 접근할 수 있도록 하고 계신다. 이러한 때에 교회는 이 기회를 놓치지 말고 '이주자를 향한 선교'를 실행해야 한다.[141] 이주자들과 이민자들은 자국에서 누릴 수 있는 편안함과 안전함에서 벗어나는 변화기에 놓여 있는데, 이때의 사람들은 복음을 좀 더 쉽게 받아들이기 때문에 그리스도인들의 적극적인 환대와 구제가 필요하며,[142] 이는 '디아스포라를 향한 선교'에 효과적이다.

셋째, '다이스포라를 통한 선교'(Mission through Diaspora)는 디아

---

139 Ibid., 798. 디아스포라를 넘어선 선교: 1) 디아스포라에 의하여 교차 문화적으로 호스트 사회의 사람과 또 자신과 가까이 사는 다른 민족에게 전도하는 선교(LDLT). 2) 자신의 동족을 향한 복음 전파에 대해서만 부름을 받은 것이 아니라 교차 문화적 선교 사역에 참여하는 디아스포라 성도(J.D.Payne).

140 김미선, "디아스포라 선교 이해와 전략," 83.

141 Ibid., 84.

142 Ibid., 84.

스포라들이 자신의 조국이나 어떤 다른 곳에서 자신의 동족 또는 다른 종족의 디아스포라 그룹을 복음화시키는 선교다.

넷째, '디아스포라를 넘어선 선교'(Mission beyond Diaspora)는 디아스포라 단체의 구성원들이 언어를 습득하고 거주 사회의 문화에 적응할 때, 이들이 문화를 초월하여 거주 사회의 다른 사람들과 다른 디아스포라 그룹으로 다가가는 다리의 역할을 하게 되는 것이다.143 디아스포라 선교는 오늘날 일어나고 있는 글로벌화, 도시화, 노동력의 지리적 이동과 이민 같은 사회문화적 변화에 따라 '디아스포라를 향한 선교', '디아스포라를 통한 선교', '디아스포라를 넘어선 선교'를 통해 21세기 기독교 선교의 대위임령을 성취하기 위해 적용하는 것이다.

한편 한국교회는 급증하는 다양한 유형의 디아스포라 이주민들을 선교적 관점에서 접근해야 한다. 지금은 그들이 이 사회의 연약한 나그네이지만, 하나님의 선교 관점에서 그들도 앞으로 하나님의 선교에 참여하는 선교 자원들로 변화될 수 있다. 그래서 한국교회는 이들을 복음화하고 제자화해서 하나님의 선교를 위한 선교 동역자들로 세우는 일에 힘써야 한다.144 구체적으로 황병배는 국내 디아스포라 이주민 선교사 제도가 필요한 이유를 세 가지로 정리하고 있다.145

첫째, 다문화 사회 진입과 이주민 종교의 도전이다. 한국에 외국인 이주민들이 증가하면서 이슬람교, 힌두교, 불교 등의 타 종교를 믿는

---

143 티라, 『마지막 추수를 위한 흩어짐』, 24-27.
144 황병배, "국내 이주민 선교사 제도의 필요성과 가능성," 한국선교신학회 편, 『다문화 사회의 선교』, 262-263.
145 Ibid., 263-271.

이들도 증가하고 있다. 특히 이슬람교의 경우 2018년 현재 약 15만 명의 무슬림이 국내에 있는 것으로 파악되고 있고,[146] 그중 외국인이 11만 명, 한국 무슬림이 4만 명 정도 되는 것으로 보고되고 있다. 그런데 2020년 말에는 그보다 많은 무슬림이 한국에 거주하고 있으며, 그중 6만여 명이 한국인이다. 국내 여러 대학에 무슬림 동아리가 생기고, 할랄 식당들도 생겨나고 있으며, 한국어 꾸란의 판매량도 늘어나는 추세다.[147] 이처럼 한국에서 기독교 인구는 계속 감소하는 가운데 이슬람교가 꾸준히 성장하는 것은 기독교에 큰 도전이다. 따라서 이주민 종교의 공격적인 포교 활동과 영향력 확장에 대응하기 위해서 더욱 적극적인 선교 전략과 인적 자원 양성이 시급한 상황이다.

둘째, 역파송 선교 전략이다. '역파송 선교'란 국내에 체류하는 외국인 이주민, 이민자, 일시 체류자, 유학생 등에게 복음을 전하고 제자훈련을 통해 사역자로 만든 후 본국으로 돌아갈 때 선교사로 파송하는 전략이다. 이 선교 전략은 디아스포라 선교신학에 기초한 것이다.[148] "이민이 하나님의 뜻에 의한 선교적 사건이고 이민자들에게는 선교적 사명이 있다는 것이다."[149] 역파송 선교는 현지 문화와 언어에 능통하고 현지인들과 기존의 관계를 맺고 있던 사람이 자신이 속한 지역 사람들을 전도하는 것이기 때문에 외국인 선교사들과 함께 사역한다면

---

146 문화체육관광부, "2018년 한국의 종교 현황," (2019.1.14.), https://www.mcst.go.kr/kor/s_policy/dept/deptView.jsp? pCurrentPage=2&pType= 03&pTab=01&pSeq=1731&pDataCD=0406000000&pSearchType=01&pSearchWord=.

147 연합뉴스, "[한국의 이슬람교 ①]토종 무슬림' 6만 시대 맞았다," 「연합뉴스」 (2020.10.20.), https://www.yna.co.kr/view/AKR20201019082900501.

148 황병배, "국내 이주민 선교사 제도의 필요성과 가능성," 264-265.

149 안교성, "한국의 디아스포라 신학 발전에 관한 소고," 「장신논단」 46(2014), 95.

더 큰 시너지를 얻을 수 있다.[150] 따라서 이러한 역파송 선교 사역에 헌신할 더 많은 디아스포라 선교 자원을 양육할 필요가 있다.

셋째, 비자발적 철수 선교사 급증과 선교사 재배치 문제다. 최근 비자발적 철수 선교사가 급증하고 있고, 이로 인한 선교사 재배치 이슈가 대두되고 있다. 그래서 이렇게 철수한 선교사들을 국내 이주민 선교사로 세우는 방안이 논의될 필요가 있다. 선교사 재배치 문제는 1974년 랄프 윈터(Ralph Winter)가 로잔세계복음화대회 때 "미전도 종족 개념"을 소개하면서부터 시작되어 오늘까지 꾸준히 논의되고 있다. 마태복음 28장 19절의 '모든 민족'의 개념을 재발견하여 민족(족속)을 국가의 개념이 아니라 종족의 개념으로 본 것이다.[151] 그런데 몇 년 전부터 한국 선교사들이 선교 현장에서 타의로 입국 거절되거나 추방당하는 사태가 발생하고 있다. 코로나19 이전부터 이미 중국, 인도, 중앙아시아와 러시아 등 선교지에서 종교 사무조례나 비자법 등을 강화하여 선교사들의 입국을 합법적으로 거절하거나 추방해 왔는데, 코로나19로 인해 선교사들의 비자발적 철수가 급증하고 있다. 따라서 비자발적 철수 선교사들의 고충과 재배치 문제가 한국교회의 새로운 이슈로 부상하고 있다.[152] 선교사 재배치 문제는 세 가지로 요약된다. 첫째, 본 선교지로 돌아가는 것이다. 둘째, 제3의 선교지로 재배치되는 것이다. 셋째, 국내 외국인 이주민들을 위한 선교사로 재배치하는 방법이다. 한국은 이미 다문화 사회로 들어섰다. 빠르게 증가하

---

150 황병배, "국내 이주민 선교사 제도의 필요성과 가능성," 267.

151 Ralph Winter & Bruce Knoch, "Finishing the Task: The Unreached Peoples Challenge," *Perspectives on the World Christian Movement* (Pasadena: William Carey Library, 1999), 519-529.

152 황병배, "국내 이주민 선교사 제도의 필요성과 가능성," 268-269.

는 이주민들의 실제적인 필요에 응답하고 복음을 효과적으로 전하기 위해서 그리고 그들의 종교가 빠르게 확산하는 것에 전략적으로 대응하기 위해서라도 타 문화권에서의 선교 경험이 풍부한 선교사들을 재배치할 수 있다.[153]

결론적으로 비자발적으로 철수한 선교사들을 재배치하여 국내 이주민 선교사로 세우기 위해 선결되어야 할 과제는 무엇일까? 세 가지 방안을 준비해야 한다. 먼저 기존의 타 문화권 선교사를 정의할 때 속지주의에서 속지주의와 속인주의에 근거해서 재정의해야 한다. 대한예수교장로회 통합교단(The Presbyterian Church of Korea, PCK)은 "세계선교부 운영 규정"의 제2장 4절에서 선교사를 다음과 같이 정의한다.

제22조 [정의]

선교사는 선교사 훈련 과정을 모두 이수하고 선교사 파송 절차와 규정에 따라 타 문화권 선교사역, 에큐메니컬 선교협력사역, 해외한인목회사역, 전문인선교사역, 다문화선교사역 등의 업무를 수행하는 자를 총칭한다. 제75회 총회 결의 "지노회와 지교회의 해외선교사 파송은 반드시 총회세계선교부를 통하여 해달라는 건은 허락하다"에 근거하여 총회의 파송을 받은 자를 선교사로 한다.[154]

이 정의에 따르면, 현재 대한예수교장로회총회 파송 선교사는 타 문화권 선교사, 에큐메니컬 선교 협력 사역, 해외 한인 목회 사역, 전

---

153 Ibid., 270-271.

154 대한예수교장로회총회, "총회 온라인 규정집: 세계선교부 운영규정," (2022. 9. 21.). http://new.pck.or.kr/bbs/board.php?bo_table=SM01_04_04.

문인 선교 사역, 다문화 선교 사역을 수행하는 자로서, 이중 국내에 있는 장단기 외국인 이주민들을 위한 사역자를 다문화 선교 사역 선교사로 부른다. 이렇게 포괄적으로 정의할 수 있는 것은 속지주의와 속인주의에 근거해서 정의하고 있기 때문에 가능하다.

또한 합리적이고 지속 가능한 국내 이주민 선교사 제도가 만들어져야 한다. 한국교회 주요 교단들은 국내에 체류하고 있는 외국인 이주민들을 위한 '국내 이주민 선교사 제도'를 적극적으로 검토·시행하고 있다.

〈표 4-1〉은 주요 교단별 국내 이주민 선교사 제도를 비교한 것이다. 비자발적으로 철수한 선교사들도 중요한 선교적 자원임을 인식하고, 국내에 들어와 있는 다문화 이주민들을 위한 이주민 선교사로 세우는 방안을 적극 검토할 시점이 되었다. 국내 체류 이주민들이 지금은 연약한 나그네로 우리 사회에 와 있지만, 그들이 복음으로 변화되면 세계 복음화를 위해 우리와 함께 하나님의 선교에 참여할 선교 동역자로 새롭게 인식할 수 있게 되는 것이다.

<표 4-1> 주요 교단별 국내 이주민 선교사 제도[155]

구분	자격과 조건	인준 절차
예장 합동	1. 국내에서 5년 이상 외국인 사역을 한 이 2. 비자발적 철수 선교사	외국인 선교 지부의 동의
예장 통합	1. 교단 선교사로 15년 이상 경력자 2. 국내에서 이주민 선교 10년 이상 경력자 3. 단, 해외 선교사 훈련 과정 이수 조건	총회세계선교 부에서 심의

---

155 황병배, "국내 이주민 선교사 제도의 필요성과 가능성," 273-274.

기성	1. 현재 국내에서 외국인 사역을 하고 있는 자 2. 교단 선교사 5년 이상의 해외 선교 경력자 3. 해외선교위원회 산하 기관에서 사역하는 자 4. 영어 및 외국어 구사자 5. 선교비 모금이 가능한 자	해외선교위 원회의 심의
고신	1. 국내 이주민 선교, 통일 선교에 연관된 자 2. 비자발적으로 철수한 선교사	국내 이주민 선교사회의 심의
침례	1. 해외 선교사가 해외에 더 이상 있을 수 없어 국내에 들어와서 선교지 국가 외국인들을 대상으로 사역하는 경우 2. 국내 체류 외국인 10가정이 구성되면 하나의 국내 외국인 선교지부로 인정 3. 국내 외국인 선교지부로 인정되면 해외 선교사 파송 과정과 같은 과정을 거쳐 국내 선교사로 파송됨	선교사 인선 위원회

3) '이음 세대' 청소년 선교: 믿음의 세대와 선교적 제자로 세우는 선교

지금 한국 사회에서는 고령화와 저출산 현상이 심각하고, 이에 따라 학령 인구가 감소하고 있을 뿐 아니라 교회에서도 교회학교 전 연령대에 걸쳐 학생 수가 감소하고 있다. 그래서 한국교회는 다음 세대에 대해 고민할 수밖에 없는 상태에 이르렀다. 심지어 교회학교가 없는 교회가 50%에 이르고 있다는 통계도 나와 있다. 그리고 코로나19를 겪으면서 청소년들의 신앙이 어른보다 더 취약해졌다. 이것의 일차적 책임은 교회가 아니라 부모에게 있다. 그리고 이것은 부모가 자녀들의 신앙을 책임질 중요한 주체인 것을 다시금 말해 준다. 실제로 부모와 자녀 간의 신앙적 대화가 절대적으로 부족하고, 부모가 자녀에게 신앙적인 모습을 보여 주는 것도 부족하며, 부모가 자녀의 신앙 전수에 무관심하다.

이런 점에서 필자는 우리 자녀인 청소년 세대를 다음 세대가 아닌 '미래 세대' 혹은 '이음 세대'(Linkage Generation)로 명명하고 부르는 것을 제안한다. 최동규는 다음 세대를 "미래 세대"로 부르면서, 이들은 신자유주의 영향을 직접 받고 자라난 세대들이고, 대체로 1987년에서 2001년 사이에 출생한 이들이라고 말한다.[156] 그러나 본 연구가 이루어진 시점의 현재 청소년 세대를 대상으로 한다면, 1987년부터 2012년 사이에 태어난 이들을 '미래 세대'라고 부를 수 있다. 그리고 김현철은 '미래 세대'를 지금 현시대에 이미 미래를 살아가는 세대를 의미한다고 말하면서, 이 미래 세대는 현실에서 미래의 기술을 체험한 세대들로서 이전과 다른 사고방식으로 존재한다고 주장한다.[157]

<표 4-2> 디지털 문화의 변화에 따른 세대의 특징

세대 구분	출생 시기	변곡점	매체	기술 형태	특징
침묵 세대	1925~1945		TV/ 라디오	아날로그	
베이비붐 세대	1946~1964	1 변곡점	컴퓨터	아날로그 +디지털	디지털 원정대
X세대	1965~1978	2 변곡점	PC통신	온라인 공간	디지털 이주민
M(Y)세대	1979~1995	3 변곡점	모바일폰	모바일 인터넷	디지털 유목민

---

156 최동규·전석재·박관희,『미래세대의 전도와 목회』(서울: 대한기독교서회, 2015), 14.
157 김현철,『미래세대 프로파일링』, 20.

Z세대	1996~2010	4 변곡점	스마트폰	디지털 선재	디지털 원주민
미래 세대	2011~2023	5 변곡점	메타버스	메타버스 테라포밍	메타버스 테라포머

〈표 4-2〉는 출생 시기에 따른 세대 구분과 디지털 문화, 매체와 기술 형태의 변화에 따른 특징을 결합하여 만든 것이다. 세대는 개인의 발달 과정에서 하나의 사회문화적 맥락으로 작용한다.[158] 그리고 표에서 보는 것처럼 세대 구분을 출생의 시기뿐만 아니라 디지털 문화가 다양한 측면으로 변화하고 있다는 관점으로 보면 좀 더 역동적으로 볼 수 있을 뿐 아니라 계속해서 세대가 공존하고 또 맞물려 이어진다는 느낌이 든다. 특히 디지털 문화의 변곡점을 5시기로 나눈 것은 디지털 매체의 변화와 기술 형태의 발전을 말하고 있다. 따라서 그러한 변화를 겪고 있는 세대들의 특징을 디지털 원정대, 이주민, 유목민, 원주민 그리고 메타버스 테라포머라고 부른다.[159]

위의 표를 볼 때 청소년 세대는 모바일 환경에서 다양한 경험을 누리게 된 세대이며, 무선 인터넷과 와이파이의 안정적인 공급으로 인해 시간과 공간에 제한받지 않고, 어느 장소에서도 인터넷을 자유자

---

158 최동규·전석재·박관희,『미래세대의 전도와 목회』, 20.
159 현한나, "가나안 성도들을 위한 하이브리드교회의 등장과 코로나 시대 메타버스 교회,"「선교신학」 67(2022): 243-244; 김현철·조민철,『메타버스 교회학교』(서울: 꿈이 있는 미래, 2021), 120-121; 김현철,『미래세대 프로파일링』, 57-62. 메타버스 테라포머라는 말은 신조어이다. 최근 '메타버스'라는 새로운 영역의 가상 체계가 시작되고, 코로나19 팬데믹 이후 비대면 접촉에 익숙하게 되면서 메타버스가 자연스럽게 일상을 대체하게 되었다. 그리고 '테라포밍'이라는 말은 SF 공상과학영화에서 환경오염과 자원의 고갈로 인하여 지구에서의 생존이 불가능해지자 다른 행성으로 이주하는 것을 가리키는 말이다. 따라서 '메타버스 테라포밍'이란 현재의 세대들이 전면적으로 메타버스라고 하는 새로운 가상 현실로 전면적으로 이주하게 되었다는 것이다.

재로 활용할 수 있는 세대이다. 그래서 청소년 세대는 스마트폰을 신체 일부처럼 여겨 오장 육부(六腑)를 넘어 오장 칠부(七腑)로 여기는 '포노 사피엔스' 시대를 살아가게 된다.160 이들은 태어나면서부터 디지털 생태계가 이미 구축되었고 태어날 때부터 스마트폰이 이미 존재했으므로, 스마트폰과 디지털 기기 사용법을 누가 가르쳐주지 않아도 금방 익히고 금세 적응하게 된다.

그런 점에서 필자는 이러한 특징을 가진 청소년 세대를 '이음 세대'로 세울 수 있다고 생각한다. 그렇다면 이들을 '이음 세대'로 세운다는 것은 무엇을 의미할까?

첫째, 청소년들을 이음 세대로 세운다는 것은 앞선 세대와 뒤에 올 세대를 연결하는 세대로 세운다는 뜻이다. 즉, M세대와 Z세대가 베이비붐세대나 X세대와 미래 세대(알파세대) 사이를 이어주는 세대가 된다는 것이다. 예를 들어 디지털 문화의 사용에 익숙한 이들이 디지털 기기에 익숙하지 않은 이전 세대들에게 디지털 문화를 가르쳐줌으로써 앞선 세대들을 이어준다. 그리고 기독교 신앙을 베이비붐세대나 X세대와 같은 부모 세대로부터 이어받은 MZ세대들은 다시 미래 세대(알파세대)에게 기독교 신앙을 이어서 전해줄 수 있다. 과거 한국교회는 중고등학생으로 성장하면 어엿한 신앙인으로서 인정받고 동생들이 있는 아동부나 영, 유아, 유치부의 교사로서 신앙 교육에 함께 투입되곤 했었다. 그런데 한국교회가 급격한 성장을 겪으면서 청소년 세대들을 어엿한 신앙인으로 바라보기보다 신앙이 자라야 할 대상으로 보기 시작하면서161 신앙의 연결고리 역할을 잃어버리게 되었다.

---

160 김현철, 『미래세대 프로파일링』, 54, 67; 최재붕, 『포노 사피엔스』 (서울: 쌤앤파커스, 2019), 6.

둘째, 청소년들을 이음 세대로 세운다는 것은 청소년 세대를 일방적인 교육의 대상이 아니라 교회의 신앙 주체이자 같은 목회 대상으로 인정하고 세운다는 의미다. 목회자들과 기성세대 성도들은 목회적 관점에서 이들을 교세를 파악하기 위한 출석 성도로 여기고, 재정적인 능력이 없는 세대로 바라보면서, 교회 유지에 아무런 도움이 되지 못하고 그저 끝없이 재정을 투입해야 하는 세대로만 여기곤 했다.[162] 그래서 자연히 이 세대는 부모 세대에게 의존해야 하는 세대가 되어버렸고, 이들은 교회의 의사 결정에서도 주변부로 밀려나게 되었다. 교회 헌법상 만 18세가 되면 교회 공동의회의 회원이 되는 자격이 주어지지만,[163] 실제 교회의 중요한 의사 결정에 있어서는 소외되고 아무런 목소리를 내지 못하고 있다. 그러나 청소년 세대는 앞으로 교회의 중요한 의사 결정을 이어갈 세대라는 점에서 교회의 엄연한 주체이자 그들이 바로 '교회'다. 그래서 청소년 세대도 어엿한 교인으로 대접받고 목회의 대상이 되어야 하고 교회에서 목소리를 낼 수 있도록 지속해서 격려해야 한다. 그리고 교회의 예배와 각종 프로그램에도 동일하게 참여할 수 있도록 독려해야 한다. 또한 주일뿐 아니라 6일 동안 그들의 삶 전체에 관심을 가지고 그들의 삶에 있어서 더 많은 시간을 예수 그리스도께 드릴 수 있도록 가정과 교회에서 지속해서 양육해야 한다.

셋째, 청소년들을 이음 세대로 세운다는 것은 앞 세대가 전수한 복음의 신앙을 받아들여서 이들이 스스로 신앙을 고백하고, 나아가 적

---

161 이승병, "민족에서 세대로 보는 선교," 225.

162 최동규·전석재·박관희, 『미래세대의 전도와 목회』, 194.

163 대한예수교장로회총회 편, 『헌법』 (서울: 한국장로교출판사, 2007), 174.

극적으로 신앙을 표현하는 세대로 세우는 것이다. 그리고 이어질 세대들에게 복음을 전하는 세대로 세우는 것이다. 그런데 오늘의 한국 청소년들은 중학생에서 고등학생으로 올라갈수록 학업에 대한 큰 부담을 안고 살아간다. 자연히 신앙생활에도 수동적인 경향이 나타난다. 그저 주일에 중고등부 예배 혹은 주일예배에 나와서 1시간 예배드리고 잠시 반별 성경 공부(소그룹 성경 공부)에 참여하고는 바로 귀가한다. 그러나 청소년 세대가 더 능동적이고 주도적이며 참여에 적극적인 신앙생활을 할 수 있도록 도와야 한다. 이들은 목회자나 교사의 일방적인 성경 지식 전달 구조에 만족하지 않는다. 오히려 그들은 배운 지식이 현실화하는 것을 체험하고 싶어 하며 다양한 활동에 구체적으로 참여하고 싶어 한다.[164] 성경의 이미지를 수동적으로 받아들이는 것이 아니라 그 이미지가 삶으로 구체화하여 이루어지는 것을 원한다. 따라서 청소년 세대를 이음 세대로 세운다는 것은 그들의 신앙을 수동적으로 받아들이는 것을 넘어 그들이 이해한 믿음을 적극적으로 표현하도록 교회가 돕고 격려하는 것이다.

넷째, 청소년들을 이음 세대로 세운다는 것은 하나님 나라 복음을 전하는 선교적 제자로 부름을 받고 전하는 세대로 세우는 것이다. 필자는 "선교적 제자도를 개인과 교회가 제자로 부르심을 받고 세상으로 보냄을 받아 예수의 삶을 따르면서 선교적 사명을 함께 감당하는 것"이라고 정의한다.[165] 다시 말해서 선교적 제자도는 제자로 부르심을 받은 개인과 교회가 세상으로 보내심을 받아 하나님 나라의 복음

---

164 Ibid., 375.
165 홍승만, "변혁적 제자도의 선교신학적 연구: TTL 문서와 아루샤 세계선교대회를 중심으로," 「선교신학」 65(2022), 360.

을 선포하고 전하는 선교사적 제자도를 말한다. 따라서 청소년을 이음 세대로 세운다는 것은 청소년들을 제자로 세우고 세상으로 파송하여 가정, 학교, 학원과 같은 보냄 받은 삶의 현장에서 하나님 나라의 복음을 선포하고 전하며 살아내는 선교사이자 제자로 세우는 것이다. 구체적으로 청소년 세대들이 보냄 받은 삶의 현장을 변화시키고 선교적 제자로서 친구들, 선생님을 섬기고 기도하며 복음을 전하는 삶을 살아내도록 격려하는 것이다. 그리고 이들에게 익숙한 디지털 문화 방식인 유튜브(Youtube)와 같은 미디어, 틱톡(Tiktok)이나 인스타그램(Instagram), 페이스북(Facebook) 등과 같은 사회관계망서비스(Social Network Service, SNS)를 통해서 이들이 즐겁고 자발적으로 하나님 나라 복음을 선포하고 전하며 살아내게 하는 것이다. 왜냐하면 청소년 세대에게 미디어는 놀이와 문화뿐만 아니라 교육과 성장, 관계를 맺어 가는 장이기 때문이다.[166] 이렇게 함으로 청소년 세대들은 하나님을 알지 못하는 사람들에게 복음을 적극적으로 표현함으로 하나님 나라의 복음을 이어주는 이음 세대의 역할을 할 수 있는 것이다.

4) 3040세대 선교: 교회의 약해진 허리 세대를 일으켜 세우는 선교

3040세대는 2030세대(MZ세대)와는 달리[167] 정통적인 신앙생활

---

166 최승은, "Z세대가 선호하는 콘텐츠 주제는 '게임과 일상(V-log)'," 「매드 타임스」 (2022. 3.11.), http://www.madtimes.org/news/articleView.html?idxno=11869.

167 송인규, "3040세대 파헤치기: 그들의 고뇌와 사명," 「교회의 약한 고리, 3040세대의 신앙생활 탐구: 3040세대의 신앙생활과 의식조사 세미나 자료집」, 목회데이터연구소·실천신학대학원대학교 21세기교회연구소·한국교회탐구센터 편 (2022.12.9), 49. 송인규에 따르면, "3040세대를 하나로 엮는 것은 부자연스럽다. 보통 2030세대를 MZ세대로 함께

과 활동에 익숙한 세대이고, 아주 어릴 때부터 교회에서 자라나 교회에서의 생활과 활동에 깊이 헌신했던 경험을 가진 세대이며, 청소년 시기 혹은 대학생 시절에 하나님을 뜨겁게 만났을 뿐 아니라 교회 선후배들과 동기들과 깊은 추억을 간직한 세대이기도 하다. 그러나 코로나19를 거치면서 그 신앙을 유지하지 못한 채 신앙의 깊은 침체에 빠져버린 세대이기도 하다.[168] 교회의 허리 세대로서 위로는 베이비붐세대로부터 신앙과 교회의 주도권을 넘겨받아야 할 세대인 동시에, 아래로 MZ세대에게 신앙의 본을 보여 주고 신앙을 이어주어야 할 연결고리 역할을 해야 하는 3040세대가 교회에서 약한 고리가 되어 이도 저도 아닌 '낀 세대'가 되어버린 모습이다.[169]

그러면 왜 3040세대는 신앙의 상태가 부진하게 되었을까? 송인규는 이를 세 가지로 제시한다. 첫째, 시대 환경적 풍조, 둘째, 버겁기만 한 삶의 과제 그리고 셋째, 목회 사역 구조상의 맹점이다.[170]

첫째, 3040세대의 신앙이 약화된 것은 그들이 영향받는 세 가지 '시대적 흐름과 풍조'에 기인한다. '귀차니즘'의 발현이다.[171] 3040세대를 포함한 오늘의 젊은 세대는 귀차니즘에 물들어 있어서 자연히

묶지, 30대와 40대를 하나로 다루지 않는다. 이 두 나이대는 겪어 온 문화, 사회적 환경이 상당히 달라서 하나의 그룹으로 분류하기가 곤란하기 때문이다. 30대와 40대의 세대적 구분에 관한 설명과 참고문헌은 송인규의 글, 각주 1을 참고하라.

168 이현철 외, 『한국교회 3040세대 트렌드』, 49.

169 목회데이터연구소, "3040세대 신앙과 라이프스타일," 11; 이현철 외, 『한국교회 3040세대 트렌드』, 50.

170 송인규, "3040세대 파헤치기: 그들의 고뇌와 사명," 55-65.

171 김기란·최기호, 『대중 문화 사전』(서울: 현실문화연구, 2009), 246. 인터넷 신조어로서, 세상만사가 귀찮아서 게으름을 피우다 보니 아예 이런 현상이 고착화된 것(혹은 그런 태도로 삶에 임하는 것)을 말한다.

교회 출석, 예배 참여, 교회 봉사에 대해 부정적으로 반응한다.[172] 이 것은 한마디로 "그냥 교회 출석하기가 싫어서"이다. 또한 신앙의 탈제 도화이다. 전통적으로 한국교회의 그리스도인들은 신앙 공동체인 교 회와의 연계성을 매우 중시했다. 그런데 1990년대 중반 정도부터 그 리스도인이면서도 제도권 교회에 소속이 되지 않는 성도가 나타난 것 이다.[173] 신앙 공동체에 대한 그리스도인의 태도는 "집단주의(1980년 대까지) → 준집단주의(1990년대~2010년대 중반) → 무집단주의(2010년 대 중반부터 지금까지)로의 이행과 변천"이 있었다.[174] 최근 하나의 흐름 으로 자리 잡은 가나안 성도 현상이 무집단주의의 표현이다. 탈제도 화는 종교가 세속화되는 과정에서 나타나는 현상으로 "이러한 사람들 은 제도 종교의 의례, 가르침, 계율은 따르지 않으면서 개인적인 신앙 생활을 선호하는 경향이 강해진다. 영성은 추구하지만 더 이상 제도 종교에 소속되어 강요당하기를 원하지 않는 경향, 곧 '영적이지만 종 교적이지 않은'(spiritual but not religious) 특성과 '믿기는 하지만 소속 되기는 원하지 않는'(believing without belonging) 특성을 나타내는 것 이다."[175] 신앙의 탈제도화로 인해 제도적 교회의 입지가 크게 위협을 받자 3040세대 역시 교회 참석이나 봉사에 대해 미온적으로 반응한 것이다. 더불어 3040세대 그리스도인들의 신앙 상태는 코로나 사태 를 겪으면서 대체로 침체와 쇠퇴의 징후를 나타내었다. 더욱 심각한

---

172 송인규, "3040세대 파헤치기: 그들의 고뇌와 사명," 55-56.

173 Ibid., 57.

174 송인규, "한국교회와 경건 훈련: 새벽기도회에서 큐티로,"『한국교회 큐티 운동 다시 보기』, 한국교회탐구센터 편 (서울: IVP, 2015), 188, 190-191, 220.

175 정재영, "종교 세속화의 한 측면으로서 소속 없는 신앙인들에 대한 연구,"「신학과 실천」 39(2014): 581-582.

문제는 코로나 감염 때문에 사람들이 교회 출석을 삼가고 경건 활동을 최소화하자 이런 현상 자체를 정당한 것으로 여기게 되었다. 그래서 평계증과 둔감증이라는 그릇된 심리 증세가 발전되었다.[176]

둘째, 버겁기만 한 삶의 과제이다. 3040세대의 신앙 성장을 방해한 또 하나의 요인은 엄청난 하중의 부담감으로, 가정과 직장에서 감당해야 할 삶의 과제들에 기인한 것이다. 먼저 가정에서의 책임과 어려움이다. 가정생활의 과제는 부부 관계, 젠더 문제, 원활한 의사소통, 육아와 자녀 양육 등 다양하다. 또한 직장에서의 책임과 어려움이다. 직장생활은 근무자들에게 많은 것을 요구하고 과도한 부담을 주기 때문에 직장인들은 상습적으로 스트레스를 받고 있다.[177]

셋째, 목회 사역 구조상의 맹점이다. 교회 사역이 가지고 있는 구조상의 문제점으로, 3040세대를 전담할 독자적 부서의 실종이다. 모든 연령대의 그리스도인들은 교회 내 어떤 특정 부서와 연계되어 있다. 그런데 청년층과 장년층 사이의 젊은 세대에 대해서는 어떤 목회적·사역적 인식표가 붙어 있지 않다. 이 시기에 속한 3040세대가 안정적으로 신앙생활을 할 부서 혹은 소그룹이 안정적으로 조직되어 있지 않다는 것이다. 몇몇 교회는 일찍부터 이러한 인식을 하고 3040세대들이 속할 수 있는 부서를 조직하여 함께 신앙생활을 할 수 있도록 돕고 있다. 또한 전문 사역자가 부재하다. 따라서 어떤 교회 내에 3040세대의 신앙 행태와 심리적, 환경적 어려움을 잘 알고 그들을 효과적으로 도울 수 있는 사역의 전문가를 청빙하거나 세울 필요가 있다. 그러한 사역자가 존재하면 그 세대는 신앙에서 있어서 큰 발전과

---

176 송인규, "3040세대 파헤치기: 그들의 고뇌와 사명," 58.
177 Ibid., 58-63.

성숙을 맛볼 수 있다.[178]

그렇다면 이들 3040세대가 다시금 교회의 강한 고리 역할을 하는 건강한 허리 세대가 되려면 어떻게 해야 할까? 송인규는 세 단계의 방책이 필요함을 제시하고 있다. 제1단계는 올바른 방향을 설정하는 것, 제2단계는 신앙 공동체를 지원하는 것, 제3단계는 개인적 역량을 강화하는 것이다.[179]

첫째, 올바른 방향을 설정하는 것이다.[180] 목회자를 포함하여 대부분 그리스도인은 3040세대의 신앙적 퇴보를 교회와의 거리 두기나 교회 활동의 회피에서 찾기 때문에, 그들의 교회 내 활동과 봉사가 가시적으로 늘어나고 활성화되면 그들의 신앙 상태가 양호해진 것으로 판정한다. 그러나 그것만으로 신앙적 향상이 되었다고 보기는 힘들다. 그러면 3040세대를 염두에 둔 신앙 상태의 향상이란 무엇을 뜻하는가? 3040세대의 그리스도인은 가정 및 직장에서의 삶 그 자체와 마주쳐야 한다. 이 말은 가정 및 직장과 그 안에서 이루어지는 활동의 본질적 의미를 찾아야 한다는 뜻이다. 가정과 직장생활에서 본질적 의미를 추구한다는 것은 가정생활과 직장생활에 있어서 성경이 명시하거나 성경과 합치되는 활동에 집중하는 것을 말한다. 그리스도인으로서 가정생활과 사회생활의 본질적 의미를 추구하려는 이상이 이 세상에서 결코 완벽하게 이루어지지 않을 줄 알면서도 그 목표와 꿈을 향하여 매일매일 발걸음을 옮기는 것이다. 따라서 신앙의 삶을 교회와만 연관시키지 말고, 가정과 직장 역시 하나님의 나라(하나님의 통치)

---

178 Ibid., 64-65.
179 Ibid., 65-77.
180 Ibid., 65-68.

가 구현되는 영역으로 받아들여야 한다. 3040세대 신앙이 바람직한 상태로 성장하려면 먼저 신앙적 발전이 지향하는 목표가 무엇인지 방향부터 잘 설정되어야 한다.

둘째, 신앙 공동체의 지원이다.[181] 즉, 3040세대의 신앙을 활성화할 수 있는 실제적 대책의 마련이다. ① 각 교회의 목회자는 3040세대의 지원에 소신과 열정을 가지고 임해야 한다. 사실 3040세대 사역의 활성화는 해당 교회 목회자의 신념과 비전에서 비롯된다. 목회자가 이 사역의 필요성과 중요성을 인지하는 일은 필수 조건이다. 이렇게 되면 이 사역에 부정적으로 반응하거나 반대하는 인물들에 대해 바람막이 역할을 할 수 있고, 이 사역의 출발과 발전에 필요한 여러 자원을 공급하고 지원할 수 있다. ② 3040세대만의 소속 부서를 별도로 만들어 주어야 한다. 이것은 교회가 3040세대의 신앙과 삶에 관심이 지대함을 보여 주는 당연한 조치이고, 여기서부터 3040세대에 대한 사역이 시작되기 때문이다. 이때의 가장 큰 유익은 부서/교구의 독립과 더불어 전담 사역자가 배당된다는 점이다. 전담 사역자는 3040세대를 향한 집중적 돌봄이 가능한 전문 사역자이다. 3040세대의 사역자는 이 나이대의 그리스도인들이 겪는 가정에서의 문제점 또 직장생활의 어려움을 어느 정도 이해하는 사람이다. 만일 3040세대를 돕는 사역자로서 능력과 기량이 달린다고 느끼면, 그런 부족한 면을 메우기 위해 전문가로서의 훈련을 받을 수 있다.[182] ③ 3040세대로 하여금 자신들이 주체가 되어 사역과 활동을 벌이도록 길을 열어 주어야 한다.

---

181 Ibid., 69-73.
182 송지훈, "3040세대의 삶 속 아픔을 품어 주는 치유하는 교회," 「목회와 신학」 (2019.3.), http://moksin.duranno.com/moksin/view/article.asp?articleNO=37084.

이것은 3040세대가 수행하거나 관여하는 모든 사역 프로그램에 해당된다. 예배, 설교, 양육과 훈련, 교회 안팎의 봉사에 이르기까지 3040세대 주도권은 인정되어야 한다. ④ 3040세대를 위한 교육 훈련 프로그램은 그들의 관심, 필요, 변화, 성숙을 겨냥하는 것이어야 한다. 특강/강좌, 소그룹 훈련, 설교, 상담, 자문 등 모든 교육/훈련 프로그램은 3040세대의 가정 및 직장생활의 경험을 다루어야 한다는 말이다.

셋째, 개인적 역량 강화이다.[183] 이것은 "개인 차원에서 신앙적 결심이나 결의를 다지는 것"이다. ① 지속적인 경건의 훈련이다. 경건은 창조주와 구속주로서의 하나님을 공경/경외하는 일이다. 하나님을 공경/경외함으로 내면의 지속적 각성과 갱신이 있을 때만 3040세대는 신앙적 약진을 경험할 수 있다. ② 3040세대의 사명 의식을 고취하는 것이다. 그들이 교회에 갈 때든 집에 들어설 때든 아니면 일터로 나갈 때에든 그들의 의식에는 자신의 정체성과 자신의 사명감이 또렷이 각인되어 있어야 한다. 그리고 3040세대는 하나님 나라의 일꾼이라는 자기 정체성을 가져야 하고, 가정과 직장에서 수행하는 모든 활동이 하나님 나라의 일이라는 사명을 가지는 것이다. ③ 고난에 대한 각오이다. 3040세대가 신앙의 약진을 꿈꾼다면, 그들을 그림자처럼 따라다닐 고난이라는 악조건에 대해 마음의 끈을 놓지 말아야 한다. 그리스도인이 세상의 풍조에 굴복하지 않고 성경의 가르침을 좇아 부부 관계, 임신, 출산, 육아, 가사 분담 등의 활동을 하는 것과 한국 사회의 힘든 상황들에서도 성경의 교훈을 좇아 그 나라와 의를 구하며 직장생활을 영위하는 것이 오늘날의 고난이다. 결론적으로 세상에서

---

183 송인규, "3040세대 파헤치기: 그들의 고뇌와 사명," 73-77.

나 교회에서는 3040세대가 베이비붐세대와 MZ세대 사이에 중재자가 되고, 장년층을 잇는 다리 세대가 되기를 고대한다. 따라서 3040세대 선교는 교회의 약해진 허리 세대를 신앙적으로 강하게 붙들어 주고, 사회에서나 교회에서나 현재와 미래를 이어주는 강한 허리의 역할을 감당하도록 돕는 것이다.

5. 나가는 말

코로나19가 대유행했던 3년의 시간은 한국교회 선교를 완전히 뒤바꿔 놓았고 새로운 변화를 불러오게 되었다. 구체적으로 코로나19는 한국교회 목회와 세계 선교, 선교신학을 어떻게 뒤바꿔 놓았을까? 이 질문에 답을 찾고자 본 연구는 "한국교회 선교의 새로운 방향을 논한다"라는 주제를 가지고 해외 선교, 다문화 이주민 선교, 청소년 세대 선교 그리고 3040세대 선교를 다루었다. 코로나19로 인해 선교 현장에 가져다준 과거와 현재의 단절에 초점을 맞추어 논하고, 이러한 단절 상황을 극복하기 위한 대안으로서 현재와 미래를 다시 연결시킬 수 있는 선교적 방안을 제안하였다.

포스트코로나 시대에 교회가 자신이 있는 곳을 선교 현장으로 인식하고 그동안 목회 대상이라고 여겨왔던 세대를 선교 현장으로 인식하면서 선교적 상상력을 가지고 접근해야 하고, 한국교회 목회와 선교가 새로운 차원의 응전을 모색해야 한다. 그래서 한국교회 선교의 현실을 타 문화권 선교, 다문화 이주민 선교, 청소년 세대 선교 그리고 3040세대 선교의 범주에서 살펴보았고, 코로나19 팬데믹을 계기로 한국교회의 타 문화권 선교, 다문화 이주민 선교, 청소년 세대 선교 그리고 3040세대 선교 사역이 현재와 미래를 이어주는 사역에 응답하는 방향으로 변화되어야 함을 고찰했다.

첫째, 타 문화권 선교는 한국교회를 세계 교회와 연결하는 동반자적 협력 선교를 추구하는 방향으로 나아감으로 세계 교회의 품격 있는 일원이 되어야 함을 제안한다. 동반자적 협력 선교는 세계 교회의 품격 있는 일원이 되는 것이다. 둘째, 다문화 이주민 선교는 다문화 가정, 이주 노동자, 과학기술 노동자, 유학생 등 디아스포라 이주민들과 한국 사회에서 더불어 살아감을 인식하고, 그들을 존중하고 배려하는 선교를 해야 함을 제안한다. 셋째, 청소년 세대 선교는 청소년 세대를 다음 세대를 넘어서 '이음 세대'로 명명하고, 이들을 믿음의 세대와 선교적 제자로 세울 것을 제안한다. 넷째, 3040세대 선교는 우선 3040세대를 분명하게 이해하고 이들에게 맞는 선교 전략을 가지고 이들을 교회와 신앙의 허리 세대로 건강하게 세울 선교 방안을 제안한다.

포스트코로나 시대 한국교회는 현재에서 미래를 이어주는 선교 사역을 감당해야 한다. 지속 가능한 한국교회 선교를 위해 보다 넓은 시야를 확보할 필요가 있다. 한국교회가 나아가야 할 앞으로의 방향은 현재와 미래를 연결하는 다양한 사역들을 창의적으로 계발하고, 하나님의 선교 관점을 가진 선교적 제자들을 길러내며, 성별, 국적, 연령에 관계 없이 누구나 하나님의 선교에 참여하고 쓰임 받을 수 있도록 돕는 역동적인 한국교회가 되는 것이다.

지은이 알림

김산구 서울신학대학교 실천신학 박사(Th. D.)
- · 고성중앙교회 담임목사
- · 한국연구재단 인문학 연구교수
- · 한국선교신학회, 한국실천신학회, 기독교신학연구소 회원
- · 교회네트워크 신문 칼럼 리스트
- · 저서: 『쉽게 만나는 성경』(2022), 『통섭적 목회 패러다임』(2023)
- · 박사학위 논문: "교회 성장학과 선교적 교회론에 기초한 통섭적 목회 패러다임 연구." 서울신학대학교, 2022.
- · 연구 논문: "선교적 이중직 목회의 건강한 정체성을 위한 기초 핵심 신학 연구." 「신학과 실천」 86(2023), "행위예술의 관점에서 본 예수의 비언어적 표현들: 선교적 행위예술의 신학적 규정을 위한 한 시도." 「선교신학」 71(2023), "전염성 질환의 범국가적 사태에 대한 기독공동체의 통전신학적 고찰." 「선교신학」 60(2020) 외 다수.

김영화 서울신학대학교 예배학 박사(Ph. D.)
- · 월드순복음교회 담임목사
- · 기하성 여교역자 부총무 역임
- · 한국예배학회, 한국실천신학회, 기독교신학연구소 회원
- · 박사학위 논문: "오순절적 예배 연구: 아주사 부흥운동을 중심으로." 서울신학대학교, 2022.

오경환 서울신학대학교 실천신학 박사(Th. D.)
- · 부두교회 담임목사
- · 부여군 기독교연합회 총무
- · 기성 충남지방회 교육부 부장
- · 박사학위 논문: "농촌교회 시니어 세대를 위한 제자훈련." 서울신학대학교, 2022.

홍경희 서울신학대학교 설교학 박사(Ph. D.)
· 한국실천신학회, 한국복음주의실천신학회, 기독교신학연구소 회원
· 박사학위 논문: "설교 패러다임의 변화에 대한 한국교회의 비판적 수
   용에 관한 연구." 서울신학대학교, 2022.
· 연구 논문: "설교 패러다임의 변화에 대한 한국교회의 수용 방안 연구."
  「신학과 실천」 86(2023).

홍승만 장로회신학대학교 선교신학 박사(Ph. D.)
· 대전신성교회 협동목사
· 전 대전신학대학교 겸임교수
· 한국교회생태계연구네트워크 연구위원
· 한국선교신학회, 한국복음주의선교신학회, 한국실천신학회 회원
· 공저:『지구정원사 가치사전: 50명의 신학자가 전하는 아름다운 선물
  』(2021),『방지일 선교신학 연구』(2024).
· 박사학위 논문: "변혁적 제자도에 대한 선교신학적 연구: TTL 문서와
  아루샤 세계선교대회를 중심으로." 장로회신학대학교, 2022.
· 연구 논문: "방지일의 산동선교 사역에 나타난 변혁적 제자도,"「선교
  와 신학」 60(2023), "음악을 통한 '이음세대' 청소년 선교사역 연
  구: 힙합 가수 비와이(BewhY) 사례를 중심으로."「선교신학」
  71(2023), "변혁적 제자도의 선교신학적 연구: TTL 문서와 아루
  샤 세계선교대회를 중심으로."「선교신학」 65(2022) 외 다수.